AF383657

CODE-MANUEL

DES

CONTRIBUTIONS DIRECTES.

MANUEL

DU

CONTROLEUR.

A PARIS,

IMPRIMERIE ET LIBRAIRIE ADMINISTRATIVES

DE PAUL DUPONT,

RUE DE GRENELLE-SAINT-HONORÉ, 45.

1857

MANUEL

DU

CONTROLEUR.

CODE-MANUEL

DES

CONTRIBUTIONS DIRECTES.

MANUEL

DU

CONTROLEUR.

A PARIS,

IMPRIMERIE ET LIBRAIRIE ADMINISTRATIVES

DE PAUL DUPONT.

RUE DE GRENELLE-SAINT-HONORÉ, 45.

1857

CODE-MANUEL

DES

CONTRIBUTIONS DIRECTES.

MANUEL DU CONTROLEUR.

PERSONNEL.

ORGANISATION.

AGE REQUIS POUR ÊTRE NOMMÉ CONTROLEUR. — CONDITIONS D'ADMISSION.

Le candidat qui a satisfait aux épreuves du surnumérariat ne peut être appelé à un contrôle qu'après avoir accompli sa vingt et unième année, et sur une attestation du directeur, constatant qu'il a suivi et assisté un contrôleur dans les différentes opérations que ces agens sont chargés d'exécuter, ou fait un intérim de six mois dans un contrôle.

DIVISION EN CLASSES. — TRAITEMENT.

Les contrôleurs des départemens autres que celui de la Seine sont divisés de la manière suivante, savoir :

Contrôles principaux ou hors classe, traitement fixe...		2,400 fr.
Contrôles de 1re classe.............	idem.....	1,800
Contrôles de 2e classe.............	idem.....	1,500
Contrôles de 3e classe.............	idem.....	1,200

Les contrôles de Paris (*intrà muros*) sont tous hors classe, au traitement fixe de 2,800 fr.

FRAIS DE TOURNÉES.

Il est alloué à chaque contrôleur de tout grade, à titre de frais de tournées, une indemnité annuelle de 500 francs (*Circ.* 23 *décembre* 1844.)

En raison des travaux exceptionnels dont sont chargés les contrôleurs de Paris, l'indemnité qui les concerne a été fixée annuellement à 700 francs.

ENTRÉE EN FONCTIONS. — SERMENT.

Le contrôleur est tenu, avant d'entrer en exercice, de prêter serment entre les mains du préfet. Un nouveau serment n'est pas nécessaire lorsque le contrôleur ne fait que changer de département sans passer à une classe supérieure.

En ce qui concerne les contrôleurs de 3e classe seulement, l'acte de prestation de serment est timbré et enregistré dans les vingt jours de sa date. Il est dû pour l'enregistrement de cet acte un droit fixe de 15 francs.

COMMISSION A TIMBRER.

Le contrôleur doit faire timbrer sa commission, avant de prendre possession du service. (*Circ.* 29 *juin* 1839.)

INVENTAIRE DES ARCHIVES.

L'inventaire des archives du contrôle est établi conformément au modèle annexé à la circulaire du 27 décembre 1852.

Le contrôleur entrant en fonctions doit, après avoir vérifié cet inventaire avec le contrôleur sortant ou son représentant, remettre au directeur une note indicative des pièces manquantes ou en mauvais état, et sur laquelle le prédécesseur a consigné ses observations. A défaut de cette précaution, le contrôleur entrant est considéré comme ayant reconnu l'intégralité et le bon état des archives, et il en demeure responsable. (*Circ.* 4 *décembre* 1846.)

COSTUME.

Le contrôleur doit avoir le costume réglé par le décret du 17 novembre 1852 :

Habit de drap vert foncé, coupé droit sur le devant en forme de frac et garni de neuf boutons en argent bombés, portant un aigle en relief sur un fond mat, et au-dessus les mots *contributions directes*.

Broderies en argent de feuilles de vigne et d'épis de blé au collet et aux paremens pour les contrôleurs principaux et hors classe; au collet seulement pour les autres grades avec double baguette en argent aux paremens.

Gilet blanc, coupé droit, garni de six boutons en argent.

Pantalon en casimir blanc pour la grande tenue, et en drap vert pour la petite tenue, avec galon de quatre centimètres en argent broché sur les côtés.

Chapeau français en feutre noir, avec ganse brodée en argent sur velours noir.

Épée à poignée de nacre, avec garde et ornemens dorés.

RÉSIDENCE.

Le contrôleur est tenu de résider au chef-lieu de son arrondissement de contrôle, à moins qu'une décision spéciale ne l'autorise à résider sur un autre point.

Il ne peut être placé dans un contrôle où il aurait des intérêts de fortune ou des liens de parenté.

Il peut demander à changer de résidence, mais seulement dans les cas prévus par la circulaire du 22 mai 1845.

INTÉRIM CONFIÉ A DES SURNUMÉRAIRES.

Lorsqu'un surnuméraire est envoyé dans une division de contrôle, soit pour aider le titulaire arriéré dans ses travaux, soit pour le suppléer en cas d'absence ou de maladie, il a droit, pour tout le temps qu'a duré son déplacement, aux frais de tournée alloués au contrôleur. (*Décis.* 2 *juin* 1832.)

Le surnuméraire a droit également aux rétributions afférentes aux travaux qu'il exécute au lieu et place du contrôleur.

RELATIONS AVEC L'ADMINISTRATION CENTRALE.

Les contrôleurs ne doivent pas correspondre directement avec l'administration centrale, si ce n'est dans les cas prévus par la circulaire du 22 mai 1845 sur les changemens de résidence, et par la circulaire du 13 juin 1845 sur les prolongations de congé qu'un agent se trouverait dans la nécessité de demander sans pouvoir employer l'intermédiaire du directeur.

RELATIONS AVEC L'INSPECTION DES FINANCES.

Les contrôleurs des contributions directes doivent se prêter aux investigations de l'inspection des finances; il est de leur intérêt que les vérifications portent sur toutes les parties de leur service et fassent connaître leur zèle et leur aptitude.

Dès que les rapports leur sont communiqués, ils y inscrivent avec mesure et déférence leurs explications et observations, et remettent personnellement, dans le plus bref délai possible, les rapports aux inspecteurs qui les ont signés. (*Circ.* 20 *avril* 1850.)

FRANCHISE.

Les contrôleurs des contributions directes sont autorisés à contre-signer leur correspondance de service

avec le préfet.......................... ⎫
    le directeur.................... ⎬
    l'inspecteur.................... ⎬ du département;
    les contrôleurs................. ⎬
    le receveur général............. ⎭

avec les sous-préfets. . . . . ⎫
    les receveurs particuliers. . . . . ⎪ des arrondissemens de sous-
    les percepteurs. . . . . ⎬ préfecture sur lesquels
    les maires. ⎪ s'étend le contrôle des
    les receveurs de l'enregistrement. . ⎭ contributions.

Les lettres et paquets doivent être mis sous bandes et la largeur des bandes ne doit pas excéder le tiers de la surface des lettres ou paquets.

Les lettres ou papiers ne doivent pas être fermés intérieurement. Toutefois, si un paquet volumineux était exposé à des avaries, l'expéditeur pourrait le lier par une ficelle placée extérieurement et nouée par une simple boucle, de manière à être facilement détachée si les besoins de la vérification l'exigeaient.

Le contrôleur est tenu de mettre *de sa main*, sur l'adresse des lettres et paquets qu'il expédie, sa signature au-dessous de la désignation de ses fonctions.

Il lui est défendu de comprendre, dans les dépêches expédiées en franchise, des lettres, papiers ou objets quelconques étrangers au service.

Les lettres et paquets relatifs au service doivent être remis, savoir :

Dans les départemens, aux directeurs des postes ; à Paris, au bureau de l'expédition des dépêches, à l'hôtel des postes.

Le maximum du poids à donner aux paquets contre-signés est fixé à un kilogramme. Toutefois les rôles des contributions directes circulent en franchise sous contre-seing valable, quel que soit le poids des paquets. (*Décis.* 8 *août* 1837.)

CONGÉS.

ABSENCES ET INTERRUPTIONS DE SERVICE.

Aucun fonctionnaire ou employé appartenant au ministère des finances, ou à l'une des administrations qui en dépendent, ne peut s'absenter de sa résidence *pour une cause étrangère au service dont il est chargé*, ni interrompre l'exercice de ses fonctions, s'il n'a préalablement obtenu un congé.

Ces congés entraînent, au profit du trésor, une retenue sur les traitemens fixes des agens qui les ont obtenus, sauf les exceptions mentionnées ci-après.

CONGÉS SANS RETENUE.

Sont affranchies de toute retenue les absences ayant pour cause l'accomplissement d'un des devoirs imposés par la loi.

Les fonctionnaires et employés ne peuvent obtenir, chaque année, un congé ou une autorisation d'absence de plus de quinze jours sans subir une retenue. Toutefois un congé d'un mois sans retenue peut être accordé à ceux qui n'ont joui d'aucun congé et d'aucune autorisation d'absence pendant trois années consécutives.

Ces dispositions résultent du premier paragraphe de l'article 16 du décret du 9 novembre 1853, qui néanmoins ne constitue pas un droit à l'obtention de congés gratuits pendant quinze jours. Ces congés, dont la concession est facultative, sont accordés ou refusés d'après l'appréciation des titres et de la position des postulans.

ABSENCES POUR CAUSE DE MALADIE.

En cas d'absence pour cause de maladie dûment constatée, le fonctionnaire ou l'employé peut être autorisé à conserver l'intégralité de son traitement pendant un temps qui ne peut excéder trois mois. Pendant les trois mois suivans, il peut obtenir un congé avec la retenue de la moitié au moins et des deux tiers au plus du traitement.

Le fonctionnaire mis hors d'état de continuer son service par suite d'un acte de dévouement ou d'un accident grave, résultant notoirement de l'exercice de ses fonctions, peut conserver l'intégralité de son traitement jusqu'à son rétablissement ou jusqu'à sa mise à la retraite. (*Décr. 9 novembre* 1853, *art.* 16.)

Dans le cas où la maladie est de nature à entraîner un déplacement, la nécessité doit en être constatée par un médecin *désigné par l'administration et assermenté*, comme lorsqu'il s'agit d'une admission à la retraite pour cause d'invalidité physique (art. 30 du décret du 9 novembre 1853). (*Arr. min.* 25 *avril* 1854.)

Les actes de prestation de serment des médecins qui doivent être délégués pour constater les cas de maladie sur lesquels sont motivées soit des demandes d'admission à la retraite, soit des demandes de congés..., sont exempts de la formalité de l'enregistrement. (*Circ.* 16 *mai* 1854.)

CONGÉS SUBISSANT UNE RETENUE.

Pour les congés de moins de trois mois, la retenue est de la moitié au moins et des deux tiers au plus du traitement.

Après trois mois de congé consécutifs ou non, dans la même année, l'intégralité du traitement est retenue, et le temps excédant les trois mois n'est pas compté comme services effectifs pour la pension de retraite.

Sauf le cas de maladie, tout congé dont la durée excède les limites dans lesquelles la condition de gratuité pouvait être appliquée au requérant donne nécessairement lieu à la retenue *pour tout le temps de l'absence*. Il en est même ainsi du congé qui aurait été accordé *sans retenue*, et qu'une décision postérieure ne pourrait pas prolonger au delà du temps pour lequel la gratuité était applicable sans lui faire perdre son caractère primitif. (*Circ.* 16 *mai* 1854.)

INTÉRIMAIRES.

Si, pendant l'absence de l'employé, il y a lieu de pourvoir à des frais d'intérim, le montant en sera précompté, jusqu'à due concurrence, sur la retenue qu'il doit subir.

ABSENCES SANS CONGÉ.

Le fonctionnaire ou l'employé qui s'est absenté ou qui a dépassé la durée de ses vacances ou de son congé, sans autorisation, peut être privé de son traitement pendant un temps double de celui de son absence irrégulière. (*Décr. 9 novembre* 1853, *art.* 17.)

DÉPARTS SUBITS POUR CAUSES MAJEURES.

Lorsqu'un contrôleur se trouve forcé de quitter son poste avant d'y avoir été autorisé, il doit, par un avis motivé, prévenir de son départ son chef immédiat, sous peine de se voir considéré comme s'étant absenté sans congé.

FORMALITÉS A REMPLIR POUR DEMANDES DE CONGÉS.

La demande de congé doit énoncer, sous peine de rejet, la durée et le motif de l'absence, le lieu où le réclamant a l'intention de se rendre et s'il a déjà obtenu des congés pendant l'année courante et pendant les trois années précédentes.

L'agent qui a obtenu un congé doit, le jour même de son départ et de son retour, en informer le directeur qui en donne avis sans aucun délai à l'administration. Les congés cessent d'être valables s'il n'en a pas été fait usage dans les quinze jours de leur notification.

DEMANDES DE PROLONGATION D'ABSENCE.

La demande de prolongation d'absence, sauf les cas imprévus ou de force majeure, bien justifiés, doit toujours être faite dans des conditions telles que l'agent puisse, s'il y a lieu, recevoir en temps utile l'ordre de rejoindre son poste à l'époque qui lui avait été précédemment fixée. (*Circ.* 29 *décembre* 1853.)

CONGÉS POUR PARIS.

Les fonctionnaires et employés des départemens, quel que soit leur grade, qui obtiennent un congé pour venir à Paris, doivent, *en y arrivant,* indiquer à la division de leur administration chargée du personnel, le lieu de leur domicile. (*Arr. min.* 25 *avril* 1854.)

PENSIONS DE RETRAITE.

DISPOSITIONS ORGANIQUES.

Les caisses de retraite sont supprimées à partir du 1er janvier 1854. Leur actif est acquis à l'Etat. (*Loi 9 juin* 1853, *art.* 1er.)

Sont inscrites au grand-livre de la dette publique à partir de la même époque :

1° Les pensions existantes ou en cours de liquidation à la charge des caisses supprimées, pour services terminés avant le 1er janvier 1854 ;

2° Les pensions et indemnités concédées pour cause de réforme en vertu de l'article 4 de la loi du 1er mai 1822 et du décret du 2 mai 1848 ;

3° Les pensions et les secours annuels qui seront concédés à titre de réversibilité aux veuves et aux orphelins des pensionnaires inscrits en vertu des deux paragraphes qui précèdent. (*Loi 9 juin* 1853, *art.* 2.)

CONDITIONS DU DROIT A PENSION POUR LES FONCTIONNAIRES ENTRÉS EN EXERCICE A PARTIR DU 1er JANVIER 1854.

Les fonctionnaires et employés directement rétribués par l'État et nommés à partir du 1er janvier 1854 ont droit à pension conformément aux dispositions de la loi du 9 juin 1853, et supportent indistinctement, sans pouvoir les répéter dans aucun cas, les retenues ci-après :

1° Une retenue de cinq pour cent sur les sommes payées à titre de traitement fixe ou éventuel, de préciput, de supplément de traitement, de remises proportionnelles, de salaires, ou constituant, à tout autre titre, un émolument personnel ;

2° Une retenue du douzième des mêmes rétributions lors de la première nomination ou dans le cas de réintégration, et du douzième de toute augmentation ultérieure ;

3° Les retenues pour cause de congés et d'absences ou par mesure disciplinaire. (*Loi 9 juin* 1853, *art.* 3.)

AGES ET ANNÉES DE SERVICES.

Le droit à la pension de retraite est acquis par ancienneté à soixante ans d'âge et après trente ans accomplis de services.

Il suffit de cinquante-cinq ans d'âge et de vingt-cinq ans de services pour les fonctionnaires qui ont passé quinze ans dans la partie active.

Est dispensé de la condition d'âge, le titulaire qui est reconnu par le ministre hors d'état de continuer ses fonctions. (*Loi 9 juin* 1853, *art.* 5.)

ANNÉE MOYENNE.

La pension est basée sur la moyenne des traitemens et émolumens de toute nature soumis à retenues dont l'ayant droit a joui pendant les six dernières années d'exercice. (*Loi 9 juin* 1853, *art.* 6.)

QUOTITÉ DE LA PENSION.

La pension est réglée pour chaque année de services civils, à un soixantième du traitement moyen.

Néanmoins pour vingt-cinq ans de services entièrement rendus dans la partie active, elle est de la moitié du traitement moyen, avec accroissement, pour chaque année de services en sus, d'un cinquantième du traitement.

En aucun cas, elle ne peut excéder ni les trois quarts du traitement mɩ yen, ni les maximum déterminés au tableau ci-après.

TABLEAU DES MAXIMUM DES PENSIÔNS.

(Annexe de l'article 7 de la loi du 9 juin 1853.)

DÉSIGNATION DES FONCTIONS, GRADES ET QUOTITÉ DES TRAITEMENS.	MAXIMUM des pen ions.
Fonctionnaires et employés des administrations centrales et du service intérieur des différens ministères. Agens et préposés de toutes classes en dehors du service actif.	
Traitemens... { de 1,000 fr. et au-dessous............	750ᶠ
de 1,001 à 2,400............	2/3 du traitement moyen, sans pouvoir descendre au-dessous de 750 fr.
de 2,401 à 3,200............	1,600ᶠ
de 3,201 à 8,000............	1/2 du traitement moyen.
de 8,001 à 9,000............	4,000ᶠ
de 9,001 à 10,500............	4,500
de 10,501 à 12,000............	5,000
Au-dessus de 12,000............	6,000

SERVICES DANS LES ARMÉES.

Les services dans les armées de terre et de mer concourent avec les services civils pour établir le droit à pension et seront comptés pour leur durée effective, pourvu toutefois que la durée des services civils soit au moins de douze ans dans la partie sédentaire, ou de dix ans dans la partie active.

Si les services militaires de terre ou de mer ont été déjà rémunérés par une pension, ils n'entrent pas dans le calcul de la liquidation. S'ils n'ont pas été rémunérés par une pension, la liquidation est opérée d'après le minimum attribué au grade par les tarifs annexés aux lois des 11 et 18 avril 1831. (*Loi 9 juin* 1853, *art.* 8.)

SERVICES DES EMPLOYÉS DES PRÉFECTURES ET DES SOUS-PRÉFECTURES.

Les services de ces employés rétribués sur les fonds d'abonnement sont réunis, pour l'établissement du droit à pension et pour la liquidation, aux services rémunérés conformément aux dispositions de la loi du 9 juin 1853, pourvu que la durée de ces derniers services soit au moins de douze ans dans la partie sédentaire, et de dix ans dans la partie active. (*Loi 9 juin* 1853, *art.* 9.)

SERVICES CIVILS HORS D'EUROPE.

Les services civils rendus hors d'Europe par les fonctionnaires et employés envoyés d'Europe par le gouvernement français sont comptés pour moitié en sus de leur durée effective, sans, toutefois, que cette bonification puisse réduire de plus d'un cinquième le temps de service effectif exigé pour constituer le droit à pension.

Le supplément accordé à titre de traitement colonial n'entre pas dans le calcul du traitement moyen.

Après quinze années de services rendus hors d'Europe, la pension peut être liquidée à cinquante-cinq ans d'âge.

A l'égard des agens extérieurs du département des affaires étrangères et des fonctionnaires de l'enseignement, le temps d'inactivité durant lequel ils ont été assujétis à la retenue est compté comme service effectif; mais il ne peut être admis dans la liquidation pour plus de cinq ans. (*Loi* 9 *juin* 1853, *art.* 10.)

CAS D'ADMISSIBILITÉ EXCEPTIONNELLE A LA RETRAITE.

Peuvent exceptionnellement obtenir pension, quels que soient leur âge et la durée de leur activité :

1º Les fonctionnaires et employés qui auront été mis hors d'état de continuer leur service, soit par suite d'un acte de dévouement dans un intérêt public, ou en exposant leurs jours pour sauver la vie d'un de leurs concitoyens, soit par suite de lutte ou combat soutenu dans l'exercice de leurs fonctions ;

2º Ceux qu'un accident grave, résultant notoirement de l'exercice de leurs fonctions, met dans l'impossibilité de les continuer.

Peuvent également obtenir pension, s'ils comptent cinquante ans d'âge et vingt ans de services dans la partie sédentaire, ou quarante-cinq ans d'âge et quinze ans de services dans la partie active, ceux que des infirmités graves, résultant de l'exercice de leurs fonctions, mettent dans l'impossibilité de les continuer, ou dont l'emploi aura été supprimé.

Dans les cas prévus par le nº 1 ci-dessus, la pension est de la moitié du dernier traitement sans pouvoir excéder les maximum déterminés au tableau ci-contre.

Dans le cas prévu par le nº 2, la pension est liquidée, suivant que l'ayant droit appartient à la partie sédentaire, ou à la partie active, à raison d'un soixantième ou d'un cinquantième du dernier traitement pour chaque année de services civils ; elle ne peut être inférieure au sixième dudit traitement.

Dans le cas prévu par le dernier paragraphe, la pension est également liquidée à raison d'un soixantième ou d'un cinquantième du traitement moyen pour chaque année de service civil. (*Loi* 9 *juin* 1853, *art.* 11 *et* 12.)

L'événement donnant ouverture au droit à pension doit être constaté par un procès-verbal en due forme, dressé sur les lieux et au moment où il est survenu. A défaut de procès-verbal, cette constatation peut s'établir par un acte de notoriété rédigé sur la déclaration des témoins de l'événement ou des personnes qui ont été à même d'en connaître et d'en apprécier les conséquences. Cet acte doit être corroboré par les attestations conformes de l'autorité municipale et des supérieurs immédiats du fonctionnaire.

S'il s'agit d'infirmités, elles sont constatées ainsi que leurs causes par les médecins qui ont donné leurs soins au fonctionnaire et par un médecin désigné par l'administration et assermenté. Ces certificats doivent être corroborés également par l'attestation de l'autorité municipale et celle des supérieurs immédiats du fonctionnaire. (*Décr.* 9 *novembre* 1853, *art.* 35.)

PIÈCES A PRODUIRE PAR LES FONCTIONNAIRES ADMIS A LA RETRAITE.

Le fonctionnaire admis à la retraite doit produire, indépendamment de son acte de naissance et d'une déclaration de domicile,

1° Pour la justification des services civils :

Un extrait dûment certifié des registres et sommiers de l'administration ou du ministère auquel il a appartenu, énonçant ses nom et prénoms, sa qualité, la date et le lieu de sa naissance, la date de son entrée dans l'emploi avec traitement, la série de ses grades et services, l'époque et les motifs de leur cessation, et le montant du traitement dont il a joui pendant chacune des six dernières années de son activité.

Lorsqu'il n'aura pas existé de registres, ou que tous les services administratifs ne se trouveront pas inscrits sur les registres existans, il y sera suppléé, soit par un certificat du chef ou des chefs compétens des administrations où l'employé aura servi, relatant les indications ci-dessus énoncées, soit par un extrait des comptes et états d'émargement, certifié par le greffier de la cour des comptes.

Les services civils rendus hors d'Europe sont constatés par un certificat distinct délivré par le ministre compétent. Ce certificat énonce, pour chaque mutation d'emploi, le traitement normal du grade et le supplément accordé à titre de traitement colonial.

A défaut de ces justifications, et lorsque, pour cause de destruction des archives dont on aurait pu les extraire ou du décès des fonctionnaires supérieurs, l'impossibilité de les produire aura été prouvée, les services pourront être constatés par acte de notoriété.

2° Pour la justification des services militaires de terre et de mer :

Un certificat directement émané du ministère de la guerre ou de celui de la marine.

Les actes de notoriété, les congés de réforme et les actes de licenciement ne sont pas admis pour la justification des services militaires. Lorsque des actes de cette nature sont produits, ils sont renvoyés au

ministère de la guerre ou à celui de la marine, qui les remplace,
s'il y a lieu, par un certificat authentique.

Les services des employés de préfecture et de sous-préfecture
sont justifiés par un certificat du préfet ou du sous-préfet, constatant
que le titulaire a été rétribué sur des fonds d'abonnement, et ce certificat doit être visé par le ministre de l'intérieur. (*Décr.* 9 *novembre*
1853, *art.* 31.)

PENSIONS DES VEUVES DES EMPLOYÉS.

A droit à pension la veuve du fonctionnaire qui a obtenu une pension
de retraite en vertu de la loi du 9 juin 1853, ou qui a accompli la durée
de services exigée par cette loi, pourvu que le mariage ait été contracté
six ans avant la cessation des fonctions du mari.

La pension de la veuve est du tiers de celle que le mari avait obtenue ou à laquelle il aurait eu droit. Elle ne peut être inférieure à
cent francs, sans toutefois excéder celle que le mari aurait obtenue ou
pu obtenir.

Le droit à pension n'existe pas pour la veuve dans le cas de séparation de corps prononcée sur la demande du mari.

Ont droit également à la pension :

1° La veuve du fonctionnaire ou employé qui, dans l'exercice ou à
l'occasion de ses fonctions, a perdu la vie dans un naufrage ou dans
l'un des cas spécifiés à l'article 11 de la loi du 9 juin 1853, mentionné précédemment, soit immédiatement, soit par suite de l'événement ;

2° La veuve dont le mari aura perdu la vie par un des accidens prévus à l'article 11 de la loi précitée ou par suite de cet accident.

Dans le premier cas, la pension est des deux tiers de celle que le
mari aurait obtenue ou pu obtenir.

Dans le second cas, la pension est du tiers de celle que le mari aurait obtenue ou pu obtenir.

Dans les cas ci-dessus spécifiés, il suffit que le mariage ait été contracté antérieurement à l'événement qui a amené la mort ou la mise à
la retraite du mari.

Lorsqu'un employé, ayant servi alternativement dans la partie active
et dans la partie sédentaire, décède avant d'avoir accompli les trente
années de services exigées pour constituer le droit à pension de sa veuve,
un cinquième de son temps de services dans la partie active est ajouté
fictivement en sus du service effectif pour compléter les trente années
nécessaires. La liquidation ne s'opère, néanmoins, que sur la durée
effective des services. (*Loi* 9 *juin* 1853, *art.* 13, 14 et 15.)

PENSIONS DES ORPHELINS.

L'orphelin ou les orphelins mineurs d'un fonctionnaire ou employé
ayant obtenu sa pension, ou ayant accompli la durée de services exigée par l'article 5 de la loi du 9 juin 1853, ou ayant perdu la vie dans

un des cas précités, ont droit à un secours annuel lorsque la mère est ou décédée, ou inhabile à recueillir la pension, ou déchue de ses droits.

Ce secours est, quel que soit le nombre des enfans, égal à la pension que la mère aurait obtenue ou pu obtenir. Il est partagé entre eux par égales portions, et payé jusqu'à ce que le plus jeune des enfans ait atteint l'âge de vingt et un ans accomplis, la part de ceux qui décéderaient ou celle des majeurs faisant retour aux mineurs.

S'il existe une veuve et un ou plusieurs orphelins mineurs provenant d'un mariage antérieur du fonctionnaire, il est prélevé sur la pension de la veuve, et, sauf réversibilité en sa faveur, un quart au profit de l'orphelin du premier lit s'il n'en existe qu'un en âge de minorité et la moitié s'il en existe plusieurs. (*Loi 9 juin* 1853, *art.* 16.)

PIÈCES A PRODUIRE PAR LES VEUVES ET LES ORPHELINS.

Les veuves prétendant à pension fournissent, indépendamment des pièces que leur mari aurait été tenu de produire :

1° Leur acte de naissance ;

2° L'acte de décès de l'employé ou du pensionnaire ;

3° L'acte de célébration du mariage ;

4° Un certificat de non-séparation de corps, et, si le mariage est antérieur à la loi du 8 mai 1816, un certificat de non-divorce ;

5° Dans le cas où il y aurait eu séparation de corps, la veuve doit justifier que cette séparation a été prononcée sur sa demande.

Les orphelins prétendant à pension fournissent, indépendamment des pièces que leur père aurait été tenu de produire :

1° Leur acte de naissance ;

2° L'acte de décès de leur père ;

3° L'acte de célébration de mariage de leurs père et mère ;

4° Une expédition ou un extrait de l'acte de tutelle ;

5° En cas de prédécès de la mère, son acte de décès ;

6° En cas de séparation de corps, expédition du jugement qui a prononcé la séparation ou un certificat du greffier du tribunal qui a rendu le jugement ;

7° En cas de second mariage, acte de célébration.

Les veuves ou orphelins prétendant à pension produisent le brevet délivré à leur mari ou père, lorsqu'il est décédé en jouissance de pension, ou une déclaration constatant la perte de ce titre. (*Décr.* 9 *novembre* 1853, *art.* 32.)

DÉLAIS POUR LA PRÉSENTATION DES DEMANDES.

Toute demande de pension est adressée au ministre du département auquel appartient le fonctionnaire. Cette demande doit, à peine de déchéance, être présentée avec les pièces à l'appui dans le délai de cinq ans à partir de la promulgation de la loi du 9 juin 1853, pour les droits ouverts antérieurement, et, pour les droits qui s'ouvriront postérieurement, à partir, savoir : pour le titulaire, du jour où il aura été admis à faire valoir ses droits à la retraite, ou du jour de la cessation de ses fonctions, s'il a été autorisé à les continuer après cette admission, et, pour la veuve, du jour du décès du fonctionnaire.

Les demandes de secours annuels pour les orphelins doivent être présentées dans le même délai à partir de la promulgation de la loi précitée, ou du jour du décès de leur père ou de celui de leur mère. (*Loi 9 juin* 1853, *art.* 22.)

PENSIONS INCESSIBLES.

Les pensions sont incessibles. Aucune saisie ou retenue ne peut être opérée du vivant du pensionnaire que jusqu'à concurrence d'un cinquième pour débet envers l'État, ou pour des créances privilégiées, aux termes de l'article 2101 du Code Napoléon, et d'un tiers dans les circonstances prévues par les articles 203, 205, 206, 207 et 214 du même code. (*Idem, art.* 26.)

DÉMISSION, DESTITUTION, RÉVOCATION.

Tout fonctionnaire ou employé démissionnaire, destitué, révoqué d'emploi, perd ses droits à la pension. S'il est remis en activité, son premier service lui est compté.

Celui qui est constitué en déficit pour détournement de deniers ou de matières, ou convaincu de malversations, perd ses droits à la pension, lors même qu'elle aurait été liquidée ou inscrite.

La même disposition est applicable au fonctionnaire convaincu de s'être démis de son emploi à prix d'argent, et à celui qui aura été condamné à une peine afflictive ou infamante. Dans ce dernier cas, s'il y a réhabilitation, les droits à la pension seront rétablis. (*Idem, art.* 27.)

RÉINTÉGRATION.

Lorsqu'un pensionnaire est remis en activité dans le même service, le paiement de sa pension est suspendu.

Lorsqu'il est remis en activité dans un service différent, il ne peut cumuler sa pension et son traitement que jusqu'à concurrence de quinze cents francs.

Après la cessation de ses fonctions, il peut rentrer en jouissance de son ancienne pension, ou obtenir, s'il y a lieu, une nouvelle liquidation basée sur la généralité de ses services. (*Idem, art.* 28.)

QUALITÉ DE FRANÇAIS.

Le droit à l'obtention ou à la jouissance d'une pension est suspendu par les circonstances qui font perdre la qualité de Français, durant la privation de cette qualité.

La liquidation ou le rétablissement de la pension ne peut donner lieu à aucun rappel pour les arrérages antérieurs. (*Idem, art.* 29.)

Les fonctionnaires et employés en exercice au 1er janvier 1854 sont
soumis aux retenues déterminées par l'article 3 de la loi du 9 juin 1853,
et sont retraités d'après les règles ci-après :

Ceux qui étaient tributaires de caisses de retraite supprimées et ceux
qui obtenaient pension sur fonds généraux sont liquidés dans les proportions et aux conditions réglées par ladite loi pour leurs services
postérieurs au 1er janvier 1854 ; et pour les services antérieurs, conformément, soit aux réglemens spéciaux, soit aux loi et décret des 22 août
1790 et 13 septembre 1806, qui régissaient respectivement leur situation,
sans que les maximum déterminés par la loi du 9 juin puissent être
dépassés.

Toutefois les pensions des fonctionnaires et employés qui, au 1er
janvier 1854, auront accompli la durée de services exigée par les réglemens spéciaux, loi et décret précités, sont liquidées conformément à
ces réglemens, loi ou décret. (*Loi 9 juin* 1853, *art.* 18.)

AVANCEMENT.

Un contrôleur ne peut être promu à une classe ou à un grade supérieur qu'autant qu'il a passé au moins trois années dans la classe ou
le grade inférieur.

Il doit en outre, pour obtenir de l'avancement, prouver qu'il a continué la pratique des opérations géométriques.

PLANS A PRODUIRE.

Les contrôleurs sont tenus de fournir un plan de 40 à 50 hectares
pour chacune des périodes de leur avancement. Ainsi, comme le veut
l'article 20 du réglement du 31 janvier 1834, aucun contrôleur ne pourra
être promu à une classe ou à un grade supérieur, si, depuis sa nomination à la classe ou au grade qu'il occupe, il n'a justifié, de la manière
qui vient d'être indiquée, qu'il a continué la pratique des opérations
géométriques.

Ils doivent en outre, toutes les fois que la nécessité s'en présente, procéder sans délai aux opérations d'arpentage que pourrait exiger la constatation soit d'alluvions et de corrosions, soit de terrains acquis ou cédés
pour la voie publique. Les plans de l'espèce sont comptés comme des
justifications, conformément à la circulaire n° 146 du 6 mars 1847.

Les contrôleurs qui n'ont pas complété pour le passé, soit par leurs
travaux, soit par les exemptions qu'ils ont méritées, toutes les produc-
tions auxquelles les assujétissaient les dispositions précédemment en
vigueur, seront admis à se libérer de l'arriéré jusques et y compris
l'année 1852, à raison de 25 hectares pour chacune des années en re-

tard, sans toutefois pouvoir fournir, dans la même année, un plan renfermant au delà de 100 hectares. (*Circ.* 12 *octobre* 1853.)

Le contrôleur doit laisser sur ses plans la tracé de toutes les opérations qu'il a exécutées sur le terrain: il joint à son travail le cahier des calculs exécutés et une note par laquelle il désigne l'instrument dont il a fait usage, et donne l'explication des procédés qu'il a employés. (*Circ.* 9 *avril* 1834.)

Il doit, du reste, se conformer aux dispositions de la circulaire du 8 mars 1838 pour la levée, la construction et le calcul des plans.

ATTRIBUTIONS, TRAVAUX ET MESURES D'ORDRE.

ATTRIBUTIONS SOMMAIRES.

Les attributions principales des contrôleurs comprennent le recensement des imposables, la rédaction des matrices de rôle, le travail annuel des mutations, la vérification et l'instruction des réclamations et des demandes de toute nature et des états de dégrèvement produits par les percepteurs, la tenue au courant des matrices cadastrales et générales déposées dans les mairies, l'établissement des registres statistiques, la direction des expertises cadastrales.

Les contrôleurs sont encore appelés à donner leur avis sur les procès-verbaux d'expertise des propriétés particulières occupées par l'État, pour des objets d'utilité publique.

REGISTRES A TENIR.—RELEVÉS A FAIRE.

REGISTRE DE CORRESPONDANCE.

Le contrôleur tient un registre de correspondance sur lequel il doit inscrire textuellement toutes ses lettres de service.

Son rapport sur la tournée des mutations doit être transcrit sur ce registre.

INDICATIONS A PORTER EN MARGE DES LETTRES.

Le contrôleur doit indiquer, en marge de chacune de ses lettres, les objets qui y sont traités.

REGISTRE D'ORDRE OU JOURNAL DES OPÉRATIONS.

Le contrôleur tient un registre d'ordre sur lequel il inscrit jour par jour ses différentes opérations.

A la fin de chaque mois, le contrôleur arrête ce registre, et en envoie au directeur le relevé sommaire en double expédition.

Lorsque le directeur a renvoyé l'une des expéditions, le contrôleur doit examiner attentivement les observations que ce chef de service y a consignées et s'attacher à en faire son profit. (*Circ.* 14 *février* 1827.)

REGISTRE DES RENSEIGNEMENS STATISTIQUES ET ADMINISTRATIFS DES CONTROLES.

L'administration n'a pas eu pour but unique de faire du registre statistique un recueil destiné à transmettre aux contrôleurs qui se succèdent dans une division la tradition des faits, intérêts, bases d'impôt, etc., utiles à connaître pour continuer une bonne gestion ou pour en améliorer une mauvaise; elle a voulu fournir, en outre, à ces agens le moyen de faire ressortir leur zèle et leur intelligence.

Carte du contrôle.

Le registre statistique continuera d'être précédé de la carte du contrôle, dressée, ainsi que l'avait prescrit la circulaire du 2 novembre 1839, à l'échelle de 1 à 100,000, dont les dimensions permettent que cette carte soit reliée en tête du registre. Les limites des cantons y seront indiquées par un liséré de couleur, et les voies de communication par les signes généralement adoptés pour distinguer les routes impériales (————) des routes départementales (————), les chemins vicinaux de grande communication (————) des chemins vicinaux (————). Suivant l'usage généralement adopté, on y inscrira les noms des différentes localités en caractères divers et dont la dimension ira décroissant depuis le nom du chef-lieu du département jusqu'à celui du hameau, et même de la ferme isolée. Dans un des angles de la carte sera placée une légende ou tableau, présentant l'itinéraire habituel de la tournée des mutations, le nombre de jours consacrés au travail de chaque commune, les lieux de station et de gîte du contrôleur, les ressources qui lui sont assurées sous ce rapport et relativement aux moyens de transport et de communication.

Les cartes actuellement existantes seront conservées, si, d'ailleurs, elles réunissent la plupart des conditions voulues; dans ce cas, la légende dont il vient d'être question devra y être ajoutée, ainsi que les autres indications que ces cartes laisseraient à désirer.

Registre des renseignemens statistiques et administratifs.

Ire Partie.

§ 1er. — Composition générale du contrôle.

Quant au registre lui-même, il sera divisé en quatre parties.

La première présentera la composition générale et sommaire du contrôle, et indiquera la ville dont il emprunte le nom, en même temps qu'elle fera connaître le lieu fixé pour la résidence du contrôleur.

§ 2. — Renseignemens généraux.

Dans un tableau qui forme le second paragraphe de cette partie, les arrondissemens, cantons, perceptions et communes seront détaillés suivant l'ordre adopté pour l'état général du montant des rôles. En regard du nom de chaque commune seront inscrits les renseignemens généraux qui la concernent, et sur lesquels les titres des colonnes dispensent de toute explication.

IIe Partie.

Feuille cantonale.

La deuxième partie du registre embrasse la division cantonale du contrôle. Elle sera composée d'autant de feuilles qu'il y aura de cantons.

Le contrôleur s'attachera à décrire à grands traits la configuration du territoire et sa nature, ainsi que l'aspect général du sol, uni ou montueux, découvert ou boisé ; il indiquera les principaux cours d'eau, et fera ressortir d'une manière générale l'utilité que le pays en retire, soit comme voies de navigation, soit comme moyens d'irrigation, soit comme force motrice. Il rappellera les inondations et débordemens auxquels la contrée peut être sujette, et mentionnera les travaux d'art exécutés pour l'en préserver. Le contrôleur montrera comment les communes se groupent, suivant qu'elles appartiennent à la vallée, à la plaine ou à la montagne, et s'attachera à préciser les intérêts communs ou opposés qui résultent pour elles de ces situations différentes. Il fera connaître les natures et les méthodes de culture qui y dominent, les industries les plus répandues et les genres de commerce les plus habituels ; il indiquera les mœurs et les habitudes des populations ; enfin, si quelque circonstance particulière à la localité y modifiait la propriété, comme les droits de parcours ou de paissance, ou si certaines parties du sol, en raison de leur nature aride, n'avaient qu'une valeur d'emprunt, tirée de leur réunion à des domaines composés, en outre, de terres arables et de prairies pour l'exploitation desquelles ces parties incultes fournissent des pâtures et des végétaux de litière, le contrôleur devrait en rendre compte.

Des notices historiques feront connaître sommairement les principaux événemens dont la contrée a été le théâtre ; les monumens de quelque importance, sous ce rapport et sous celui des arts, seront indiqués brièvement. Ce résumé des recherches du contrôleur sera suivi des remarques personnelles de cet agent sur les améliorations dont les procédés agricoles, les moyens de fabrication, les relations commerciales, les voies de communication, l'emploi des forces motrices, les irrigations et les desséchemens, les mesures d'assainissement, etc., lui paraîtront susceptibles. En un mot, soit comme recueil de faits, soit comme progrès à indiquer, son travail ne devra rien omettre de ce qui intéresse la contrée en général.

IIIe Partie.

Feuilles communales.

§ 1er. — Topographie détaillée de la commune.

Des feuilles destinées à recevoir les renseignemens particuliers à chaque commune composent la troisième partie du registre. Dans le paragraphe 1er seront insérés les détails qui n'ont pas dû trouver place dans la description générale du canton. C'est à ce point de vue exclusif, et de manière à en faire le complément de la deuxième partie, que le contrôleur s'occupera de la topographie de la commune, de l'état de son agriculture, de son commerce et de son industrie et des débouchés ouverts à leurs produits. Il parlera succinctement des curiosités naturelles ou des monumens que renferme le territoire de la commune et de son histoire propre. Il s'étendra davantage sur les intérêts particuliers des habitans, et ne négligera pas de faire connaître si, dans la traversée du territoire de la commune, ou dans la distance d'une usine à l'autre, il y a progrès dans les cours d'eau par suite des affluens ou des infiltrations permanentes qu'ils reçoivent, ou s'il y a décroissance par les causes contraires ; enfin, le contrôleur s'attachera principalement à rendre compte du parti qui est tiré des chutes d'eau comme puissance mécanique, en raison de leur volume, de leur rapidité, de leur continuité ou de leur intermittence.

§ 2. — Forces contributives de la commune.

Ces premières données sont suivies du tableau des forces contributives de la commune. Le contrôleur devra le tenir annuellement au courant ; cette obligation le contraindra à se rendre compte de la situation de la commune et de ses propres efforts pour l'amélioration de sa gestion.

§ 3. — Développement des résultats relatifs aux patentes.

L'importance, de jour en jour croissante, du service des patentes exigeait que, indépendamment des résultats sommaires relatifs à cet impôt que renferme le paragraphe 2e, on conservât dans le registre statistique le résumé, par nature de profession, du nombre des contribuables qui figurait à l'un des cadres annexés à la circulaire du 15 juillet 1839. D'un autre côté, les dispositions introduites par la loi du 25 avril 1844 voulaient que des développemens fussent ajoutés à ces premiers documens. Enfin, l'administration devait se ménager les moyens de se procurer en tout temps, et presque sans recherches, les renseignemens statistiques sur les patentes qui peuvent lui devenir nécessaires d'un moment à l'autre. Il a été pourvu à ces divers besoins par le tableau qui fait l'objet du paragraphe 3 de la troisième partie. Pour en faciliter la rédaction, on l'a disposé dans l'ordre adopté pour la copie de la matrice des patentes, dont il forme en réalité la récapitulation par nature de profession, par classe et par catégorie. Ce sera même un travail qui ne laissera rien à désirer sous ce rapport, attendu que les contrôleurs devront, dans la colonne d'observations réservée en regard des renseignemens relatifs aux établissemens industriels inscrits au tableau C, rappeler le nombre des ouvriers, des métiers, des chaudières, des cuves, des broches, en un mot, toutes les bases de la fixation des droits.

Au surplus, pour ne pas multiplier outre mesure les travaux des contrôleurs, l'administration a pensé qu'il suffisait que les résultats du dépouillement de la matrice des patentes fussent mis au courant tous les trois ans.

§ 4. — Valeur vénale et locative. — Taux de l'intérêt.

Les renseignemens qui entreront dans le quatrième paragraphe de la feuille communale sont nouveaux dans le registre statistique : rechercher la valeur vénale et la valeur locative des propriétés, ainsi que le taux de l'intérêt du placement en biens fonds, est une opération très-délicate et qui réclame tous les soins des contrôleurs. Les baux et les ventes constatés par actes authentiques ou sous seing privé, mais enregistrés, seront les premiers documens à consulter. Les contrôleurs s'aideront encore des mises à prix et annonces de tout genre dont l'usage se répand de jour en jour davantage ; ils recueilleront aussi des données près de MM. les receveurs de l'enregistrement et notaires. Les contrôleurs devront, au surplus, annoter dans la colonne réservée à cet effet les principaux documens où ils ont puisé les résultats inscrits sur le registre. Si l'espace leur manquait, ils y suppléeraient en annexant une feuille où les faits seraient indiqués et rattachés au travail par un numéro de renvoi.

L'administration croit devoir appeler l'attention particulière des contrôleurs sur la valeur locative des forces motrices, représentées par l'*unité* qui a reçu le nom de *cheval-vapeur* (1). Déjà les recherches auxquelles ces agens ont dû se livrer pour l'exécution de la loi du 25 avril 1844 les ont conduits à de premiers résultats qu'il ne s'agit plus que de coordonner et de généraliser.

§ 5. — Mines et minières.

Dans l'état actuel de la législation, les contrôleurs ne sont appelés à s'occuper des mines et minières que dans le cas où des réclamations

---

(1) On entend par cette expression la force capable d'élever un poids de 75 kilogrammes à un mètre de hauteur, dans une seconde de temps. (*Ordonnance royale du 22 mai 1845.*)

surviennent contre la fixation de la redevance proportionnelle. Quelles que soient les modifications que l'avenir peut amener sous ce rapport, il y a pour l'administration, au point de vue de l'amélioration générale des patentes, un intérêt actuel à ce que ses agens se rendent compte des progrès continus et journaliers de l'exploitation des mines, considérés comme le véritable signe du développement de l'industrie manufacturière. Un cadre a été introduit, à cet effet, dans le registre statistique. Tous les trois ans, au plus tard, les contrôleurs inscriront sur le registre les renseignemens qu'ils se seront procurés par leurs recherches personnelles. Ils en donneront connaissance aux maires, adjoints et répartiteurs, appelés par l'article 19 du décret du 6 mai 1811 à coopérer à la proposition de l'évaluation du produit net imposable de chaque mine, ainsi qu'au directeur qui s'aidera de ces documens et de ceux qu'il aura recueillis de son côté pour éclairer la discussion dans les réunions des comités d'évaluation, chargés par le même décret d'établir définitivement le revenu imposable desdites mines.

IVᵉ Partie.

Résumé des renseignemens généraux.

Le registre statistique est terminé par un tableau qui résume les renseignemens généraux dont la conservation est indispensable dans le bureau d'un contrôleur ; ce sont :

La population, dont le chiffre, suivant qu'il s'élève, règle le droit fixe de patente, assujétit les patentables au paiement du droit proportionnel, modifie les tarifs des portes et fenêtres, etc., etc. ;

Les documens fournis par le cadastre, qui mettent à même de juger de l'importance d'une commune ;

Le principal des contributions, donnée utile à consulter par le contrôleur chargé d'émettre un avis sur les réclamations des communes contre leurs contingens ;

Le nombre des réclamations par lequel le contrôleur se rend compte à lui-même de ses efforts pour l'amélioration des rôles aussi bien que de la position générale des contribuables ;

Enfin, les élémens du service des prestations.

Telles sont les obligations imposées aux contrôleurs pour la formation et la tenue du registre des renseignemens statistiques et administratifs.

Durée du registre.

A l'exception du tableau destiné à présenter les forces contributives de la commune (3ᵉ partie, § 2), qui devra être mis annuellement au courant, à l'exception du cadre qui offre les développemens de la matrice des patentes et de celui qui est relatif aux mines, lesquels recevront, tous les trois ans, l'annotation de la situation nouvelle, ainsi que cela a été dit plus haut, le registre pourra n'être renouvelé qu'à l'ouverture de la dixième année. L'administration se réserve, d'ailleurs, d'avancer l'époque de ce renouvellement d'après les propositions qui lui seraient faites par le directeur, sur le compte rendu par l'inspecteur de l'état du registre dans chaque division. Toutefois, si des changemens avaient lieu dans la circonscription du contrôle ou dans la résidence du titulaire, si des communications nouvelles étaient ouvertes, si de grands travaux d'art étaient exécutés, si quelque industrie nouvelle et importante s'introduisait dans le pays, le contrôleur devrait en faire immédiatement mention à la suite des annotations primitives : il aurait soin de préciser l'année dans laquelle ces faits nouveaux se seraient produits. Enfin, cet agent annotera avec la même exactitude les changemens que les ordonnances constatent quinquennalement dans le chiffre de la population ; et s'il en résultait qu'il y eût lieu de modifier la position des patentables (art. 5 et 12 de la loi du 25 avril 1844) ou le contingent des portes et fenêtres (art. 3 de la loi du 4 août suivant), le contrôleur indiquerait, dans la colonne d'observations que présente le cadre de la quatrième partie, l'époque à partir de laquelle ces changemens devraient avoir lieu. (*Circ. du* 28 *mars* 1846.)

RELEVÉS A FAIRE DANS LES BUREAUX DE L'ENREGISTREMENT.

Chaque trimestre, le contrôleur procède, dans les bureaux de l'enregistrement situés dans sa division, au relevé des baux, des adjudications de coupes de bois, des partages, des ventes, des échanges et des actes translatifs de propriété de toute nature. Toutefois, en raison de la tournée générale des mutations, le relevé du troisième trimestre peut, avec l'agrément du directeur, être ajourné et effectué en même temps que celui du quatrième trimestre.

Lorsque la circonscription des bureaux d'enregistrement s'étend sur plusieurs contrôles, le directeur peut, pour éviter une inégalité trop grande dans la répartition du travail, désigner, parmi les contrôleurs intéressés, ceux qui devront opérer le relevé en tout ou en partie.

Le relevé est fait sur les registres mêmes et non sur les tables, dont les désignations sommaires sont insuffisantes pour faire connaître les stipulations des actes et la désignation des propriétés qui en sont l'objet ; il est établi sur des extraits en forme de bulletins (*modèles* 4 *et* 5).

Le relevé comprend non-seulement les actes relatifs à des propriété situées dans la division du contrôleur, mais encore les actes concernant des propriétés situées hors de la division. Si ces propriétés appartiennent à des départemens étrangers, il est nécessaire d'ajouter le nom du département à celui de la commune. Le contrôleur y consigne, avec le plus grand soin, tous les détails qui peuvent faciliter la reconnaissance des parcelles au moment des mutations, tels que : *lieux-dits, natures de culture, contenances, noms de champs ou de parcelles, désignations cadastrales, etc.*

Lorsque l'enregistrement indique qu'une propriété s'étend sur plusieurs communes dont les noms sont désignés, l'acte est relevé pour chaque commune sur un bulletin séparé.

Indépendamment des faits relatifs aux mutations foncières, le contrôleur, en compulsant les registres pour la formation des extraits, ne doit pas négliger de recueillir, dans la forme prescrite par l'article 35 de l'instruction du 10 juillet 1850, tous les autres faits qui peuvent lui fournir des renseignemens utiles pour l'assiette des droits de patente, tels que : adjudications de travaux et de fournitures, actes de société, traités de commerce, transactions, marchés, etc.

En mentionnant sur son registre d'ordre ses opérations chez les receveurs de l'enregistrement, le contrôleur a soin de relater, pour chaque bureau, la date à laquelle s'est arrêté son relevé. Cette date servira de point de départ aux relevés ultérieurs.

REGISTRE DES EXTRAITS DE L'ENREGISTREMENT.

Le contrôleur tient un registre (*modèle n° 6*) où il inscrit, à un compte spécial pour chaque commune, avec la date de la rédaction ou de la réception, le nombre de tous les extraits qu'il établit, ou qui lui sont renvoyés après avoir été établis dans d'autres contrôles.

Il portera sur ce registre, avant toute autre inscription, les extraits non utilisés qui restent aujourd'hui entre ses mains, et qu'il aura préalablement numérotés, par commune, en deux séries distinctes par nature d'actes (*baux et actes de ventes*). Ces deux séries seront indéfiniment continuées pour le numérotage des extraits à rédiger ultérieurement, de telle sorte que le numéro du dernier extrait établi, pour chaque commune, exprime toujours le total des nombres successivement enregistrés au compte de la même commune.

Les extraits relatifs à des communes étrangères au contrôle ne sont ni numérotés ni enregistrés. (*Instr.* 18 *décembre* 1853.)

Envoi au directeur.

Le contrôleur envoie au directeur, après les avoir enliassés par commune et réunis par perception, tous les extraits concernant des actes translatifs de propriété, à l'exception de ceux concernant les communes où il doit opérer personnellement (1). Il lui envoie également les extraits de baux et d'adjudications de coupes de bois qui ne concernent pas sa division. Cet envoi est accompagné d'un état présentant, par commune, le nombre d'extraits de chaque nature (*baux et ventes*) antérieurement constaté, le nombre ajouté pendant le trimestre et le nombre total.

Le directeur transmet immédiatement aux contrôleurs les extraits

---

(1) Un arrêté ministériel du 5 août 1853 adjoint les percepteurs aux contrôleurs dans le travail des mutations. (Voir ci-après *Contribution foncière.*)

dressés par leurs collègues pour des communes de leur division et dont il leur reste à faire l'enregistrement et le numérotage.

Le contrôleur relate toutes les entrées et sorties des pièces de cette nature sur le registre (*modèle n° 6*) prescrit ci-dessus (1).

INVENTAIRE.

Le contrôleur tient au courant l'inventaire des archives du contrôle.

FORMATION, RÉUNION OU DISTRACTION DE COMMUNES.

ÉTATS A FORMER POUR METTRE LES MATRICES, RÔLES ET CONTINGENS EN HARMONIE AVEC LA NOUVELLE CIRCONSCRIPTION DES TERRITOIRES.

Toutes les fois qu'une loi ou un décret change la circonscription d'un territoire, le contrôleur dresse, de concert avec les répartiteurs de la commune perdante, des états indiquant, suivant la nature des contributions, les propriétaires, la contenance et le revenu imposable des propriétés distraites;

La nature et le nombre des portes et fenêtres;

Les noms, prénoms, loyers d'habitation des habitans imposés à la contribution personnelle-mobilière.

Il a soin de rattacher ces objets à la matrice de la commune gagnante, lorsqu'ils ont été convenablement modifiés.

Dans les cas de formation de communes, le contrôleur dresse également l'état des propriétaires et des propriétés, des portes et fenêtres, des loyers et des habitans composant les nouvelles communes : il établit avec les répartiteurs la matrice qui doit servir à établir le rôle des différentes contributions.

---

(1) Les autres travaux de toute nature à exécuter par les contrôleurs et les registres qu'ils doivent tenir sont mentionnés aux chapitres des contributions auxquels ils se rapportent.

ACCROISSEMENS ET PERTES DE MATIÈRE IMPOSABLE.

BOIS ET AUTRES PROPRIÉTÉS A IMPOSER.

Lorsque des bois et autres propriétés non encore compris dans les rôles deviennent imposables, comme cessant de faire partie du domaine de l'Etat ou de la dotation de la couronne ;

Lorsque des terrains ont été formés par alluvion ou ont été rendus à la culture par le changement de lit d'un fleuve, d'une rivière ou d'un torrent, par la nouvelle direction d'une route, par le retrait de la mer ;

Enfin, toutes les fois qu'un terrain qui n'était pas imposable le devient par suite de vente, échange, concession ou par toute autre cause ;

Le contrôleur établit, de concert avec les maires et répartiteurs, les feuilles destinées à faire connaître les noms et prénoms des propriétaires, le lieu-dit, la contenance, la classe et le revenu des nouvelles propriétés à imposer.

Il veille à ce que le revenu soit fixé par comparaison avec celui des types choisis au moment de l'expertise cadastrale pour les propriétés de même nature.

Il transmet à la direction les feuilles dûment signées par les répartiteurs.

Les accroissemens et les pertes de matière imposable survenus dans les propriétés non bâties, les constructions et les démolitions totales ou partielles de propriétés bâties, et les changemens donnant lieu à une simple modification de revenu, sont constatés dans la même forme que les mutations (*exemples fictifs n*ᵒˢ IX, XIV, XVII).

Les extraits qui sont rédigés à cet effet indiquent, avec les explications justificatives nécessaires, si la modification de revenu est de nature à affecter ou à ne pas affecter les contingens (1). Ces explications sont consignées dans la colonne 11.

---

(1) La détérioration d'une propriété non bâtie, par une cause indépendante de la volonté du propriétaire, peut donner lieu à une réduction du revenu ; mais cette réduction ne doit affecter que la répartition individuelle, et, tout au plus, si elle était assez importante pour être prise en considération par le conseil général ou le conseil d'arrondissement, la répartition des 2ᵉ et 3ᵉ degrés. Il n'y a lieu à diminution des contingens que quand il y a disparition de la propriété, cessation d'imposition (*circulaire du 6 mars* 1847, *n*ᵒ 146). Il en est de même des diminutions de revenu qui peuvent être prononcées par suite des demandes en décharge ou en réduction que les propriétaires de propriétés bâties sont admis à présenter en tout temps. Ces diminutions ne donnent lieu à modification des contingens que quand elles sont le résultat de réclamations relatives à de nouvelles constructions, et formées dans la première année de leur imposition (*circulaire n*ᵒ 276 *du 23 juin* 1852).

Pour l'imposition d'une matière imposable nouvelle, on porte sur le cadre de la feuille de mutation, dans l'espace réservé pour l'indication du nom de l'ancien propriétaire, les mots : *non imposé*. On inscrit le propriétaire à imposer comme *acquéreur* et on désigne, dans le corps de l'état, la propriété nouvelle, avec toutes les indications propres à la faire inscrire sur la matrice (*exemples fictifs n*os XIV *et* XVII)

Lorsqu'il s'agit d'une parcelle qui ne portait pas de numéro au plan, ainsi qu'il arrive quand des portions de chemins ou de places publiques deviennent imposables, on la désigne, dans la colonne à ce destinée, par la lettre de la section à laquelle elle appartient, et, dans la colonne des numéros du plan, par un numéro d'ordre faisant suite au dernier numéro de la section ou des parcelles de l'espèce déjà imposées antérieurement (*exemple fictif n*° XVII).

Le contrôleur joint aux feuilles de mutation un croquis sur lequel les nouvelles parcelles sont rattachées aux parcelles contiguës, avec les cotes et les indications nécessaires pour que le directeur puisse les inscrire sur le plan cadastral.

Il mentionne, en outre, dans la colonne 11 de la feuille de mutation (*exemple fictif n*° XVII), la présence du croquis et la création de la parcelle nouvelle.

Lorsque les opérations d'arpentage auxquelles le contrôleur aura dû procéder pour l'exécution des dispositions précédentes, présenteront une certaine importance, cet agent, au lieu de se borner à l'envoi d'un simple croquis, dressera un plan qu'il transmettra au directeur, pour être joint aux plans-minutes. Le directeur fera faire une copie de ce plan, qui sera annexée à l'atlas communal.

Le contrôleur pourra, d'ailleurs, en présentant un calque de ce plan, demander au directeur que son travail soit soumis à l'administration, qui jugera s'il y a lieu de l'admettre à titre de justification d'arpentage. (*Instr.* 18 *décembre* 1853.)

PROPRIÉTÉS CESSANT D'ÊTRE IMPOSABLES.

Pour la suppression d'une propriété qui cesse d'être imposable, on inscrit, comme *vendeur*, le propriétaire actuellement imposé, en tête de l'extrait de matrice ; on porte, dans l'espace réservé pour l'indication du nouveau propriétaire, les mots *non imposable*, et l'on transcrit, dans le corps de l'extrait, la désignation détaillée de la propriété à supprimer (*exemple fictif n*° IX).

Les mutations pour cession de terrains affectés à la construction de routes, de canaux, et les mutations pour l'imposition d'anciennes routes rendues à la culture, ou de parcelles devenues inutiles pour la grande voirie et remises au domaine, sont opérées au moyen des états dressés par l'administration des ponts et chaussées, que les préfets doivent remettre aux directeurs des contributions directes, conformément à la circulaire du ministre des travaux publics du 5 novembre 1851 (*circulaire du* 23 *juin* 1852, *n*° 276). Lorsque ces états sont accompagnés de plans, la marche la plus régulière et la plus sûre, pour opérer les mutations, consiste à tracer légèrement, sur le plan cadastral, avec un crayon un peu dur, la route ou le canal, et à calculer ensuite, par les procédés ordinaires, les contenances à muter, dont on détermine le revenu par l'application du tarif des évaluations cadastrales.

On ne doit pas perdre de vue, en faisant les mutations de l'espèce, que les propriétés nouvellement affectées aux canaux et aux chemins de fer continuent d'être imposables en raison du revenu cadastral qu'elles avaient avant le changement de destination (*circulaire du 6 mars* 1847, *n° 146*). Toutefois, lorsque quelque portion des canaux ou des chemins de fer est formée de terrains qui n'étaient pas encore imposés, on les évalue sur le pied des terres labourables de première qualité, conformément à la loi du 5 floréal an 11 (25 avril 1803), et aux clauses ordinaires des concessions qui assimilent les chemins de fer aux canaux pour le paiement de la contribution foncière. Ces propriétés, lorsqu'elles sont concédées avec condition de retour à l'État, s'imposent, pendant l'exécution des travaux, au nom du Gouvernement, représenté par l'administration des ponts et chaussées (*circulaire du 3 octobre* 1826) ; elles ne sont cotisées au nom des compagnies que pendant la durée de leur exploitation (1).

Dans le cas de modification de revenu, soit par suite de réclamation, soit par suite d'augmentation ou de réduction de construction, le changement est constaté au moyen d'un extrait sur lequel on fait figurer la propriété sur deux lignes, l'une présentant son état ancien et l'autre son état nouveau (*exemples fictifs n°s* XVIII *et* XIX).

Les changemens d'affectation qui font passer une propriété du fonds imposable dans le fonds non imposable, et réciproquement, et, en général, tous les motifs d'augmentation ou de diminution du revenu cadastral doivent être énoncés, d'une manière claire et précise, dans la colonne 12 de l'extrait.

Les répartiteurs déterminent, pour les propriétés non bâties devenues imposables, la nature de culture et le classement qui doivent leur être attribués, et règlent également toutes les autres modifications à apporter aux revenus cadastraux. Ils arrêtent et signent les extraits relatifs à cet objet.

Toutefois, lorsque, indépendamment des extraits, il est rédigé un état collectif des modifications, comme cela se fait pour les constructions et démolitions, la signature de cet état donnant un caractère suffisant de légalité aux changemens qui y sont constatés, on peut se dispenser de faire signer par les répartiteurs les extraits relatifs aux mêmes changemens : on indique sur ces extraits que les répartiteurs ont signé l'état collectif (*exemples fictifs n°s* IX, XIV, XVIII).

---

(1) En ce qui concerne les chemins de fer, d'après plusieurs arrêts du conseil d'État, la contribution doit être supportée par la compagnie, pour chacune des sections comprises entre deux stations principales, à partir de l'année qui suit la reconnaissance successive et définitive desdites sections.

Les changemens relatifs aux accroissemens et pertes de matière imposable, et, en général, ceux qui sont de nature à nécessiter une reconnaissance du terrain peuvent être réservés au contrôleur : le percepteur est tenu alors de lui donner avis des déclarations ou des faits qu'il aurait recueillis concernant les changemens de l'espèce et des circonstances qui l'ont empêché de les opérer.

D'après cet avis, le contrôleur fera les dispositions nécessaires pour opérer la mutation à son prochain passage dans la commune. (*Instr.* 18 *décembre* 1853.)

CONSTRUCTIONS ET DÉMOLITIONS.

REGISTRE A TENIR PAR LE CONTROLEUR.

Le contrôleur est tenu de former et de garder par devers lui un registre sur lequel il inscrit, par commune, les renseignemens recueillis au sujet des maisons et usines en construction ou reconstruction, et portés sur le cadre n° 2, qui demeure annexé à la matrice déposée dans chaque mairie. (*Circ.* 27 *mars* 1837 *et* 2 *mai* 1842.)

ÉTATS N° 2 CONCERNANT LES NOUVELLES CONSTRUCTIONS.

Il n'est pas nécessaire de changer immédiatement les états n° 2. Ces états, tels qu'ils sont, peuvent satisfaire aux besoins du service ; il suffit que le contrôleur ouvre, en marge des colonnes où il portera le nombre des ouvertures, le revenu foncier et la valeur locative réelle, ou qu'il inscrive ces divers renseignemens sur une seconde ligne. (*Circ.* 30 *mai* 1848.)

RÉDACTION DE L'ÉTAT ANNUEL DES CONSTRUCTIONS NOUVELLES ET DES DÉMOLITIONS.

Le contrôleur procède, de concert avec les répartiteurs, à la rédaction de l'état des propriétés bâties qui, par suite de construction, reconstruction, agrandissement, démolition totale ou partielle, ou changement de destination, donnent lieu à augmentation ou à diminution du contingent des contributions foncière, des portes et fenêtres et personnelle-mobilière (*modèle n°* 11 ; *circulaire du* 24 *avril* 1846, *n°* 119).

Ainsi que l'indique le titre de l'état, le contrôleur n'y inscrit que les augmentations et les diminutions susceptibles d'affecter les contingens, c'est-à-dire celles qui résultent de la formation d'une matière imposable nouvelle, ou de la disparition d'une matière imposable ancienne, en admettant, d'ailleurs, que le gain ou la perte de matière imposable soient postérieurs aux époques à partir desquelles la loi a prescrit, pour cette cause, la modification des contingens ; ces époques sont, pour la contribution foncière et la contribution des portes et fenêtres, le 1er janvier 1836 (*loi du 17 août* 1835, *art.* 2) ; pour la contribution personnelle et mobilière, le 1er janvier 1846 (*loi du 4 août* 1844, *art.* 2).

Le contrôleur, par conséquent, n'inscrit point sur l'état les changemens résultant de modifications intérieures, de divisions ou de réunions qui n'ont donné lieu à aucune augmentation ou diminution des bâtimens (*explications faisant suite à la circulaire du 2 septembre* 1835, *n°* V), ni les réductions prononcées par suite de demandes en décharge ou réduction, sauf en ce qui concerne les nouvelles constructions prématurément imposées ou surévaluées, ayant déjà donné lieu à augmentation de contingens, et au sujet desquelles on aurait réclamé dans la première année de leur imposition.

Il n'inscrit pas non plus sur l'état les changemens opérés dans les bases de la contribution des portes et fenêtres par suite de la rectification d'erreurs, de la suppression ou de l'addition de quelques ouvertures (*explications déjà citées, n°* III). (*Instr.* 18 *décembre* 1853.)

La rédaction de l'état ne présente aucune difficulté en ce qui concerne les diminutions : on inscrit simplement les bases de cotisations afférentes à la matière imposable perdue, telles qu'elles existent sur les matrices.

Lorsque la matrice ne présente ni taxe personnelle ni taxe mobilière pour certaines maisons démolies, parce que, dans l'année de leur démolition, ces maisons étaient ou inhabitées ou occupées par des indigens, les bases de cotisation à inscrire sur l'état doivent être celles afférentes aux contribuables qui ont occupé la maison en dernier lieu.

Si l'inhabitation remontait à une époque assez ancienne pour que l'on ne retrouvât plus sur les matrices les traces des taxes antérieures, les répartiteurs détermineraient les élémens des cotisations à retrancher par comparaison avec les taxes actuellement assises sur des maisons de même nature et d'égale importance.

Le contrôleur veille à ce qu'il ne soit fait usage de cette dernière faculté que dans les conditions prescrites, et de manière à ne pas augmenter abusivement les réductions applicables aux contingens.

Le contrôleur est tenu d'inscrire, sur les extraits de matrice concernant les nouvelles constructions et les reconstructions, les chiffres arrêtés par les répartiteurs pour la répartition individuelle : toutefois, lorsque ces chiffres diffèrent de ceux qui doivent servir de base à la modification des contingens, il rappelle ces derniers dans la colonne 11 des extraits (*exemple fictif n°* XVIII). Il relate, dans la même colonne, la valeur locative réelle des nouvelles constructions.

L'état des constructions et démolitions, et les divers états de changemens sont rédigés dans la commune et ne doivent être soumis à la signature des répartiteurs que quand ils sont entièrement remplis. (*Instr.* 18 *décembre* 1853.)

Le contrôleur veille à ce que le *revenu foncier* des nouvelles constructions soit estimé proportionnellement au revenu des autres propriétés bâties de la commune ;

A ce que le nombre des *portes et fenêtres* des mêmes constructions soit inscrit sur l'état, tel qu'il résulte du recensement exécuté conformément à la loi, sans tenir compte des modifications que les répartiteurs lui auraient fait subir au point de vue de la répartition individuelle ;

A ce que leur *valeur locative* soit estimée exactement d'après le cours actuel des loyers, et sans avoir égard aux évaluations matricielles qui servent de base pour la répartition individuelle.

Dans le cas où il y aurait désaccord sur l'un de ces points entre les répartiteurs et le contrôleur, celui-ci en rendrait compte, dans un rapport circonstancié, au directeur des contributions directes, qui provoquerait, s'il le jugeait convenable, une vérification par voie d'experts. (*Idem.*)

CONTRIBUTION FONCIÈRE.

MUTATIONS CADASTRALES.

Les percepteurs sont adjoints aux contrôleurs des contributions directes pour la réception des déclarations de mutations de propriétés à opérer annuellement dans les rôles de la contribution foncière, et pour la rédaction des extraits de matrice indiquant les parcelles qui sont l'objet de mutations. Néanmoins, et par exception, les contrôleurs procèdent seuls dans la commune de leur résidence.

A l'égard des communes autres que celles de la résidence des contrôleurs, les percepteurs doivent se transporter dans chacune d'elles deux fois par an, aux époques réglées de concert par les receveurs généraux des finances et les directeurs des contributions directes. Ils ont d'ailleurs la faculté de procéder à la réception des déclarations et à la rédaction des extraits de matrice lors de leurs tournées habituelles de recettes.

Tous les trois mois, les contrôleurs adressent aux percepteurs, par l'intermédiaire des directeurs et des receveurs généraux, les relevés d'actes translatifs de propriété formés dans les bureaux de l'enregistrement, et leur fournissent les imprimés nécessaires pour la rédaction des extraits de matrice.

Au moment de la tournée générale des mutations, les percepteurs remettent leur travail aux contrôleurs qui doivent le vérifier, et, s'il y a lieu, le rectifier et le compléter.

Les percepteurs continuent d'envoyer tous les trois mois aux contrôleurs des extraits de leur cahier de notes suivant la marche tracée par l'instruction du 9 novembre 1846 ; ils peuvent se dispenser de porter sur ces extraits les faits relatifs aux mutations foncières par eux constatées.

L'indemnité de 2 centimes 1/2 par parcelle, allouée pour la rédaction des extraits de matrice, est attribuée aux percepteurs qui ont exécuté ce travail. (*Arr. min.* 5 *août* 1853.)

Les agens des contributions directes demeurent responsables du service des mutations ; il leur appartient d'assurer ce service là où le concours des percepteurs rencontrerait des obstacles insurmontables.

Les contrôleurs doivent adresser à leur directeur seul les observations que le travail des percepteurs pourrait soulever. (*Circ.* 17 *août* 1853.)

DOCUMENS NÉCESSAIRES AU TRAVAIL.

L'agent chargé d'opérer dans les communes doit être muni des extraits relevés dans les bureaux de l'enregistrement et des divers renseignemens qui lui ont été fournis ou qu'il a recueillis concernant les mutations.

Il se fait remettre :

1° L'atlas du plan parcellaire ;

2° Les états de section des propriétés non bàties et bàties ;

3° La matrice cadastrale des propriétés foncières ;

4° La matrice générale.

Au besoin, il invite le maire à faire publier de nouveau l'avis de son arrivée, et même à faire appeler individuellement les propriétaires qui ne se présenteraient point sur l'invitation qu'ils ont reçue.

Il procède à la réception des déclarations de mutation et à la rédaction des extraits de matrice ou feuilles de mutation (*mod.* n° 8), conformément aux règles tracées ci-après. (*Instr.* 18 *décembre* 1853.)

RÉDACTION DES FEUILLES DE MUTATION.

Les feuilles de mutation indiquent les noms, prénoms, professions et demeures du vendeur et de l'acquéreur, les folios où ils sont inscrits à la matrice cadastrale, leur article à la matrice générale, et le total du revenu foncier pour lequel ils sont imposés au dernier rôle (*exemples fictifs n°s* II *à* XIX).

L'indication complète et l'écriture très-lisible des noms, prénoms, qualités ou professions et demeures, sont surtout nécessaires à l'égard des contribuables qu'il s'agit d'inscrire pour la première fois aux matrices.

Lorsque l'article auquel se rapporte la mutation occupé plusieurs folios sur la matrice, on n'indique, en tête de l'extrait, que le folio où l'article commence; mais les folios où les parcelles sont inscrites sont, en outre, rappelés dans le corps de l'extrait, colonne 1, sur chaque ligne de mutation.

Les parcelles sont, autant que possible, inscrites sur les feuilles dans l'ordre des sections et des numéros du plan.

Les contrôleurs sont chargés de tenir les percepteurs approvisionnés des cadres imprimés nécessaires pour la rédaction des feuilles de muta- tion (*modèle n° 8*). (*Instr.* 18 *décembre* 1853.)

OBJET DES MUTATIONS. — RÈGLES GÉNÉRALES.

La mutation peut avoir pour objet:
1° L'article entier d'un propriétaire;
2° Des parcelles entières;
3° Des portions de parcelles d'une seule classe;
4° Des portions de parcelles de classes différentes.

Article entier.

Si l'article entier passe à *un acquéreur* (1) non encore inscrit dans la matrice cadastrale de la commune, on indique qu'il y a lieu de *substituer le nom* de l'acquéreur à celui du vendeur, en se bornant à inscrire, sur l'extrait de matrice, le total de la contenance et du revenu (*exemple fictif n°* II). Si l'article renferme quelques objets devenus non imposables, tels que: une maison convertie en bâtiment rural ou démolie; une ou plusieurs parcelles ou parties de parcelles corrodées par les eaux, cédées pour un chemin, ou affectées à un service qui les affranchisse de l'impôt, on ne porte sur l'extrait que les totaux de la contenance et du revenu qui doivent rester imposés; et l'on rédige un extrait détaillé pour les parcelles à retrancher (*exemples fictifs n°s* IV *et* V). Si l'article entier passe à un *acquéreur* déjà inscrit à la matrice, on porte sur l'extrait le détail de toutes les parcelles acquises. Cependant si l'article de l'ancien propriétaire comprenait plusieurs pages, à la suite desquelles il resterait un ou plusieurs folios en blanc, et si l'article de *l'acquéreur* ne comprenait que quelques parcelles non suivies de l'espace en blanc nécessaire pour la retranscription de la totalité de l'article acquis, on opérerait comme s'il s'agissait d'un nouveau propriétaire, en substituant le nom de l'acquéreur à celui du vendeur, et l'on rédigerait un second extrait de matrice pour faire retranscrire en détail, à la suite de l'article de l'ancien propriétaire, les parcelles que *l'acquéreur* possédait déjà (*exemples fictifs n°s* II *et* III).

---

(1) On emploie le mot *acquéreur* pour désigner le *nouveau propriétaire*, et le mot *vendeur* pour désigner *l'ancien propriétaire.*

Parcelles entières.

Si la mutation a pour objet des parcelles entières, le rédacteur copie sur la feuille la ligne que chaque parcelle occupe dans la matrice.

Portions de parcelles.

S'il s'agit de portions de parcelles d'une seule classe, le rédacteur porte sur l'extrait la section, le numéro du plan, le lieu-dit, la nature de propriété, la portion de contenance, la classe et la portion de revenu y afférente (*exemple fictif n° VII, A 250*). Le revenu se détermine en multipliant la contenance par le prix attribué à la classe de la parcelle dans le tarif placé en tête de la matrice.

Portions de parcelles de classes différentes.

Lorsqu'il s'agit de portions de parcelles de classes différentes, le revenu de chaque fraction est déterminé proportionnellement à la contenance (*exemples fictifs n°s VII et VIII, B 117*), à moins que les parties intéressées ne conviennent de la portion de revenu à attribuer à chacune d'elles ; on fait alors mention de la convention des parties dans la colonne de l'extrait intitulée *Motifs des changemens*, et, de plus, on indique, dans la colonne du classement, la contenance ou la proportion de la contenance afférente à chaque classe, si la portion de parcelle, objet de la mutation, appartient à plusieurs classes (*exemple fictif n° XI, G 317*). Dans aucun cas, le revenu attribué à chacune des portions de la parcelle ne peut être supérieur à celui qui résulterait du tarif de la classe la plus élevée, ni inférieur à celui du tarif de la classe la moins élevée de la parcelle.

On place la lettre P (*partie*) sous le numéro du plan des parcelles divisées. Ce signe suit la fraction de parcelle qui en a été affectée, dans les mutations ultérieures, alors même que cette fraction ne subirait plus de nouvelle division. On indique, en outre, dans la colonne 9 de l'extrait, toutes les fois qu'il y a possibilité de le faire, le chiffre exprimant la fraction de parcelle à porter de l'ancien au nouveau propriétaire (*exemple fictif n° XI*). Cette indication, qui est utile sur l'extrait, parce qu'elle sert à vérifier l'exactitude des divisions, ne doit, en aucun cas, être reproduite sur la matrice.

Chaque extrait de matrice ne doit comprendre que des parcelles transférées d'*un même* article à *un seul* propriétaire. Il faut, par conséquent, rédiger deux extraits pour faire passer des parcelles inscrites sous le nom d'un même propriétaire à deux propriétaires différens (*exemples fictifs n°s VII et VIII*), de même qu'il faut en rédiger deux également pour porter à un même acquéreur des parcelles tirées de deux articles de la matrice (*exemples fictifs n°s XV et XVI*). (*Instr. 18 décembre 1853.*)

Substitution.

Lorsqu'un propriétaire nouveau a acquis en entier plusieurs articles, on opère *sommairement*, c'est-à-dire par voie de *substitution*, sur l'article renfermant le plus grand nombre de parcelles, et on transcrit en détail, sur d'autres extraits, les parcelles provenant des autres articles.

Si *l'acquéreur* prenait un article entier de matrice et seulement des parcelles ou portions de parcelles tirées d'un ou de plusieurs autres articles, on porterait le total de la contenance et du revenu de l'article entier sur un extrait, et l'on transcrirait en détail, sur d'autres extraits, les parcelles ou portions de parcelles tirées des autres articles, à moins que les parcelles ne fussent, pour l'un de ces articles, plus nombreuses que celles de l'article entier, et qu'il n'y eût lieu, selon le cas prévu ci-après, d'en faire la mutation par voie de *substitution*.

Lorsque la totalité d'un article de matrice passe à plusieurs *acquéreurs*, et que l'un d'eux, *nouveau propriétaire,* prend une partie notable des parcelles, on opère *sommairement* en ce qui concerne cet acquéreur, sauf le cas où cette manière de procéder devrait occasionner quelque confusion, eu égard à l'état actuel de la matrice, c'est-à-dire à l'ordre d'inscription des parcelles (consécutives ou plus ou moins éparses), qui doivent former l'article du nouveau propriétaire, aux radiations résultant des mutations antérieures, etc. La clarté des matrices est, dans les cas de l'espèce, le point que l'agent des mutations doit surtout avoir en vue ; c'est pourquoi il lui est laissé, à cet égard, une certaine liberté d'action : toutefois, lorsqu'il ne juge pas à propos d'employer le mode de *substitution*, il doit expliquer, sur l'extrait, les motifs qui l'en ont empêché (*exemple fictif n*° X). Il appartient au directeur, lors de l'application des mutations, d'apprécier ces motifs et de modifier, s'il y a lieu, le travail.

Lorsque la mutation n'affecte qu'une portion de parcelle, il est rédigé un extrait de matrice pour constater la partie de cette parcelle qui reste à l'ancien propriétaire (*exemples fictifs n*ᵒˢ XII *et* XIII). Cet extrait est nécessaire pour faciliter la retranscription de la partie restante à la suite de l'article du *vendeur*, et pour fixer l'ordre qu'elle doit y prendre dans le cas où il y aurait à opérer plusieurs retranscriptions de l'espèce, ou à porter à l'article du *vendeur* des parcelles qu'il aurait acquises. (*Idem.*)

Propriétés bâties.

Pour les mutations relatives aux propriétés bâties, on porte sur l'extrait de matrice la nature et le nombre des ouvertures (*exemples fictifs n*ᵒˢ VI *et* IX), à moins qu'il ne s'agisse d'une propriété exempte de la contribution des portes et fenêtres, auquel cas on indique la destination qui a motivé l'exemption (*exemple fictif n*° XIV, G 327).

Si la propriété se trouvait déjà imposée pour les portes et fenêtres, au nom du nouveau propriétaire, comme il arrive quelquefois au cas de constructions nouvelles, il serait fait mention de cette circonstance, et l'on rappellerait, pour mémoire, dans la colonne 11 de l'extrait, le nombre des ouvertures déjà imposées (*même exemple*, G 325). (*Idem.*)

Propriétés communes ou indivises.

On ne doit pas procéder à la division d'un domaine, ou même d'une simple parcelle, entre plusieurs copropriétaires, lorsqu'il n'y a pas eu de partage effectif. Tant que les propriétés sont possédées en commun, elles sont imposables sous la désignation collective: *N.... (héritiers de)*, ou *N... et consorts.* Il ne peut y avoir d'exception à cette règle que pour certaines espèces de propriétés qui, par leur nature, restent habituellement dans l'état d'indivision, telles que des pâturages, des prés, des bois, des cours ou aires; ces propriétés, lorsqu'elles appartiennent à des particuliers, peuvent être portées aux articles des copropriétaires, d'après les droits de chacun; si elles appartiennent à des communes, hameaux ou sections de commune, elles doivent être imposées au nom des communautés. (*Idem.*)

CONCORDANCES DES MUTATIONS.

Toute mutation doit être circonscrite, tant en contenance qu'en revenu, dans les quantités constatées par le cadastre. Par conséquent, la réunion des diverses parties d'une parcelle divisée doit reproduire la contenance et le revenu de la parcelle entière, de même que la somme des totaux partiels des différens extraits qui ont pu être rédigés pour la mutation d'un article entier doit être égale au total de cet article (*exemple fictif n° XX, 1°*). Tous les rapprochemens nécessaires pour vérifier ces concordances doivent être établis avec le plus grand soin. (*Idem.*)

DIFFÉRENCES ENTRE LES CONTENANCES DÉCLARÉES ET LES CONTENANCES CADASTRALES.

Lorsque, dans les mutations relatives aux ventes en détail et aux partages, les coacquéreurs ou copartageans déclarent des quantités supérieures ou inférieures aux quantités énoncées dans la matrice cadastrale, le rédacteur ramène les déclarations aux chiffres du cadastre.

Exemple : soit un article à partager entre trois acquéreurs dont

le 1er réclame...	70ᵃ	70ᶜ
le 2ᵉ —	47	20
le 3ᵉ —	23	50
TOTAL............ 1ʰ	41ᵃ	40ᶜ

La propriété ne figurant au cadastre que pour.... 1ʰ 35ᵃ 40ᶜ
il y a lieu d'établir les proportions suivantes :

$$1^h\ 41^a\ 40^c : 1^h\ 35^a\ 40^c :: 70^a\ 70^c : x.$$

Ainsi de suite pour les autres acquéreurs :

On obtient pour le 1er...........................	67ᵃ	70ᶜ
pour le 2ᵉ...........................	45	20
pour le 3ᵉ...........................	22	50
TOTAL égal à celui de la matrice................ 1ʰ	35ᵃ	40ᶜ

Lorsqu'il reste une portion à l'ancien propriétaire, il est rédigé, pour mémoire, une feuille de mutation concernant ce reste.

FEUILLE DES CALCULS ET NOTES.

L'agent qui opère les mutations inscrit sur une feuille ou sur un cahier particulier, par chaque commune (*exemple fictif n° XX*), tous les calculs et toutes les notes relatives à son travail. Cette pièce, très-utile pour les vérifications ultérieures, doit être annexée au dossier du travail des mutations.

Aucune mutation ne doit être opérée qu'après que l'identité des parcelles qui en sont l'objet a été constatée au vu du plan, des états de section et même du terrain, s'il est nécessaire. (*Instr.* 18 *décembre* 1853.)

CAUSES DES MUTATIONS.

Les causes des mutations et, autant que possible, la date des décès, des mariages, ainsi que la nature et la date des actes translatifs de propriétés, sont énoncées dans la colonne des extraits de matrice intitulée : *Motifs des changemens*. Lorsque l'acte qui donne lieu à la mutation figure sur un des extraits de l'enregistrement, le numéro d'ordre de cet extrait doit aussi être mentionné dans ladite colonne (*exemples fictifs n*os II, IV, VI, X, XI *et* XII). (*Idem.*)

EXPLICATIONS SUR LA MARCHE A SUIVRE DANS DIVERS CAS PARTICULIERS DU TRAVAIL DES MUTATIONS FONCIÈRES.

ORDRE D'ADMISSION DES DÉCLARANS.

Lorsqu'un grand nombre de contribuables se présentent en même temps pour faire opérer des mutations, l'agent chargé du travail reçoit de préférence les déclarations des propriétaires forains et ensuite celles des propriétaires domiciliés dont les mutations comprennent le moins de parcelles. Il peut assigner des heures particulières aux déclarans dont les articles étendus exigeraient un long travail. (*Instr.* 18 *décembre* 1853.)

PARTAGE OU VENTE EN DÉTAIL.

Lorsque la totalité ou une grande partie des parcelles d'un article de matrice doit être changée, soit par suite de vente en détail, soit par suite de partage, la méthode la plus expéditive et la plus sûre consiste à réunir quelques-uns des intéressés, connaissant bien la propriété et les nouveaux propriétaires de chaque parcelle, et à faire la mutation en appelant et en changeant successivement toutes les parcelles dans l'ordre de leur inscription sur la matrice.

Avant de rédiger les extraits de matrice, on doit s'assurer s'il n'y a pas lieu, pour l'un ou l'autre des acquéreurs, d'opérer *sommairement*, c'est-à-dire d'inscrire en une seule ligne la contenance et le revenu des parcelles qui les concerneraient (*exemple fictif n° VI*). Pour éviter toute méprise à ce sujet et ne point s'exposer à faire des transcriptions inutiles, l'agent, avant de commencer la mutation, établit sur la feuille ou le cahier destiné à recevoir ses calculs et ses notes une liste numérotée des copartageans ou des acquéreurs; il recherche à qui les parcelles doivent être attribuées; il inscrit au crayon sur la matrice, à la ligne de chacune d'elles, le numéro d'ordre de l'acquéreur à qui elle appartient; et ce n'est qu'après ces opérations préliminaires qu'il transcrit les parcelles sur les extraits : il s'abstient d'y porter le détail des parcelles entières appartenant au nouveau propriétaire qui prendrait une partie notable de l'article (*exemple fictif n° VI*). Les totaux seuls de la contenance et du revenu des parcelles dont il s'agit sont inscrits sur l'extrait, ainsi qu'il est indiqué ci-dessus.

Ces totaux se déterminent au moyen de deux opérations qui se contrôlent réciproquement, savoir : 1° en retranchant des totaux de l'article, objet de la mutation, la contenance et le revenu résultant de l'addition des extraits détaillés; 2° en relevant sur la matrice et en additionnant la contenance et le revenu de chacune des parcelles susceptibles d'être inscrites en bloc.

Si, indépendamment de ces parcelles, le nouveau propriétaire prenait encore, dans le même article de matrice, des parties de parcelles divisées, ces parties donneraient lieu à la rédaction d'une feuille particulière sur laquelle elles seraient inscrites en détail et avec toutes leurs désignations cadastrales (*exemple fictif n°* VII). (*Idem.*)

PARCELLES RÉUNIES.

L'agent chargé du travail des mutations appelle chaque parcelle sous ses diverses désignations cadastrales; il en fait reconnaitre la contenance aux déclarans; il leur en explique la configuration, leur indique les propriétés y attenant, et a soin de s'informer s'il n'a pas été réuni à cette parcelle, depuis le cadastre, quelque parcelle contiguë qui se trouverait inscrite plus loin dans le même article de la matrice, ou dont la mutation ne serait pas encore faite. Si des réunions de l'espèce ont eu lieu, il inscrit, à la suite les uns des autres, sur l'extrait, les différens numéros réunis quelle que soit la place qu'ils occupent sur la matrice, et il indique, par une accolade et les lettres M. P. (*même parcelle*), que ces divers numéros ne forment plus maintenant qu'une parcelle (*exemple fictif n°* XV).

Si l'un des numéros ainsi réunis postérieurement au cadastre n'a pas encore été changé, on en opère immédiatement la mutation, en le portant directement du nom de l'ancien propriétaire au nom du propriétaire actuel. On indique sur chacun des extraits que les portions de propriété qu'ils concernent, bien que séparées, ne forment qu'une même parcelle (*exemples fictifs n°s* XV *et* XVI).

Lorsqu'une mutation a pour objet la totalité (1) d'une parcelle qui se

---

(1) On entend ici par *la totalité* d'une parcelle tout ce qui appartient au vendeur dans un numéro du plan, lors même que ce numéro du plan serait divisé entre le vendeur et d'autres propriétaires.

trouve inscrite sur plusieurs lignes dans un même article de matrice, soit parce que cette parcelle a été acquise en plusieurs fois d'un même individu, soit parce qu'elle a été acquise de plusieurs individus entre lesquels elle aurait été antérieurement partagée, on réunit en une seule ligne, sur l'extrait, les différentes fractions du même numéro du plan dont elle se compose, en indiquant seulement le nombre de lignes qu'elles occupent sur la matrice (*exemples fictifs n°s III et XV*).

Lorsqu'un *acquéreur* possède déjà une parcelle contiguë à celle qu'il acquiert pour y être réunie, on doit, autant que possible, mentionner cette circonstance sur la feuille de mutation (*exemple fictif n° XV, colonne 4, section A, n°s 18 et 19*).

La même mention est faite sur la matrice au moment de l'application des mutations. (*Idem.*)

PARCELLES DIVISÉES.

Lorsque la mutation n'affecte qu'une portion de parcelle, ou que la parcelle est partagée entre plusieurs acquéreurs, on procède à la division en se conformant aux règles générales ci-dessus rappelées.

Si la division peut être exprimée en parties aliquotes, comme 1/2, 1/3, 1/4, etc., on divise les quantités portées sur la matrice par 1/2, 1/3, 1/4, etc.

Si les copartageans peuvent seulement énoncer leurs parts ou droits respectifs par des quantités ou nombres déterminés, comme par exemple 40, 45, 60, 73, 75, etc., *perches, verges, cordes, coups de faux*, etc , on forme des parties aliquotes en faisant la somme de tous les nombres et en exprimant les parts des fractions qui ont cette somme pour dénominateur et chacun des nombres pour numérateur $\frac{40}{293}$, $\frac{45}{293}$, $\frac{60}{293}$, etc. (*exemples fictifs n°s XI et XX, 3^n*). On opère ensuite comme dans le premier cas.

Si, ne sachant exprimer leurs parts ou droits par des nombres, les copartageans pouvaient indiquer, sur le plan, les limites de leurs portions respectives, l'agent des mutations établirait les bases de la division, en calculant la contenance de chaque part, au moyen d'une échelle et d'un compas, ou d'un double décimètre à biseau, dont il doit toujours être porteur dans les tournées de mutation. Au besoin, s'il s'agissait d'une propriété qui fût divisée d'une manière apparente, le contrôleur, auquel peuvent toujours être renvoyées les mutations de l'espèce, serait tenu de se transporter sur le terrain et de faire les opérations de mesurage nécessaires pour opérer le changement.

Dans tous les cas, la division des contenances entre les copartageans doit être réglée de telle sorte qu'ils soient portés à la matrice pour les contenances effectives de leur terrain, ou au moins pour des quantités proportionnelles à ces contenances, dans le cas où elles ne seraient pas d'accord avec le cadastre. On ne peut se dispenser de se conformer à cette règle, sous le prétexte que les inégalités de contenances seraient compensées par un partage du revenu proportionnel à la valeur réelle de chacun des copartageans.

Pour procéder à la division d'une propriété composée de plusieurs numéros du plan contigus, il ne faut point, si la division du terrain ne l'exige pas effectivement, donner à chaque copartageant une partie de tous les numéros du plan, proportionnelle à son droit dans l'ensemble de la propriété ; on doit lui attribuer seulement les numéros ou portions de numéros qui se rapportent à son terrain (*exemples fictifs n*ᵒˢ XI *et* XX, 4ᵒ).

Dans le cas où les parties ne peuvent fournir qu'une déclaration de leurs droits, en indiquant toutefois l'ordre dans lequel se trouvent placées leurs parts respectives sur le terrain, l'attribution peut être faite approximativement.

Si elles présentent un plan qu'il soit possible de comparer au plan cadastral, le calcul des surfaces doit être fait avec précision, en se renfermant toutefois dans la contenance cadastrale.

Lorsque, dans une parcelle divisée, le même *acquéreur* prend plusieurs portions séparées et formant actuellement des parcelles différentes, elles doivent être inscrites distinctement sur l'extrait de matrice avec la désignation particulière propre à les faire reconnaître. Cette désignation sera transcrite sur les matrices au moment de l'application des mutations et ajoutée à celle du lieu-dit (*exemple fictif n*ᵒ XI, G 317).

Les mutations comportant division de parcelles exigent une attention particulière, lorsqu'elles ont pour objet des propriétés bâties.

Quelquefois il y a lieu de diviser le sol ainsi que le revenu y afférent, et de laisser entier le revenu de la propriété bâtie, ou bien de diviser ce revenu dans des proportions différentes de celles de la division du sol. Ce cas se présente plus particulièrement dans les partages par suite de décès, où il n'est pas rare que l'un des héritiers prenne, par exemple, une portion de cour ou de jardin comprise dans la contenance totale du numéro de la propriété bâtie, sans avoir part aux bâtimens, ou qu'il prenne seulement des bâtimens qui ne sont imposables que pour le sol, tels que granges, écuries, bergeries, etc., tandis que la maison proprement dite est échue tout entière à un autre héritier. Il faut alors porter à chacun des copartageans la portion de contenance qui lui appartient avec le revenu y afférent, et attribuer tout le revenu de l'*élévation* à celui qui possède la propriété bâtie.

Il y aurait encore lieu d'agir de cette manière dans le cas où la portion de l'un des copartageans comprendrait un bâtiment qui, depuis le cadastre, aurait été consacré à l'habitation sans avoir encore été évalué ; on porterait tout le revenu de la propriété bâtie au propriétaire de l'ancienne maison, et l'on imposerait comme nouvelle construction le bâtiment converti en maison.

Dans les cas de l'espèce, les personnes qui font les déclarations doivent être interrogées attentivement ; l'agent chargé de constater la mutation doit même presque toujours se transporter sur le terrain et opérer au vu des lieux. Il doit, en outre, consigner dans la colonne 11 des extraits de matrice les explications nécessaires pour bien faire comprendre son travail. (*Idem.*)

MUTATIONS INTERMÉDIAIRES ET AUTRES CHANGEMENS SURVENUS DANS LES PROPRIÉTÉS FONCIÈRES.

Les mutations s'opèrent directement du propriétaire imposé au propriétaire actuel. Les mutations intermédiaires ne donnent pas lieu à la rédaction d'extraits de matrices. Il convient, toutefois, d'en faire mention à titre de renseignemens, dans la colonne intitulée : *Motifs des changemens* (*exemple fictif n° XVI*).

Si, dans l'intervalle des opérations faites dans une même année pour la constatation des changemens fonciers, les élémens d'une mutation déjà recueillie venaient à être modifiés par des faits nouveaux, l'extrait rédigé serait annulé et remplacé par un autre extrait présentant le dernier état des choses.

Pour chaque parcelle dont la mutation est opérée, on compare les désignations de section, numéro du plan, canton, triage ou lieu-dit, contenance, classe, revenu, etc., portées sur la matrice, avec les désignations portées sur le plan et les états de section. Les indications *exactes* sont seules transcrites dans les colonnes *ad hoc* des extraits ; mais pour faciliter les vérifications de la direction, les désignations défectueuses sont rappelées dans la colonne 11 des extraits (*exemples fictifs n° VIII, A 25, et n° XVI*).

Les changemens survenus depuis le cadastre dans les natures de culture et dans la valeur des propriétés ne peuvent donner lieu à aucune rectification.

Il en est de même des erreurs matérielles qui auraient pu être commises au moment du cadastre. Toutefois, lorsque ces erreurs affectent, d'une manière sensible, la contenance ou le revenu, le contrôleur rédige et joint aux pièces de mutations un rapport dans lequel il explique la nature, les causes et l'importance des erreurs. Le directeur demande, s'il y a lieu, à l'administration, l'autorisation de faire rectifier les erreurs, en joignant à sa demande le rapport du contrôleur.

Les parcelles pour lesquelles il a reçu des déclarations de mutation et rédigé des extraits sont immédiatement marquées sur la matrice par un petit trait placé en avant du numéro du plan (*exemple fictif n° I, A 28, 250, 251, B 117, 118, 210*). Cette indication avertit que la mutation est faite, et prévient la rédaction d'un second extrait, dans le cas où un déclarant autre que celui qui s'est présenté viendrait, à son tour, demander le changement. Au moment de l'application des mutations sur la matrice de la commune, ce trait facilite d'ailleurs la reconnaissance des parcelles qui doivent être rayées. (*Idem.*)

SIGNATURE DES FEUILLES.

En règle générale, les mutations foncières doivent être effectuées sur la déclaration des parties intéressées dont la présence, d'ailleurs, est souvent indispensable pour la constatation de l'identité des parcelles.

Toutefois, les mutations à faire en vertu d'actes enregistrés peuvent être opérées d'office, et en l'absence des parties, s'il n'existe aucune incertitude sur la désignation des propriétés qui en sont l'objet. Il suffit, dans ce cas, que les feuilles mentionnent la date des actes et qu'elles soient signées par l'agent qui les a rédigées.

Si les mutations de propriétés ne sont point constatées par des actes enregistrés dont il soit justifié, les extraits de matrice doivent être signés par l'ancien et par le nouveau propriétaire.

S'il ne s'agit que de rectifier une erreur d'attribution ou de transporter le *sol* d'une propriété bâtie à l'article du propriétaire imposé pour l'*élévation*, la mutation peut être opérée sur la signature des répartiteurs.

Avant de transmettre les extraits de matrice au directeur, le contrôleur donne avis des mutations de l'espèce (*modèle n° 9*) au propriétaire à qui la parcelle est nouvellement attribuée, si d'ailleurs ce propriétaire n'est pas intervenu.

Il est fait, sur l'extrait, mention de l'accomplissement de cette formalité ou du motif qui l'aurait rendue inutile.   -

Les propriétaires ont la faculté de se faire représenter pour les déclarations de mutation, et leur délégation peut être donnée par simple lettre.

Au bas des extraits de matrice rédigés sur la déclaration d'un mandataire, on énonce que le déclarant était dûment autorisé à représenter la partie intéressée. Cette mention suffit pour les procurations par acte authentique ou enregistré, à la condition, toutefois, que la date de l'enregistrement soit rappelée sur l'extrait. Lorsque les déclarations sont faites en vertu de simples lettres, ces lettres doivent être annexées aux extraits de matrice (*exemples fictifs n°s XV et XVI*).

Quand un déclarant ne sait pas signer, il en est fait sur l'extrait de matrice une mention que le maire signe (*exemple fictif n° II.*) (*Idem.*)

Voir ci-après *Tournées* et *Application des mutations*.

CONTRIBUTION PERSONNELLE - MOBILIÈRE.

HABITANS PASSIBLES DE LA CONTRIBUTION PERSONNELLE-MOBILIÈRE.

La loi veut qu'on impose à la contribution personnelle-mobilière chaque habitant français ou étranger de l'un ou de l'autre sexe, jouissant de ses droits.

Il n'y a que deux exceptions : l'une concerne les habitans réputés indigens, et l'autre les agens consulaires et diplomatiques des nations étrangères qui accordent chez elles, aux agens de la France, l'exemption du même impôt ou d'un impôt analogue. Toutefois cette dernière exemption ne serait point applicable si les puissances étrangères avaient choisi, pour les représenter, des citoyens nés ou naturalisés Français **et** domiciliés dans la ville.

Le contrôleur veille donc à ce que les répartiteurs portent sur la matrice de rôle :

Tous les habitans jouissant de leurs droits et non réputés indigens.

Il a soin de désigner les fonctionnaires et employés *nominativement* et non pas seulement par leur titre.

D'après la jurisprudence établie, on impose :

Les buralistes de l'octroi, même lorsque leur habitation sert à la fois de logement et de bureau ;

Les colons à gages ou à portions de fruits ;

Les colons réfugiés ;

Les concierges de préfecture rétribués sur le fonds d'abonnement, vu que, dans ce cas, on ne peut les considérer comme domestiques aux gages du préfet et attachés au service de sa personne ;

Les curés ;

Les dames de compagnie ;

Les desservans ;

Les domestiques quand ils ont en propriété ou en location, pour eux et pour leur famille, une habitation indépendante de celle de la personne qu'ils servent ;

Les ecclésiastiques ;

Les employés civils et militaires ;

Les employés de la guerre et de la marine dans les garnisons et dans les ports ;

Les employés supérieurs de l'administration des douanes et même les lieutenans, sous-lieutenans, et simples préposés du service actif, quand ils ont une habitation fixe soit pour eux, soit pour leur famille ;

L'enfant mineur saisi de la propriété des biens de son père décédé, quoique la jouissance de ces biens soit réservée à la mère survivante, qui se trouve chargée de pourvoir à l'entretien et à l'éducation de l'enfant (en observant que l'enfant mineur, jouissant de ses droits et possédant des moyens suffisans d'existence, est imposable dans la commune du domicile du père ou du tuteur) ;

Les femmes séparées de leurs maris ;

Les filles majeures ou mineures ;

Les garçons, majeurs ou mineurs, ayant des moyens suffisans d'existence, soit par leur fortune personnelle, soit par la profession qu'ils exercent, lors même qu'ils habitent avec leur père, mère, tuteur ou curateur,

    Tels que :

Le jeune homme qui exerce la profession d'avocat ;

Celui qui remplit un emploi public salarié ou non, comme :

Un juge auditeur ;

Un juge suppléant ;

Un surnuméraire d'administration publique.

On impose :

Les chefs d'institution et les maîtres de pension, en ne comprenant dans leur loyer que la partie de bâtiment consacrée à leur habitation personnelle, c'est-à-dire déduction faite des dortoirs, salles d'étude, classes, réfectoires, et de tous les locaux destinés au logement ou à l'instruction des élèves;

Les fonctionnaires logés gratuitement dans des bâtimens appartenant à l'État, aux départemens, aux arrondissemens, aux communes ou aux hospices, d'après la valeur locative des parties de ces bâtimens affectées à leur habitation personnelle ;

Les frères des écoles chrétiennes en les désignant soit nominativement, soit collectivement et par leur nombre ;

Les gardes d'artillerie;

Les gardes du génie;

Les gardes particuliers ;

Les hommes d'affaires ;

Les locataires occupant des appartemens garnis en vertu de locations permanentes, en ayant soin d'évaluer les appartemens comme s'ils n'étaient pas meublés ;

Les maîtres de pension (voir *Chefs d'institution*) ;

Les maîtres-valets ;

Les marins qui conservent leur domicile dans la commune et y ont une habitation pour leur famille ;

Les ministres;

Les officiers d'artillerie à résidence fixe ;

Les officiers en disponibilité ;

Les officiers d'état-major ;

Les officiers de gendarmerie ;

Les officiers du génie ;

Les officiers de remontes appartenant à un cadre fixe ;

Les officiers sans troupes ;

Les officiers de terre et de mer ayant des habitations particulières, soit pour eux, soit pour leurs familles ;

Les officiers du train des équipages militaires, lorsqu'ils font partie des cadres attachés à une résidence fixe ;

Les officiers de vétérans, mais seulement lorsqu'ils ont des habitations particulières, soit pour eux, soit pour leurs familles, en ne considérant pas comme habitation particulière le logement occupé en ville par ces officiers, alors que le logement n'excède pas en importance celui qui leur aurait été accordé dans les pavillons de l'État ;

Les précepteurs ;

Les préfets ;

Les régisseurs ou hommes d'affaires ;

Les religieux et les religieuses qui subviennent à leurs besoins sur leurs propres revenus ou qui se livrent à l'instruction moyennant un salaire payé par les parens des élèves ou par les communes ;

Le secrétaire particulier d'un préfet figurant sur l'état des employés rétribués sur le fonds d'abonnement;

Les sous-préfets ;

Les veuves.

Peuvent n'être imposés qu'à la taxe personnelle, quand les personnes qui les logent ou les emploient paient la contribution mobilière pour la totalité de l'habitation :

Les enfans majeurs ou mineurs qui demeurent avec leur père, mère, tuteur ou curateur, les dames de compagnie, les hommes d'affaires, précepteurs, régisseurs, secrétaires particuliers.

Dans le cas contraire, ils doivent être imposés aussi à la contribution mobilière, pour le logement particulier qu'ils occupent dans la maison.

On impose à la contribution mobilière tout individu qui occupe une habitation meublée ou qui la tient à sa disposition.

Il est imposable,

Lors même qu'il n'en paie point le loyer au propriétaire ;

Lors même qu'il en a fait enlever le linge, la vaisselle et l'argenterie, et qu'il n'y laisse que des meubles meublans, tels que lits, tables, commodes, chaises ;

Lors même que cette habitation ne consiste qu'en un petit logement ou pied-à-terre à la campagne, et où l'occupant ne se rend avec ses enfans que de temps à autre ;

Lors même que l'habitation se trouve dans une maison qui n'est pas encore terminée ;

Lors même qu'il s'agit de maisons rurales ou de chambres réservées qui ne sont occupées qu'au moment de la moisson ou du partage des récoltes.

On impose également à la contribution mobilière :

Les cercles ;

Les loges maçonniques ;

Les sociétés littéraires et autres de même nature.

Les membres des assemblées législatives ne doivent pas être cotisés pour le logement qu'ils occupent à Paris, lorsqu'ils sont déjà imposés au lieu de leur résidence ordinaire, à moins qu'ils ne conservent habituellement un logement à Paris.

Lorsqu'un contribuable a des habitations dans des communes différentes, on doit l'imposer à la contribution mobilière dans toutes ces communes et à la taxe personnelle dans la commune où il réside plus habituellement et où il a son habitation principale.

On ne doit comprendre dans le loyer imposable que les parties de bâtiment servant à l'habitation, et l'on défalque par conséquent :

Les magasins, boutiques, auberges, usines, fabriques et ateliers pour lesquels les contribuables paient patente ;

Les locaux destinés au logement et à l'instruction des élèves dans les institutions et les pensions;

Les bureaux des fonctionnaires publics.

On fait entrer dans le loyer d'habitation:

Les chapelles particulières non légalement consacrées à un culte public ;

Les châteaux dont une partie seulement est en état d'être habitée, lorsque le propriétaire en tient la totalité à sa disposition (en observant que, si les appartemens n'étaient pas meublés, à l'exception d'une chambre servant de pied-à-terre au propriétaire quand il vient veiller à l'entretien de son domaine, il conviendrait de n'évaluer que la partie réellement occupée);

Les écuries et les remises, toutes les fois que les chevaux et les voitures ne servent pas à l'exercice d'une profession patentable, ou aux exploitations rurales.

Chez les artistes peintres et les sculpteurs on ne fait pas entrer dans le loyer d'habitation les ateliers servant aux élèves.

On déduit les bureaux, les boutiques et les magasins :

Des commissionnaires au mont-de-piété ;

Des débitans de papier timbré;

Des débitans de tabacs;

Des entreposeurs de tabacs.

ÉTAT DES CHANGEMENS.

Constatation des changemens.

Pour la constatation des changemens survenus dans les bases de la contribution personnelle-mobilière, le contrôleur procède ainsi:

Dans les communes où ces bases sont consignées sur des bulletins ou calepins, ou sur une matrice spéciale, et qui ne sont pas l'objet d'un recensement général annuel, il met ces pièces au courant en même temps qu'il fait le parcours de la commune pour la constatation des mutations foncières, et pour la recherche de la matière imposable nouvelle ou détruite.

Il annote, sur les pièces dont il vient d'être parlé, les noms des contribuables portés sur les états de cotes indûment imposées et irrecouvrables, ainsi que sur les extraits du cahier de notes du percepteur; il y annote également les noms des contribuables dont les réclamations ont été inscrites sur la première page du cadre de l'état des changemens de la contribution personnelle-mobilière, et les réclamations verbales qui ont pu être consignées sur la feuille ou le cahier de notes que l'agent des mutations tient constamment ouvert pendant la durée du travail. Il relève sur les registres de l'état civil les noms des habitans décédés et de ceux qui se sont mariés depuis la dernière tournée générale, et prend les notes nécessaires pour faire opérer la radiation des uns et pour proposer aux répartiteurs l'imposition des autres.

Le contrôleur fait ensuite, en présence des répartiteurs, la lecture des bulletins ou calepins rangés par ordre topographique, ou de la matrice spéciale établie dans le même ordre. Il cherche, dans la matrice générale, chacun des noms qu'il a lus ; s'ils y sont inscrits, il les pointe sur la ligne de l'année dans laquelle il opère ; il énonce les bases de cotisation de cette année, et fait régler immédiatement celles de l'année suivante ; il fixe particulièrement l'attention des répartiteurs sur les nouveaux contribuables, sur ceux qui sont décédés ou sortis de la commune, ou qui ont changé d'habitation, sur ceux qui sont tombés dans l'indigence et sur ceux qui ont été l'objet des annotations mentionnées ci-dessus ; il fait appliquer les décisions rendues par le conseil de préfecture sur les réclamations déjà jugées, et fait délibérer les répartiteurs sur les autres points. Il prend note, immédiatement après chaque décision, du changement à opérer.

Après la lecture des bulletins, des calepins ou de la matrice spéciale, le contrôleur parcourt la matrice générale, et fait délibérer les répartiteurs sur les articles qui n'auraient point été pointés ; s'ils doivent être supprimés, il annote le changement à opérer ; s'ils sont omis aux bulletins, aux calepins ou à la matrice spéciale, il répare l'omission.

Il opère de la même manière en ce qui concerne les articles inscrits sur le cadre initial de l'état des changemens, sur les états des percepteurs, etc., au sujet desquels les répartiteurs n'auraient point encore pris de décision.

Il porte, sur la liste des nouveaux propriétaires fonciers, les bases de cotisation de ceux qui ont été assujétis à la contribution personnelle et mobilière ; il s'assure qu'aucun de ceux qui étaient passibles de cet impôt n'a échappé à l'attention des répartiteurs ; il reporte les bases de cotisation sur les feuilles de mutation ou extraits de matrice, de manière à prévenir l'ouverture de plusieurs articles sur la matrice générale pour le même contribuable ; il annote, sur les extraits de ceux qui n'ont pas été désignés comme passibles de la contribution personnelle-mobilière, les motifs de la décision des répartiteurs ; il intercale, dans la liste des nouveaux propriétaires, les noms des habitans non inscrits à la matrice générale, qui seraient passibles de cette dernière contribution seule, de manière à trouver, sur la liste dont il s'agit, tous les élémens nécessaires pour rédiger la partie de l'état des changemens qui doit comprendre les nouveaux contribuables.

Rédaction de l'état.

Le contrôleur procède ensuite à la rédaction de l'état des changemens (*modèle n° 13*), en suivant la marche tracée ci-après pour la contribution des portes et fenêtres.

Le contrôleur inscrit avec soin, les articles de la matrice générale et les bases de cotisation des contribuables, sur les bulletins, calepins ou matrice spéciale, et, lorsque ces pièces ont été régulièrement tenues sous ce rapport, il peut se dispenser, quand il en fait la lecture aux répartiteurs, de se reporter, ainsi qu'il est expliqué ci-dessus, à la matrice générale, pour chaque nom dont il fait l'appel, attendu qu'il trouve, sur les pièces mêmes qu'il a sous les yeux, tous les renseignemens nécessaires pour la formation de l'état des changemens; il y a, toutefois, exception pour les années de renouvellement des matrices générales, années à la suite desquelles le rapprochement des deux pièces doit toujours avoir lieu, ne fût-ce que pour reporter, sur les bulletins, calepins ou matrice spéciale, les nouveaux numéros des articles de la matrice générale.

Dans les communes pour lesquelles il n'existe ni bulletins, ni calepins, ni matrice spéciale par ordre topographique, le contrôleur, après s'être reporté aux divers documens précédemment indiqués, et en avoir extrait les renseignemens nécessaires, appelle, aux répartiteurs, les noms et les bases de cotisation des contribuables, dans l'ordre de leur inscription à la matrice générale, et prend, en faisant cet appel, les notes nécessaires pour rédiger l'état des changemens, ainsi qu'il vient d'être indiqué.

L'appel doit comprendre tous les contribuables inscrits dans la matrice générale, qu'ils soient ou non imposables à la contribution personnelle-mobilière.

Les contribuables dont la désignation sur la matrice générale est reconnue incomplète, inexacte ou défectueuse, sont portés, sur l'état des changemens de la contribution personnelle-mobilière, comme ceux dont les élémens de cotisation doivent être modifiés, et dans l'ordre de leurs articles à la matrice générale.

Les rectifications sont indiquées de la manière suivante : le contrôleur porte, dans la deuxième colonne de l'état (celle qui est destinée à recevoir l'indication des articles de la matrice générale pour l'année suivante), le mot *écrivez*, et il écrit, dans la troisième colonne, le nom comme il doit l'être véritablement, en soulignant les parties qui ont été rectifiées afin de mieux fixer l'attention de la direction au moment de la régularisation de la matrice générale (*exemple fictif n° XXII*).

Si la fausse désignation existe aussi sur la matrice cadastrale, le contrôleur indique, dans la colonne à ce destinée, le folio de cette matrice afin que la rectification y soit opérée au moment de l'application des mutations.

La substitution du nom d'une veuve à celui de son mari, du nom d'un héritier à celui de son auteur, et les autres changemens de l'espèce constituent, non de simples corrections, mais de véritables mutations qui ne peuvent être effectuées que dans les formes prescrites.

Le contrôleur indique, dans la dernière colonne de l'état des changemens de la contribution personnelle et mobilière, sur les lignes des nouveaux contribuables, ceux qui sont déjà inscrits comme nouveaux sur les extraits de matrice et sur l'état des changemens de la contribution des portes et fenêtres (*exemple fictif n° XXII*). (*Instr.* 18 *décembre* 1853.)

CONTRIBUTION DES PORTES ET FENÉTRES.

DISPOSITIONS GÉNÉRALES.

Sont imposables :

Les portes et fenêtres des maisons, bâtimens et usines donnant sur les rues, champs, prés, cours ou jardins, à l'exception, 1° de celles servant à éclairer ou aérer les granges, bergeries, étables, greniers, caves et autres locaux non destinés à l'habitation des hommes ; 2° des portes et fenêtres des bâtimens employés à un service public, civil, militaire ou d'instruction, ou aux hospices.

On ne doit exempter comme établissemens publics d'instruction que les établissemens entretenus par les deniers publics ou dirigés par des professeurs institués par l'administration publique.

On ne doit pas exempter comme bâtimens ruraux des maisons d'habitation dont la disposition n'a pas changé, quoiqu'elles soient employées à resserrer des grains, des fourrages, des fruits et autres produits analogues.

PORTES COCHÈRES, CHARRETIÈRES ET DE MAGASIN.

On impose toutes les portes cochères et charretières donnant sur la voie publique et sur les champs, et par lesquelles on obtient accès aux maisons d'habitation, magasins, usines, hangars, lors même qu'elles ne servent qu'au passage des voitures appelées carrioles, tombereaux ou charrettes.

On impose aussi comme portes cochères ou charretières :

Les portes en claire-voie à deux battans placées à l'entrée de la cour d'une maison et pouvant donner passage à une voiture ou charrette ;

La grande porte d'un jardin renfermant un pavillon habité ou habitable ;

Les portes cochères, charretières ou simples des avenues donnant sur la voie publique et conduisant à des maisons d'habitation ;

Les barrières servant de clôture à l'habitation, lorsque, d'après leur destination et la nature de leur construction, elles peuvent être considérées comme portes charretières ;

Les portes des chantiers des marchands de bois ;

Les portes des chantiers de construction ;

Les portes des bâtimens à moins de six ouvertures, situés dans les villes de 5,000 âmes et au-dessus, et employés à usage de magasins.

Enfin, on assimile aux portes cochères :

1° Les portes d'entrée des maisons occupées en entier par des agens de change, des banquiers, des commissionnaires ou courtiers, des marchands en gros, des négocians ;

2° La porte principale des magasins occupés par les patentables ci-dessus désignés.

Dans les fermes ou métairies ayant plusieurs portes cochères ou charretières, une seule de ces portes est imposée comme cochère ou charretière; les autres sont comptées et taxées comme portes simples.

Le propriétaire qui possède plusieurs fermes ou métairies dans une même commune doit être imposé pour autant de portes charretières qu'il y a de corps de ferme distincts.

On impose comme porte cochère la porte principale des magasins occupés par des négocians ou des marchands en gros, et les portes charretières qui se trouvent aux magasins occupés par des marchands en détail, des tonneliers, etc.

FENÊTRES ET PORTES SIMPLES.

On impose toutes les portes simples donnant sur les rues, cours, jardins, champs, prés, des maisons, bâtimens et usines.

On impose comme portes simples :

Les portes extérieures autres que la porte principale, dans les magasins occupés par les négocians, marchands en gros, commissionnaires ;

Les portes cochères qui, ayant la largeur convenable, ne peuvent servir au passage des voitures, comme étant élevées au-dessus du sol par un ou plusieurs degrés, obstruées par des plantations, ou comme servant d'entrée à un vestibule sous lequel il serait impossible de placer une voiture.

Dans les maisons à une, deux, trois, quatre et cinq ouvertures, les portes charretières, quand il y en a, ne sont comptées et taxées que comme portes ordinaires.

On impose :

Toutes les fenêtres donnant sur les rues, cours, jardins, champs, des maisons, bâtimens et usines, qu'elles soient closes avec de simples volets, avec des châssis dormans ou mobiles, vitrées ou garnies avec du canevas, de la toile ou du papier ;

Les fenêtres appelées *croisées* en ne les comptant que pour une ouverture, malgré la croix qui en divise l'embrasure en plusieurs compartimens, si elles n'éclairent qu'une seule pièce ;

Les fenêtres de forme gothique ou mauresque et celles dont un meneau sépare les embrasures, en ne les comptant aussi que pour une ouverture, même lorsque les côtés du meneau sont fermés par deux battans, si elles n'éclairent qu'une seule pièce.

Dans les maisons dont le rez-de-chaussée et les divers étages appartiennent à des propriétaires différens, on réunit toutes les portes et fenêtres en un seul article, à moins que les répartiteurs ne préfèrent considérer chaque partie comme formant une maison séparée.

Les fenêtres à double battant et à une seule embrasure ne comptent que pour une ouverture.

FONCTIONNAIRES ET EMPLOYÉS LOGÉS DANS DES BATIMENS PUBLICS.

On impose nominativement les employés civils et militaires, les fonctionnaires et autres individus logés gratuitement dans des bâtimens publics, pour les portes et fenêtres des parties de ces bâtimens servant à leur habitation personnelle.

Cette règle s'applique aux personnes comprises dans les catégories suivantes :

Bâtimens appartenant aux communes (Individus qui occupent des locaux dans les);

Archevêques, pour les parties du palais archiépiscopal servant à leur logement personnel, y compris les appartemens de réserve et de représentation ;

Bibliothèques publiques (Employés logés dans les);

Colléges et lycées (Censeurs, principaux, professeurs, proviseurs, etc., des);

Concierges des maisons de détention, des mairies, des préfectures, des prisons, des tribunaux, etc.;

Curés et desservans, pour les portes et fenêtres de la maison presbytérale;

Dépôts de mendicité (Employés et fonctionnaires des);

Domaine de la couronne (Personnes logées gratuitement dans les bâtimens et les châteaux dépendant du);

Douanes (Directeurs et receveurs des), pour les parties de bâtiment servant à leur habitation personnelle, et abstraction faite de leurs bureaux;

Ecclésiastiques logés gratuitement dans des bâtimens publics;

Eclusiers attachés au service de la navigation;

Évêques, pour les parties du palais épiscopal servant à leur habitation personnelle, y compris les appartemens de réserve et de représentation;

Gardes d'artillerie et du génie;

Gardes forestiers;

Gardes généraux logés dans les bâtimens de l'État servant à la sécherie des graines forestières;

Généraux commandant les divisions ou les subdivisions militaires;

Halles appartenant aux communes (Individus logés dans les);

Hospices (Aumôniers et receveurs des);

Instituteurs communaux ;

Manufactures d'armes appartenant à l'État (Chefs d'atelier et ouvriers logés dans les);

Ministres;

Monts-de-piété (Employés logés dans les);

Officiers de gendarmerie;

Officiers et agens autres que les officiers de terre et de mer qui occupent des logemens dans les bâtimens de l'État ;

Palais nationaux (Personnes logées dans les) ;

Préfets, pour toutes les ouvertures qui éclairent la partie de l'hôtel affectée à leur habitation personnelle, y compris les appartemens d'honneur et de représentation, ainsi que la porte cochère ;

Séminaires (Directeurs, instituteurs, professeurs et autres employés des grands et des petits) ;

Sous-préfets, pour les portes et fenêtres des parties de bâtiment affectées à leur habitation personnelle, y compris les appartemens de réserve et de réception.

OBJETS IMPOSABLES D'APRÈS DIVERSES DÉCISIONS SPÉCIALES.

D'après la jurisprudence établie, on impose pour les portes et fenêtres :

Les ateliers servant à battre et à peigner le chanvre ;

Les ateliers de charpentiers ;

Les ateliers de charrons ;

Les ateliers de constructeurs de bateaux ;

Les ateliers d'imprimerie ;

Les ateliers de maréchaux ferrans ;

Les ateliers de mécaniciens constructeurs de machines à vapeur et autres ;

Les ateliers de menuisiers ;

Les ateliers d'un peintre artiste ;

Les ateliers d'un peintre en voitures, même lorsque les ouvertures sont à châssis dormant ;

Les ateliers de sabotiers ;

Les ateliers de teinturerie ;

Les ateliers de tissage ;

Les ateliers de tisserands ;

Les bains sur bateaux ;

Les bains publics ;

Les bâtimens servant de magasin à un marchand de grains ;

Les blanchisseries de toiles et autres ;

Les boulangeries ;

Les boutiques, en comptant deux ouvertures, lorsque la porte d'entrée est sur le côté et que le surplus de la façade est fermé par un châssis ; et en comptant trois ouvertures, lorsque la porte d'entrée est au milieu et que les deux côtés sont fermés par un vitrage ;

Les brasseries ;

Les buanderies dans lesquelles on fait les lessives et où l'on cuit habituellement les légumes pour la nourriture des bestiaux ;

Les caves ou pièces basses, lorsqu'elles servent de magasin, de boutique, de cabaret, de café, de cuisine ou d'habitation ;

Les celliers qui sont de plain-pied avec des appartemens habitables et habités ;

Les chapelles particulières ;

Les communautés religieuses ;

Les entrepôts de vins ;

Les établissemens de bienfaisance appartenant à des sociétés particulières et où la plupart des personnes secourues ne sont admises qu'en payant pension ;

Les fabriques de bas ;

Les fabriques de chandelles ;

Les fabriques de chapeaux ;

Les fabriques d'huiles ;

Les fabriques de panne (espèce de toiles) ;

Les fabriques de produits chimiques ;

Les fabriques de sel ;

Les fabriques de sucre de betterave ;

Les féculeries ;

Les fonderies de fer ;

Les forges ;

Les foulons ;

Les fournils, quand ils sont habités ;

Les fruitiers qui sont de plain-pied avec des appartemens habitables et habités ;

Les greniers, lorsqu'ils servent de magasin à des individus faisant le commerce des grains ;

Les hangars, à moins qu'ils ne soient exclusivement destinés à renfermer des objets d'agriculture ;

Les institutions et pensions particulières ;

Les locaux habitables, quoique temporairement employés à conserver les produits des récoltes ;

Les maisons d'habitation affectées momentanément à des usages ruraux ;

Les maisons qui n'ont pas cessé d'être habitables, bien qu'elles soient dégarnies de meubles et qu'on y fasse sécher du tabac ou d'autres récoltes ;

Les maisons particulières louées à l'État, aux départemens ou aux communes pour servir de caserne, d'école, de mairie ; .

Les maisons de refuge ;

Les maisons situées dans l'intérieur d'un passage public ;

Les manufactures, mais seulement pour les portes et fenêtres de l'habitation personnelle des propriétaires et de celle de leurs concierges et commis ;

(On entend généralement par manufacture, relativement à l'impôt des portes et fenêtres, les grands établissemens industriels renfermant beaucoup d'ateliers où de nombreux ouvriers fabriquent eux-mêmes à la main les produits ou mettent en mouvement les machines et les métiers destinés à les façonner);

Les moulins sur bateaux ;

Les moulins à eau ;

Les moulins à vent ;

Les moulins mus par la vapeur ;

Les moulins désignés sous le nom de *minoteries ;*

Les papeteries ;

Les pavillons situés dans les clos et jardins, à moins qu'ils ne servent qu'à resserrer des instrumens de jardinage, des graines, fleurs, etc. ;

Les pensions particulières et les institutions ;

Les pièces basses : *voir* Caves ;

Les pièces habitables et meublées qui servent de pied à terre aux propriétaires, lorsqu'ils viennent visiter leur domaine ;

Les pressoirs qui travaillent pour le public et produisent un revenu au propriétaire ;

Les raffineries de sucre ;

Les remises situées sur la voie publique et donnant accès à l'habitation ;

Les salles de spectacles ;

Les séchoirs des tanneries ;

Les tanneries ;

Les vitrages existant à la devanture des boutiques : *voir* Boutiques ;

Les vitrages occupant la façade entière d'une chambre ou d'un atelier en les comptant pour autant d'ouvertures qu'il y a de séparations solides en fer, en pierre ou en bois.

On impose aussi :

Les portes qui ferment une allée de maison donnant sur deux rues, et soumise pendant le jour au passage des gens de pied ;

Les portes des clos attenant ou conduisant à des bâtimens d'habitation ;

Les portes donnant sur des galeries non clôturées aux extrémités et communiquant directement avec les cours, rues ou jardins ;

La porte d'une grange ou autre bâtiment rural, lorsqu'elle est la seule qui donne accès à l'habitation ;

Les portes de jardin, quand elles donnent accès à l'habitation ;

Les portes des parcs attenant ou conduisant à des bâtimens d'habitation ;

Les portes ou fenêtres donnant sur une cour recouverte d'un vitrage ;

Les fenêtres éclairant les escaliers des maisons d'habitation ;

Les fenêtres dites *mansardes,* quand elles éclairent des pièces habitées ou habitables ;

Les œils-de-bœuf, quand ils éclairent des pièces habitables ;

Les ouvertures dites *jours de souffrance*, quand elles sont clôturées et qu'elles éclairent des locaux faisant partie de l'habitation ;

Les ouvertures appelées *tabatières*, quand elles éclairent des appartemens habitables ;

Les ouvertures pratiquées dans la toiture des maisons, lorsqu'elles éclairent des appartemens habitables.

ASSAINISSEMENT DES LOGEMENS INSALUBRES.

Lorsqu'un contrôleur reconnaît que des ouvertures ont été pratiquées pour l'assainissement de logemens insalubres, il ne propose de les imposer qu'après qu'elles ont joui pendant trois ans de l'exemption accordée par la loi du 13 avril 1850.

BANLIEUES.

Les portes et fenêtres dans les banlieues des villes au-dessus de 5,000 âmes sont portées dans la classe des ouvertures des communes rurales, d'où la nécessité de diviser la matrice de ces villes en deux parties.

Dans les villes de plus de 5,000 âmes dont la partie rurale et la partie urbaine sont comprises dans les limites de l'octroi, la taxe correspondant au chiffre de la population totale s'applique seulement aux maisons de la partie urbaine.

Les ouvertures des maisons dépendant de communes de plus de 5,000 âmes, mais dont la population est disséminée, sont considérées comme appartenant à la classe des communes rurales, si d'ailleurs, le conseil général et les conseils d'arrondissement le trouvent convenable.

RÉDACTION DE L'ÉTAT DÉS CHANGEMENS.

Le contrôleur rédige un état spécial des changemens à opérer dans les bases de la contribution des portes et fenêtres (*modèle n° 21*).

Cet état comprend tous les changemens, quels qu'en soient les motifs (*mutations, constructions ou rectifications*). Les changemens y sont inscrits avec l'indication de la section et du numéro des propriétés auxquelles ils s'appliquent (*exemple fictif n° XXI*).

L'état des changemens des portes et fenêtres est établi, dans l'ordre des articles de la matrice générale, pour les contribuables déjà imposés, et dans l'ordre alphabétique des noms, pour les nouveaux contribuables (*exemple fictif n° XXI*).

L'ordre indiqué s'obtient d'après la marche suivante :

Le contrôleur dispose un cadre divisé en dix cases transversales et en autant de colonnes verticales, plus une, qu'il y a de centaines d'articles à la matrice générale. Cette disposition, qui présente des divisions correspondant aux dizaines et aux centaines, permet d'inscrire immédia-

tement à son ordre chacun des articles auxquels s'appliquent les mutations. Il feuillette les extraits de matrice, et chaque fois qu'il y rencontre un changement relatif aux portes et fenêtres, il inscrit sur le cadre
l'article du contribuable que le changement concerne. Il y inscrit également les articles susceptibles de simples modifications ou rectifications dans le nombre des ouvertures.

Tous les articles affectés de changement se trouvent ainsi rangés dans
leur ordre numérique. Le contrôleur les reporte dans cet ordre sur l'état
des changemens, colonne 3.

Pour l'inscription des contribuables nouveaux, le contrôleur se sert
de la liste alphabétique des nouveaux propriétaires, en y désignant par
les lettres *P. F.* ceux qui doivent être imposés à la contribution des
portes et fenêtres.

Il relève sur la matrice générale les noms et prénoms, ainsi que les
anciennes bases de cotisation de chacun des articles; puis il parcourt
de nouveau les extraits et ses notes, et indique, dans la colonne 2 de
l'état, les folios de la matrice cadastrale; dans la colonne 21, les numéros des extraits, et dans la colonne 22, le détail des changemens à opérer et leurs motifs (*exemple fictif n° XXI*).

Il fait ressortir dans les colonnes 23 et 24 tous les changemens qui
affectent le nombre total des ouvertures (constructions, démolitions,
rectifications, etc.). Ceux qui sont relatifs à de simples mutations n'y
doivent pas figurer.

Enfin il établit les situations nouvelles, il additionne l'état et il en
contrôle les résultats au moyen du cadre qui forme le paragraphe 1er
de la balance (*exemple fictif n° XXI, 4e page*).

Si le travail est exact, la différence entre le nombre total des ouvertures de la situation ancienne et celui de la situation nouvelle doit être
identique avec la différence que présentent les colonnes 23 et 24. Si
cette identité n'est pas obtenue, il faut en conclure que le travail con-
tient des erreurs ou des omissions dont la recherche et la rectification
sont indispensables, et ce n'est qu'après être parvenu à l'entière régularisation des résultats, que le contrôleur doit compléter la balance en
remplissant le cadre qui en forme le paragraphe 2 (*exemple fictif
n° XXI, 4e page*). (*Instr.* 18 *décembre* 1853.)

CONTRIBUTION DES PATENTES.

La contribution des patentes se compose d'un droit *fixe* et d'un droit *proportionnel*.

La quotité du droit fixe et le taux du droit proportionnel sont réglés par les divers tableaux annexés aux lois des 25 avril 1844 et 18 mai 1850, lesquels se trouvent résumés dans la nomenclature générale ci-après :

NOMENCLATURE GÉNÉRALE DES PROFESSIONS IMPOSABLES.

Cette nomenclature présente, par ordre alphabétique, les différens commerces, industries et professions avec indication des tableaux législatifs, des classes et autres élémens du droit fixe, ainsi que des différens taux du droit proportionnel. Nous donnons ici le tarif concernant les professions imposées eu égard à la population.

CLASSES.	De 100,000 âmes et au-dessus	De 50,000 à 100,000.	De 30,000 à 50,000.	De 20,000 à 30,000.	De 10,000 à 20,000.	De 5,000 à 10,000.	De 2,000 à 5,000.	2,000 âmes et au-dessous.
	fr.	fr.	fr.	fr.	fr.	fr.	fr.	fr.
1re.........	300	240	180	120	80	60	45	35
2e.........	150	120	90	60	45	40	30	25
3e.........	100	80	60	40	30	25	22	18
4e.........	75	60	45	30	25	20	18	15
5e.........	50	40	30	20	15	12	10	8
6e.........	40	32	24	16	10	8	6	4
7e.........	20	16	12	8	6	5	4	3
8e.........	12	10	8	6	5	4	3	2

Ce tarif est applicable à tous les patentables des tableaux A et D, pour les patentables des tableaux B et E, C et F, la nomenclature indique, à l'article de chacun d'eux, soit le chiffre, soit les bases du droit fixe.

Quant au droit proportionnel, le taux en est consigné en regard de chaque commerce, industrie ou profession. Quand la colonne à ce destinée ne présente qu'un chiffre, comme le 15ᵉ, le 20ᵉ, etc., ce chiffre s'applique à la maison d'habitation, ainsi qu'aux locaux où s'exercent le commerce, l'industrie ou la profession. Quand la colonne présente deux chiffres, comme 20ᵉ-25ᵉ, 20ᵉ-40ᵉ, le premier chiffre s'applique à la maison d'habitation et aux magasins de vente, et le second à l'établissement industriel.

Certaines professions ne payant le droit proportionnel que sur la maison d'habitation, cette exception est indiquée à l'article de chacune d'elles.

Les patentables des 7ᵉ et 8ᵉ classes figurent à la nomenclature générale comme imposables au droit proportionnel sur le pied du 40ᵉ. Les agens ne perdront pas de vue que cette disposition ne concerne que les villes de 20,000 âmes et au-dessus.

NOMENCLATURE GÉNÉRALE DES PROFESSIONS IMPOSABLES.

DÉSIGNATION des COMMERCES, INDUSTRIES ET PROFESSIONS.	TABLEAUX.	CLASSES ET AUTRES ÉLÉMENS du droit fixe.	TAUX du DROIT proportionnel.
A.			
Abats, abatis et issues (Cuiseur ou échaudeur d').	D	7e	40e
Abattoir public (Concessionnaire ou fermier d').	A	2e	20e sur l'habitation seulement.
Abeilles (Marchand d').................	D	6e	20e
Accordeur de pianos, harpes et autres instrumens.	A	7e	40e
Accouchement (Chef de maison d').....	A	5e	20e — 40e
Accoucheur, accoucheuse. Les accoucheurs ou les accoucheuses qui prennent en pension les femmes en couche sont imposables à la 5e classe, comme les chefs de maison d'accouchement.			
Accoutreur...........................	A	8e	40e
Celui qui resserre et polit les trous des filières à l'usage des tireurs d'or et d'argent.			
Acétates (Fabrique d'). Voir Produits chimiques.			
Acheveur en métaux..................	A	7e	40e
Celui qui termine les ouvrages des fondeurs.			
Acides (Fabrique d'). Voir Produits chimiques.			
Acier fondu ou de cémentation (Fabrique d').	F	10 fr., plus 3 fr. par ouvrier, jusqu'au maximum de 300 fr.	20e — 40e
Acier naturel (Fabrique d'). Voir Forges et hauts fourneaux.			
Acier poli (Fabricant d'objets en).			
Pour son compte...................	A	5e	20e
A façon	A	7e	40e
Adjudicataires des droits d'octroi, de place sur les halles et marchés, de jaugeage, mesurage et pesage. Les contrôleurs doivent relever les prix d'adjudication dans les mairies, sous-préfectures, préfectures, ou bureaux d'enregistrement.			

DÉSIGNATION des COMMERCES, INDUSTRIES ET PROFESSIONS.	TABLEAUX.	CLASSES ET AUTRES ÉLÉMENS du droit fixe.	TAUX du DROIT proportionnel.
Affiches (Entrepreneur de la pose et de la conservation des).	A	6e	20e
Affiloirs (Marchand d')................	A	8e	40e
Affineur de métaux autres que l'or, l'argent et le platine.	A	8e	20e
Affineur d'or, d'argent ou de platine....	A	3e	20e
Agaric (Marchand d')..................	A	6e	20e
Agent d'affaires......................	D	4e	20e
On impose comme tel : Le syndic salarié des faillites, lorsqu'il fait des fonctions de syndic sa profession habituelle ; L'individu qui se charge habituellement de faire des recouvremens pour les banquiers et négocians domiciliés dans d'autres communes ; Celui qui tient un cabinet ouvert au public et qui, moyennant rétribution, donne des consultations, poursuit des liquidations, plaide pour les particuliers devant le juge de paix, assiste les personnes qui le consultent chez les notaires et les huissiers, dirige les particuliers dans le débat de leurs intérêts privés, expertises, partages, liquidations, etc. ; Celui qui perçoit les loyers de plusieurs maisons pour le compte et en vertu de la procuration des propriétaires desdites maisons ; Celui qui est chargé de procurations pour vendre, acheter, échanger, affermer des immeubles, etc.			
Agent de change......................	B	A Paris, 1,000 fr.........	15e
		Dans les villes de 100,000 âmes et au-dessus, 250 f.	15e
		Dans les villes de 50,000 à 100,000 âmes, 200 fr.	15e
		Dans les villes de 30,000 à 50,000 âmes et dans les villes de 15,000 à 30,000, qui ont un entrepôt réel, 150 fr.	15e
		Dans les villes de 15,000 à 30,000 âmes et dans les villes d'une population inférieure à 15,000 âmes, qui ont un entrepôt réel, 100 fr.	15e
		Dans toutes les autres communes, 75 fr.	15e
Agent dramatique....................	A	6e	20e
Celui qui s'entremet auprès des directeurs de spectacles pour l'engagement des artistes dramatiques.			

DÉSIGNATION des COMMERCES, INDUSTRIES ET PROFESSIONS.	TABLEAUX.	CLASSES ET AUTRES ÉLÉMENS du droit fixe.	TAUX du DROIT proportionnel.
Agrafes (Fabricant d') par procédés ordinaires.			
Pour son compte.....................	A	5e	20e
A façon..........................	A	8e	40e
Agrafes (Fabrique d') par procédés mécaniques.	C	50 fr.	20e—40e
Agréé près les tribunaux de commerce. *Voir* Mandataire.			
Agréeur...........................	A	3e	20e
Celui qui fournit des agrès pour les navires.			
Aiguilles à coudre ou à faire des bas (Fabricant d') par procédés ordinaires.			
Pour son compte.....................	C	25 fr.	20e—25e
A façon............................	A	8e	40e
Aiguilles à coudre ou à tricoter ou pour métiers à faire des bas (Manufacture d') par procédés mécaniques.	F	15 fr., plus 3 fr. par ouvrier, jusqu'au maximum de 300 fr.	20e—40e
Aiguilles à coudre et à tricoter (Marchand d').			
En gros.....................	A	1re	15e
En demi-gros.............	A	2e	20e
En détail.........................	A	4e	20e
Aiguilles pour les métiers à faire des bas (Monteur d').	A	8e	40e
Aiguilles, clefs et autres petits objets pour montres et pendules (Fabricant d').			
Pour son compte.....	A	6e	20e
A façon......	A	8e	40e
Aisances (Cabinet d'). *Voir* Cabinet d'aisances.			
Ajusteur de bouchons de flacons. *Voir* Bouchons de flacons.			
Alambics et autres grands vaisseaux en cuivre (Fabricant ou marchand d').	A	4e	20e
Albâtre (Fabricant ou marchand d'objets en).	A	5e	20e
Alcalis (Fabrique d'). *Voir* Produits chimiques.			

DÉSIGNATION des COMMERCES, INDUSTRIES ET PROFESSIONS.	TABLEAUX.	CLASSES ET AUTRES ÉLÉMENS du droit fixe.	TAUX du DROIT proportionnel.
Alevin (Marchand d'). . . . . Celui qui vend du menu poisson pour peupler les pièces d'eau.	A	7e	40c
Alléges (Maître d'). . . . . Celui qui se charge d'alléger les navires au moyen de barques dites *alléges*.	A	7e	40e
Allumettes chimiques (Fabricant et marchand d').	A	6e	20e
Allumettes et amadou (Fabricant et marchand d').	A	8e	40e
Almanachs ou annuaires (Editeur propriétaire d').	A	5e	20e
Alun (Fabrique d'). *Voir* Produits chimiques.			
Amadou (Fabricant et marchand d'). *Voir* Allumettes et amadou.			
Amandes (Marchand d'). *Voir* Fruits secs.			
Ambulance (Marchand en). Ceux qui vendent en ambulance dans les rues, lieux de passage et marchés, des fleurs, de l'amadou, des balais, des statues et figures en plâtre, des fruits, légumes, poissons, du beurre, des œufs, du fromage et autres menus comestibles, sont exempts de patente. Ceux qui vendent en ambulance d'autres objets sont passibles de la moitié des droits que paient les marchands qui vendent les mêmes objets en boutique. La disposition qui assujétit les marchands en ambulance à la moitié seulement des droits que paient les marchands en boutique des mêmes objets n'est pas applicable aux marchands de bestiaux. Ces derniers ne doivent pas non plus être considérés comme marchands forains, vu que cette qualification ne concerne que les individus qui transportent de commune en commune des tissus, de la mercerie, de la quincaillerie et d'autres objets fabriqués et façonnés.			
Amidon (Fabrique d').	F	10 fr., plus 3 fr. par ouvrier, jusqu'au maximum de 200 fr.	20e—25e
Amidon (Marchand d').			
En gros.	D	4e	20e
En détail.	D	6e	20c

DÉSIGNATION des COMMERCES, INDUSTRIES ET PROFESSIONS.	TABLEAUX.	CLASSES ET AUTRES ÉLÉMENS du droit fixe.	TAUX du DROIT proportionnel.
Ammoniac (Fabrique de sel). *Voir* Produits chimiques.			
Amorces de chasse. *Voir* Capsules.			
Anatomie (Fabricant de pièces d')......	A	6e	20e
Anatomie (Tenant un cabinet d')........	A	6e	20e
Anchois (Saleur d')...................	A	4e	20e
Anes (Loueur d').....................	A	7e	40e
Anes (Marchand d')...................	A	6e	20e
Anis (Marchand d') en gros. *Voir* Epiceries.			
Annonces. *Voir* Bureau de distribution d'annonces.			
Annonces et avis divers (Entrepreneur d'insertions d).	A	6e	20e
Annuaires (Editeur propriétaire d').....	A	5e	20e
Antiquités (Marchand d'). *Voir* Curiosité.			
Antiquités ('Tenant un cabinet d'). *Voir* Cabinet.			
Apparaux (Maître d')...	A	4e	20e
Celui qui, au moyen de pontons, cabestans, etc., met les navires en carène et les remet à flot.			
Appareils et ustensiles pour l'éclairage au gaz (Fabricant d').	A	5e	20e
Appeaux pour la chasse (Fabricant d')..	A	8e	40e
Appréciateur au mont-de-piété..........	A	4e	20e
Appréciateur d'objets d'art.............	A	6e	20e
Apprêteur de barbes ou fanons de baleine.	A	7e	40e
Apprêteur de bas et autres objets de bonneterie.	A	7e	40e
Apprêteur de broderies. *Voir* Broderies.			
Apprêteur de chapeaux de feutre.......	A	8e	40e
Apprêteur de chapeaux de paille........	A	5e	20e

DÉSIGNATION des COMMERCES, INDUSTRIES ET PROFESSIONS.	TABLEAUX.	CLASSES ET AUTRES ÉLÉMENS du droit fixe.	TAUX du DROIT proportionnel.
Apprêteur de corne. *Voir* Corne.			
Apprêteur de crin. *Voir* Crin.			
Apprêteur d'étoffes pour les fabriques..	F	15 fr., plus 3 fr. par ouvrier, jusqu'au maximum de 150 fr.	20c—50c
Apprêteur d'étoffes pour les particuliers	A	5e	20c
Apprêteur de peaux....................	A	6e	20c
Apprêteur de plume, laine, duvet et autres objets de literie.	A	6e	20c
Apprêteur de plumes à écrire. *Voir* Plumes à écrire.			
Approprieur de chapeaux..............	A	8e	40c
Celui qui met les chapeaux en forme pour le compte des chapeliers.			
Arbres ou arbustes (Marchand d'). *Voir* Plants.			
Archets (Fabricant d')..............	A	7e	40c
Architecte...........................	G	»	15c seulement.
S'il se livre, même accidentellement, à des entreprises de construction, il est imposable comme entrepreneur de bâtimens.			
Arçonneur...........................	A	8e	40c
Celui qui bat avec un arçon le poil ou la soie pour la fabrication des chapeaux.			
Arçons (Fabricant ou ferreur d').......	D	7e	40c
Ardoises (Marchand d') en gros.........	A	3e	20c
Celui qui expédie par bateaux ou voitures.			
Ardoises (Marchand d') en détail........	A	6e	20c
Ardoisières (Exploitant d').............	F	10 fr., plus 3 fr. par ouvrier, jusqu'au maximum de 400 fr.	20c—25c
L'exploitant d'ardoisières qui a cessé d'exploiter et qui se borne à vendre les ardoises provenant du travail des années antérieures est imposable, non plus en raison du nombre d'ouvriers, mais comme marchand en gros.			
Argent (Marchand d').................	A	2e	20c
Argenteur. *Voir* Doreur.			
Argenture sur métaux. *Voir* Bronzes.			

DÉSIGNATION des COMMERCES, INDUSTRIES ET PROFESSIONS.	TABLEAUX.	CLASSES ET AUTRES ÉLÉMENS du droit fixe.	TAUX du DROIT proportionnel.
Armateur pour le long cours............	C	40 cent. par chaque tonneau, jusqu'au maximum de 400 fr.	15e
Armateur pour le grand et le petit cabotage.	C	25 cent. par chaque tonneau, jusqu'au maximum de 400 fr.	15e
Les contrôleurs prennent dans les bureaux de la marine et des douanes le tonnage des différens navires.			
Si le même individu est à la fois armateur pour le long cours et armateur pour le grand et le petit cabotage, les contrôleurs indiquen! séparément le tonnage des bâtimens habituellement employés à l'une ou à l'autre destination.			
On ne doit pas considérer comme armateurs les copropriétaires d'un navire, qui ne prennent part ni à l'armement de ce navire, ni à la gestion des affaires.			
Armes blanches (Fabrique d')........	C	100 fr.	20e—40e
Armes de guerre (Manufacture d')......	C	400 fr.	20e—40e
Armurier.............................	A	5e	20e
Celui qui vend des armes et aussi celui qui en fabrique sur une petite échelle.			
Armurier à façon.....................	A	7e	40e
Armurier-Rhabilleur...................	A	7e	40e
Celui qui se borne à réparer des armes.			
Arpenteur..........................	A	7e	40e
Arrimeur...........................	A	6e	20e
Celui qui arrange, dans l'intérieur des navires, les divers objets qui composent leur cargaison.			
Arrosage (Entreprise générale d')......	A	2e	20e
Pour l'arrosage de toute une ville.			
Arrosage (Entreprise particulière d')....	A	6e	20e
Pour l'arrosage d'une partie de la ville.			
Artificier.............................	A	6e	20e
Artiste dramatique (Exempt).			
Artiste en cheveux.....................	A	8e	40e
Celui qui exécute en cheveux des portraits, chiffres, paysages et autres objets.			
Assembleur ou brocheur...............	D	8e	40e
Celui qui assemble les feuilles dont se compose un ouvrage de librairie.			
Associé en commandite (Exempt). Voir Sociétés en commandite.			

DÉSIGNATION des COMMERCES, INDUSTRIES ET PROFESSIONS.	TABLEAUX.	CLASSES ET AUTRES ÉLÉMENS du droit fixe.	TAUX du DROIT proportionnel.

Associés en nom collectif.

L'associé principal paie le droit fixe entier et le droit proportionnel sur la maison d'habitation et sur tous les locaux servant à l'exercice de l'industrie sociale.

Les autres associés ne paient que la moitié du droit fixe auquel est soumis l'associé principal, et leur maison d'habitation est affranchie du droit proportionnel, à moins qu'elle ne serve à l'exercice de l'industrie sociale.

On considère comme associé principal celui qui est le premier en nom dans l'acte de société, s'il a la gestion des affaires ; dans le cas contraire, celui qui a la plus forte mise de fonds.

Pour les associés en nom collectif habituellement employés comme ouvriers dans les travaux de l'association, le droit fixe de patente exigible n'est que le vingtième du droit fixe payé par l'associé principal.

On impose comme associés ceux qui participent à l'exploitation de l'établissement, alors même qu'il n'y a pas eu publication d'un acte de société, conformément aux articles 39 et 42 du Code de commerce.

Un mineur qui fait partie d'une société en nom collectif est imposable, quoique non émancipé.

Le demi-droit dû par les associés secondaires doit toujours être compris dans le rôle de la commune où l'associé principal est imposé pour le droit entier.

Il n'y a pas lieu d'imposer un associé secondaire au droit proportionnel, bien que dans la maison qu'il habite il se trouve des magasins dépendant de la maison de commerce, si les magasins, entièrement distincts du logement de l'associé secondaire, sont imposés au nom de la société, et si l'associé principal est imposé aussi pour son habitation personnelle.

Il n'y a pas lieu d'imposer au droit proportionnel un associé secondaire, bien que logé dans une maison où s'exerce l'industrie sociale, si la partie de cette maison occupée par l'associé secondaire est uniquement destinée à son habitation personnelle, et ne sert nullement à l'exercice de l'industrie.

Le logement occupé par l'associé secondaire d'une maison de commerce dans la maison même où demeure l'associé principal et où s'exerce l'industrie sociale ne doit pas supporter le droit proportionnel, si ce logement est tout à fait indépendant de celui de l'associé principal, et s'il est exclusivement consacré à l'habitation personnelle de l'associé secondaire.

Lorsque la maison occupée par un associé secondaire est passible du droit proportionnel comme servant à l'exercice de l'industrie sociale, la cotisation doit être établie non pas au nom de l'associé secondaire, mais bien au nom de la société.

Les associés habituellement employés

DÉSIGNATION des COMMERCES, INDUSTRIES ET PROFESSIONS.	TABLEAUX.	CLASSES ET AUTRES ÉLÉMENS du droit fixe.	TAUX du DROIT proportionnel.
comme simples ouvriers dans les travaux d'une association ne doivent que le 20e du droit fixe payé par l'associé principal. On ne doit pas imposer comme associés les individus qui, sans exercer la profession de commerçant, sont associés pour des affaires en participation. Ces individus sont exempts de patente comme les associés en commandite.			
Assortisseur......................... Marchand de petits coupons d'étoffes.	D	6e	20e
Assurances mutuelles régulièrement autorisées (*Exemptes*).			
Assurances non mutuelles...............	C	Si les opérations s'étendent à plus de 20 départemens, 1,000 fr. ;	15e
Les contrôleurs doivent consulter au *Bulletin des lois* les actes constitutifs des différentes compagnies pour connaître à combien de départemens s'étendent les opérations de chacune.		De 6 à 20 départemens, 500 fr. ;	15e
Les agens des compagnies d'assurances ne sont pas imposables à la patente ; mais les compagnies sont passibles du droit proportionnel pour les bureaux dans lesquels leurs agens traitent les affaires concernant les assurances.		A moins de 6 départemens, 300 fr.	15e
Assureur maritime	E	A Paris, 250 fr..........	15e
		Dans les villes de 50,000 âmes et au-dessus, 200 f.	15e
		Dans les villes de 30,000 à 50,000 âmes, et dans celles de 15,000 à 30,000 âmes qui ont un entrepôt réel, 150 fr.	15e
		Dans les villes de 15,000 à 30,000 âmes, et dans les villes au-dessous de 15,000 âmes qui ont un entrepôt réel, 100 fr.	15e
		Dans toutes les autres communes, 50 fr.	15e
Attelles pour colliers de bêtes de trait (Fabricant et marchand d').	A	7e	40e
Aubergiste..............	A	4e	20e
Ne logeant qu'à pied ou à cheval. ...	D	5e	20e
Avironnier...........................	A	7e	40e
Celui qui fait ou vend des avirons. Cet article ne s'applique qu'à l'avironnier qui confectionne lui-même les avirons qu'il vend. Les individus qui exploitent des forêts dont ils font façonner les bois en avirons qu'ils expédient dans les ports ou qu'ils fournissent au ministère de la marine en vertu de marchés, sont imposables comme marchands de bois de marine.			

DÉSIGNATION des COMMERCES, INDUSTRIES ET PROFESSIONS.	TABLEAUX.	CLASSES ET AUTRES ÉLÉMENS du droit fixe.	TAUX du DROIT proportionnel.
Avis divers (Entrepreneur d'insertions d'). *Voir* Annonces et avis divers.			
Avocat au conseil d'Etat et à la cour de cassation.	G	»	15e seulement.
Avocat inscrit au tableau des cours et tribunaux.	G	»	15e seulement.
Avoué...............................	G	»	15e seulement.

B.

DÉSIGNATION	TABLEAUX.	CLASSES	TAUX
Bacs (Fermier de).			
Pour un prix de fermage de 1,000 fr. et au-dessus.	A	4e	20e sur l'habitation seulement.
Pour un prix de fermage au-dessous de 1,000 fr.	A	6e	20e sur l'habitation seulement.
Badigeonneur	A	7e	40e
Baguettes en cuivre (Fabricant de). *Voir* Moulures.			
Baies de genièvre (Marchand de)........	A	6e	20e
Baignoires en cuivre (Fabricant de). *Voir* Alambics.			
Bains de petit lait. L'exploitant de bains de petit lait doit être imposé à la 5e classe sous la dénomination d'entrepreneur de bains publics.			
Bains publics (Entrepreneur de)........	A	5e	20e—40e
Bains de rivière en pleine eau (Entrepreneur de).	A	6e	20e—40e
Balais (Marchand expéditeur de)........	D	4e	20e
Balais de bouleau, de bruyère et de grand millet (Marchand de).			
Avec voitures ou bêtes de somme....	A	8e	40e
S'il n'a ni voitures ni bêtes de somme (*Exempt*).			

DÉSIGNATION des COMMERCES, INDUSTRIES ET PROFESSIONS.	TABLEAUX.	CLASSES ET AUTRES ÉLÉMENS du droit fixe.	TAUX du DROIT proportionnel.
Balancier (Fabricant).			
Pour son compte..........................	A	6e	20e
A façon.................................	A	7e	40e
Balancier (Marchand)..................	A	5e	20e
Balançons (Marchand de)...............	A	6e	20e
Celui qui vend de petits ais dont on couvre les maisons.			
Balayage (Entreprise générale de).			
Pour le balayage de toute une ville...	A	2e	20e
Balayage (Entreprise partielle de).			
Pour le balayage d'une partie de la ville.	A	6e	20e
Baleine (Apprêteur de barbes et fanons de).			
Voir Fanons ou barbes de baleine.			
Baleine (Marchand de brins de).........	A	4e	20e
Ballons pour lampes (Fabricant de).			
Pour son compte.....................	A	7e	40e
A façon.............................	A	8e	40e
Bals publics (Entrepreneur de).........	A	5e	20e
Bandagiste...........................	A	6e	20e
A façon.............................	A	7e	40e
Banque dans les départemens..........	C	Pour un capital de deux millions et au-dessous, 1,000 fr., et par chaque million de capital en sus 200 fr. jusqu'au maximum de 2,000 fr.	15e
Les contrôleurs consultent les statuts insérés au *Bulletin des lois* pour connaître le fonds capital de chaque banque. On ne doit imposer au droit fixe de 1,000 fr. que les banques privilégiées établies en vertu de lois spéciales, conformément à l'article 8 de la loi du 30 juin 1840. Les autres banques particulières doivent être imposées au droit fixe déterminé par la population du lieu où elles sont établies.			
Banque de France, y compris ses comptoirs.	C	10,000 fr.	15e
Banquier..............................	B	A Paris, 1,000 fr........	15e
Le banquier est celui qui prend des effets à l'escompte et donne du papier et des lettres de crédit sur les villes soit de l'intérieur, soit de l'étranger. Celui qui se borne à faire l'escompte sur la place où il réside ne doit être imposé que comme escompteur.		Dans les villes de 50,000 âmes et au-dessus, 500 f.	15e
		Dans les villes de 30,000 à 50,000 âmes, et dans les villes de 15,000 à	15e

DÉSIGNATION des COMMERCES, INDUSTRIES ET PROFESSIONS.	TABLEAUX.	CLASSES ET AUTRES ÉLÉMENS du droit fixe.	TAUX du DROIT proportionnel.
Banquier (*suite*).		30,000 âmes qui ont un entrepôt réel, 400 fr.	
		Dans les villes de 15,000 à 30,000 âmes, et dans les villes d'une population inférieure à 15,000 âmes qui ont un entrepôt réel, 300 fr.	15e
		Dans toutes les autres communes, 200 fr.	15e
Raquets en sapin. *Voir* Sceaux.			
Barbes de baleine (Marchand de). *Voir* Fanons.			
Barbier............................	A	8e	40e
On impose comme barbier celui qui ne fait que raser. *Voir* Coiffeur et Perruquier.			
Bardeaux (Fabricant de).			
Pour son compte....................	A	7e	40e
A façon...........................	A	8e	40e
Bardeaux (Marchand de)...............	A	6e	20e
Baromètres (Fabricant ou marchand de).	A	6e	20e
Barques (Constructeur de).............	A	6e	20e
Barques et bateaux p. le transport des marchandises sur les fleuves, rivières et canaux (Entrepreneur, maître ou patron de).	F	15 cent. par chaque tonneau, jusqu'au maximum de 300 fr.	15e
Si le conducteur n'est qu'un homme à gages, la patente est due par l'entrepreneur, le maître ou le patron qui l'emploie. Lorsque les rivières ne sont navigables qu'une partie de l'année, ou que le cours d'eau ne permet de charger les bateaux que pour une partie de leur tonnage, il y a lieu d'avoir égard à ces circonstances pour déterminer le nombre de tonneaux imposables.			
Barriques (Fabrique de) pour expéditions maritimes ou commerciales.	D	4e	20e
Bas et bonneterie (Marchand de).			
En gros....................	A	1re	15e
En demi-gros......................	A	2e	20e
En détail.........................	A	4e	20e
Ces droits sont applicables aux marchands de bas et bonneterie faits à la main. Les fabricans à métiers des mêmes objets sont imposables d'après le nombre des métiers qu'ils occupent.			

DÉSIGNATION des COMMERCES, INDUSTRIES ET PROFESSIONS.	TABLEAUX.	CLASSES ET AUTRES ÉLÉMENS du droit fixe.	TAUX du DROIT proportionnel.
Basin (Marchand de). *Voir* Tissus.			
Bateaux (Constructeur de)............	A	6e	20e
Bateaux pour le transport des marchandises (Entrepreneur, maître ou patron de). *Voir* Barques.			
Bateaux à laver (Exploitant de)..........	A	6e	20e
Bateaux à vapeur remorqueurs (Entreprise de).	C	150 fr.	15e
Bateaux et paquebots à vapeur pour le transport des voyageurs (Entreprise de).	C	Pour voyage de long cours, 300 fr.	15e
		Sur fleuves, rivières et le long des côtes, 200 fr.	15e
Bateaux et paquebots à vapeur pour le transport des marchandises (Entreprise de).	C	200 fr.	15e
Les entreprises de *bateaux non à vapeur* sont imposables au même droit que les entreprises de coches d'eau.			
Batelier............................ Celui qui passe les piétons d'un côté de la rivière à l'autre.	A	8e	40e
Bâtier............................ Celui qui fait des bâts.	A	7e	40e
Bâtimens (Entrepreneur de)............ L'entrepreneur de bâtimens est celui qui entreprend à forfait ou sur série de prix toutes les parties d'un bâtiment, maçonnerie, charpente, menuiserie, serrurerie, peinture, etc.; on ne doit pas le confondre avec le maçon entrepreneur qui n'entreprend que la maçonnerie, en fournissant les matériaux.	A	3e	20e
Batiste (Marchand de). *Voir* Tissus.			
Bâtonnier........................ Celui qui fait et vend des manches de brosses, de fouets, de parapluies, de balais, etc.	A	8e	40e
Battendier........................ Celui qui exploite un moulin à battre le chanvre. On ne doit pas faire entrer le mobilier industriel dans la valeur locative servant de base au droit proportionnel, les moyens matériels de production ne devant pas être comptés pour les patentables du tableau A.	A	6e	20e

DÉSIGNATION des COMMERCES, INDUSTRIES ET PROFESSIONS.	TABLEAUX.	CLASSES ET AUTRES ÉLÉMENS du droit fixe.	TAUX du DROIT proportionnel.
Batteur (sans moteur hydraulique et sans moteur à vapeur).			
De bois de teinture...................	A	6e	20e
D'écorce............................	A	6e	20e
De graine, à manége..................	D	6e	20e
De graine de trèfle..................	A	6e	20e
D'or et d'argent.....................	A	6e	20e
Les batteurs d'écorce, de graines, etc., au moyen de machines mues par l'eau ou la vapeur sont imposables *comme exploitans de moulins.*			
Batteur de peaux.			
Voir Apprêteur de peaux.			
Battoirs de paume (Fabricant de)........	A	7e	40e
Baudelier................................	A	8e	40e
Celui qui transporte du bois à dos de bêtes de somme.			
Baudriers (Fabricant de).			
Voir Ceinturonnier.			
Baudruche (Apprêteur de)...............	A	6e	20e
Celui qui prépare les boyaux de bœuf pour les batteurs d'or et pour d'autres usages.			
Baugeur..................................	A	7e	40e
Celui qui fait des constructions en terre et en paille.			
Bazar de voitures (Tenant)..............	A	3	20e
Bestiaux (Courtier de).			
Voir Courtier.			
Beurre frais ou salé (Marchand de).			
En gros.................................	A	1re	15e
En détail...............................	A	6e	20e
Biberons (Fabricant de).			
Pour son compte........................	D	6e	20e
A façon................................	D	7e	40e
Biens fonds ou immeubles (Marchands de).			
Imposables comme agens d'affaires, s'ils servent d'intermédiaires entre les vendeurs et les acheteurs, moyennant rétribution de la part des uns et des autres.			
Exempts, s'ils achètent et revendent pour leur propre compte, et si les actes sont passés en leur nom.			

DÉSIGNATION des COMMERCES, INDUSTRIES ET PROFESSIONS.	TABLEAUX.	CLASSES ET AUTRES ÉLÉMENS du droit fixe.	TAUX du DROIT proportionnel
Bière (Débitant au petit détail de). *Voir* Vin (Débitant au petit détail de).			
Bière (Marchand en détail de)..........	D	6e	20e
Bijoutier (Marchand fabricant), ayant atelier et magasin.	A	2e	20e
Bijoutier (Marchand), n'ayant point d'atelier	A	5e	20e
Bijoutier (Fabricant) pour son compte sans magasin.	A	5e	20e
Bijoutier à façon.	A	7e	40e
Bijoutier en faux (Fabricant).			
Pour son compte..........	A	6e	20e
A façon.............................	A	7e	40e
Bijoux en faux (Marchand de)...........	A	8e	20e
Bijoux à musique (Fabricant de). *Voir* Boîtes et bijoux à musique.			
Bijoux en pâte de rose. *Voir* Pâte de rose.			
Billard (Maître de).....................	D	4e	20e
Billards (Fabricant de).			
Ayant magasin.....................	A	4e	20e
Sans magasin......................	A	6e	20e
Bimbeloterie (Fabricant d'objets de) sans boutique ni magasin.	A	7e	40e
Bimbelotier (Marchand).			
En gros..........	A	5e	20e
En détail.........................	A	7e	40e
Biscuit de mer (Fabrique de)...........	C	50 fr.	20e—40e
Bisette (petite dentelle) (Fabricant ou marchand de).	A	6e	20e
Bitume. *Voir* Mastics et cimens.			
Blanc (Marchand de). *Voir* Tissus.			
Blanc de baleine (Raffinerie de)........	F	15 fr., plus 3 fr. par ouvrier, jusqu'au maximum de 200 fr.	20e—25e
Blanc de céruse, de bismuth, d'argent et autres blancs métalliques. *Voir* Produits chimiques.			

DÉSIGNATION des COMMERCES, INDUSTRIES ET PROFESSIONS.	TABLEAUX.	CLASSES ET AUTRES ÉLÉMENS du droit fixe.	TAUX du DROIT proportionnel.
Blanc de craie (Fabricant et marchand de).	A	6e	20e
Blanc d'œufs (Dessiccateur de). *Voir* Colle solide ou en poudre pour la clarification des vins.			
Blanchisserie de cire. *Voir* Cire.			
Blanchisserie de toiles, fils, étoffes de laine pour le commerce, par procédés mécaniques ou chimiques.	F	15 fr., plus 3 fr. par ouvrier, jusqu'au maximum de 300 fr.	20e—40e
Blanchisseur et apprêteur de broderies. *Voir* Broderies.			
Blanchisseur de bas de soie...............	D	8e	40e
Blanchisseur de chapeaux de paille......	A	7e	40e
Blanchisseur de fin...................	A	7e	40e
Blanchisseur de linge.			
Ayant un établissement de buanderie.	D	6e	20e
Sans établissement de buanderie......	A	8e	40e
Blanchisseur de toiles et fils pour les particuliers.	A	5e	20e
Blanchisseur sur pré...................	A	7e	40e
Blatier avec voiture.....	A	5e	20e
Celui qui achète des grains chez les cultivateurs ou sur les marchés et les transporte dans les marchés voisins, où il les revend par sacs.			
Blatier avec bêtes de somme...........	A	6e	20e
Blondes (Marchand de).			
En gros......................	A	1re	15e
En demi-gros...................	A	2e	20e
En détail.....................	A	4e	20e
Blouses (Marchand de).			
En gros......................	A	3e	20e
En détail.....................	A	6e	20e
Bluteaux ou blutoirs (Fabricant et marchand de).	A	6e	20e
Bobines pour les manufactures (Fabricant de).	A	8e	40e

DÉSIGNATION des COMMERCES, INDUSTRIES ET PROFESSIONS.	TABLEAUX.	CLASSES ET AUTRES-ÉLÉMENS du droit fixe.	TAUX du DROIT proportionnel.
Bocard, patouillet ou lavoir de minerai. Le droit fixe est réduit de moitié pour les bocards, patouillets ou lavoirs qui sont forcés de chômer, par manque ou par crue d'eau, pendant une partie de l'année équivalente au moins à quatre mois.	C	15 fr. pour chaque usine, jusqu'au maximum de 100 francs.	20e—40e
Bœuf cuit (Marchand de). *Voir* Bouillon.			
Bœufs (Marchand de)..................	A	3e	20e
Bois à brûler (Marchand de).			
Celui qui, ayant chantier ou magasin, vend au stère ou par quantité équivalente ou supérieure.	A	1re	15e—30e
Celui qui, n'ayant ni chantier ni magasin, vend sur bateaux ou sur les ports, au stère ou par quantité équivalente ou supérieure.	A	2e	20e
Celui qui, n'ayant ni chantier, ni magasin, ni bateaux, vend par voiture au domicile des consommateurs.	A	5e	20e
Celui qui, n'ayant ni chantier, ni magasin, ni bateaux, vend par voiture au domicile du consommateur le bois tiré directement de la coupe dont il n'est pas adjudicataire.	D	5e	20e
Celui qui vend à la falourde, au fagot, au cotret. La vente au stère ou par quantité équivalente ou supérieure, lorsqu'elle se fait à tout venant, sur place, soit dans un chantier ou magasin, soit sur le parterre d'une coupe, constitue le commerce en gros (1re classe). La vente sur bateaux ou sur les ports, au stère ou par quantité équivalente ou supérieure, donne lieu à la patente de 2e classe. La vente par voiture *au domicile des consommateurs* n'est assujétie qu'à une patente de 5e classe, vu que, dans ce cas, le lieu du dépôt ou le parterre de la coupe d'où le marchand tire le bois ne saurait être considéré comme un chantier ou magasin de vente donnant à la profession le caractère de commerce en gros. Toutefois, il y aurait lieu d'imposer le droit fixe de 1re classe, si le bois, au lieu d'être porté et vendu au domicile des consommateurs, était porté aux magasins des marchands. On ne doit donner la qualification d'adjudicataire qu'à ceux qui, comme les maîtres de forges, les marchands en gros, etc., achètent des coupes considérables, et non aux petits marchands qui achètent de seconde main des portions de coupe des adjudicataires ou des coupes de peu d'importance dans les bois	A	8e	40e

DÉSIGNATION des COMMERCES, INDUSTRIES ET PROFESSIONS.	TABLEAUX.	CLASSES ET AUTRES ÉLÉMENS du droit fixe.	TAUX du DROIT proportionnel.
communaux, pour en revendre le bois au domicile des consommateurs. L'habitant d'une commune qui, s'étant rendu adjudicataire de coupes de bois, cède, sans aucun bénéfice, aux autres habitans, le bois nécessaire à leur consommation, n'est pas imposable; il le serait, si la cession était faite avec bénéfice. Le marchand de bois est imposable, lors même qu'il ne vend que des bois provenant des coupes adjugées les années précédentes. Le marchand de bois qui a son domicile et son principal établissement dans une commune, et un chantier qu'il exploite dans une ville d'une plus forte population, doit payer le droit fixe dans cette ville.			
Bois de bateaux (Marchand de)..........	A	5e	20e
Bois de boissellerie (Marchand de).......	A	5e	20e
Bois de brosses (Fabrique de) par procédés mécaniques.	F	5 fr. par perçoir, jusqu'au maximum de 150 fr.	20e—40e
Bois d'ébénisterie (Marchand de)........	A	3e	20e
Bois de galoches et de socques (Faiseurs de).	A	8e	40e
Bois de marine ou de construction (Marchand de).	A	1re	15e—30e
Bois de sciage (Marchand de).			
En gros.............................	A	1re	15e—30e
En détail...........................	A	3e	20e
On doit ranger dans la 1re classe celui qui vend habituellement par fortes parties à d'autres marchands, et dans la 3e celui qui ne vend qu'aux menuisiers, ébénistes, charpentiers et aux particuliers.			
Bois de teinture (Marchand de), en gros. *Voir* Teinture (Matières premières pour la).			
Bois de teinture (Marchand de).			
En demi-gros...........	A	2e	20e
En détail............................	A	4e	20e
Bois de volige (Marchand de)...........	A	5e	20e
Bois en grume ou de charronnage (Marchand de).	A	5e	20e
Bois feuillard (Marchand de)...........	A	5e	20e

DÉSIGNATION des COMMERCES, INDUSTRIES ET PROFESSIONS.	TABLEAUX.	CLASSES ET AUTRES ÉLÉMENS du droit fixe.	TAUX du DROIT proportionnel.
Bois merrains (Marchand de).			
En gros, s'il vend par bateau ou char-rette.	A	1re	15e—30e
En détail, s'il ne vend qu'aux tonneliers et aux particuliers.	A	6e	20e
Boiseries (Marchand de vieilles)........	A	6e	20e
Boisselier (Fabricant).			
Pour son compte.....................	A	7e	40e
A façon...........................	A	8e	40e
Boisselier (Marchand).			
En gros............................	A	4e	20e
En détail..........................	A	6e	20e
Boîtes et bijoux à musique (Fabricant de mécaniques pour).			
Pour son compte.....................	A	5e	20e
A façon............................	A	7e	40e
Boîtes de pendules en zinc doré ou bronzé (Fabricant ou marchand de).	D	5e	20e
Bombagiste..........................	A	6e	20e
Celui qui fabrique et vend des couvre-plats, garde-manger, corbeilles, etc., en tissus métalliques.			
Bombeur de verres....................	A	6e	20e
Bonbons et confiseries (Revendeur de)..	D	7e	40e
Bondons en bois (Fabricant de). Voir Tourneurs en bois.			
Bonneterie. Voir Bas et bonneterie.			
Bonnets carrés et autres (Fabricant ou marchand de).			
Pour son compte.....................	D	6e	20e
A façon	D	8e	40e
Bosselier	A	6e	20e
Celui qui fait des grelots et bossettes.			
Bottes remontées (Marchand de)........	A	7e	40e
Bottier (Marchand) tenant magasin de chaussures.	D	4e	20e

DÉSIGNATION des COMMERCES, INDUSTRIES ET PROFESSIONS.	TABLEAUX.	CLASSES ET AUTRES ÉLÉMENS du droit fixe.	TAUX du DROIT proportionnel.
Bottier en boutique, travaillant sur commande avec ouvriers.	D	6e	20e
Bottier travaillant seul en boutique ou en chambre.	D	7e	40e
Bottier à façon......................	D	8e	40e
Celui qui travaille pour les maîtres qui lui fournissent la matière.			
Boucher (Marchand)....................	A	4e	20e
Boucher à la cheville, revendant la viande achetée par quartier.	D	5e	20e
Boucher en petit bétail (ne vendant que veau, mouton, agneau, chevreau).	D	6e	20e
Bouchonnier...........................	A	6e	20e
Bouchons (Marchand de).			
En gros...............................	A	3e	20e
En détail.............................	A	6e	20e
Bouchons de flacons (Ajusteur de)......	A	8e	40e
Bouclerie (Fabricant de).			
Pour son compte....................	A	5e	20e
A façon............................	A	8e	40e
Boues (Entreprise de l'enlèvement des).			
Générale, pour toute une ville.........	A	2e	20e
Partielle, pour une partie de la ville..	A	6e	20e
Dans quelques villes, l'adjudication des boues se fait en plusieurs lots correspondant d'ordinaire aux quartiers de la ville ; des jardiniers et des cultivateurs se réunissent et l'un d'eux se rend adjudicataire d'un quartier qu'ils exploitent à tour de rôle. Si l'adjudicataire ne reçoit de ceux à qui il cède qu'une part proportionnelle au prix d'adjudication, il n'y a pas lieu de l'assujétir à la patente : si, au contraire, l'adjudicataire retire un prix plus élevé que celui qu'il paie à la ville, il est imposable.			
Bougies, cierges (Fabrique de)..........,	F	15 fr., plus 3 fr. par ouvrier, jusqu'au maximum de 300 francs.	20e—25e
Bougies (Marchand de).................	A	5e	20e
Bouilleur ou brûleur d'eau-de-vie.......	A	6e	20e
Celui qui se transporte avec les ustensiles nécessaires au domicile des propriétaires pour convertir en eau-de-vie leurs vins, cidres ou autres produits.			

DÉSIGNATION des COMMERCES, INDUSTRIES ET PROFESSIONS.	TABLEAUX.	CLASSES ET AUTRES ÉLÉMENS du droit fixe.	TAUX du DROIT proportionnel.
Bouillon et bœuf cuit (Marchand de)....	A	6e	20e
Bouillottes (Fabricant ou marchand de). _Voir_ Cafetières.			
Boulanger............................	A	5e	20e
Boules à teinture (Fabricant de)........	A	4e	20e
Boules vulnéraires dites d'acier ou de Nancy (Fabricant de).	A	7e	40e
Bouquetière (Marchande), en boutique...	A	7e	40e
Bouquiniste...........................	A	7e	40e
Bourre de soie (Marchand de)...........	A	6e	20e
Bourrées (Marchand de). _Voir_ Fagots.			
Bourrelets d'enfans (Fabricant et marchand de).	A	7e	40e
Bourrelier............................	A	6e	20e
Bourses, gants, mitaines, réseaux et autres ouvrages à mailles (Fabricant de).	D	7e	40e
Bouteilles d'occasion (Marchand de). _Voir_ Ustensiles de ménage (Vieux).			
Bouteilles de verre (Marchand de)......	A	5e	20e
Boutons de métal, de corne, de cuir bouilli, etc. (Fabricant de).			
Pour son compte.....................	A	5e	20e
A façon.............................	A	8e	40e
Boutons de soie (Fabricant de).			
Pour son compte.....................	A	7e	40e
A façon.............................	A	8e	40e
Boyaudier............................	A	6e	20e
Celui qui fabrique, avec des boyaux, des cordes pour les instrumens de musique, les raquettes, etc.			
Brais, goudrons, poix, résines et autres matières analogues (Fabrique de).	C	25 fr.	20e—25e
Brasserie............................	F	70 centimes par hectolitre de capacité brute de toutes les chaudières, jusqu'au maximum de 400 francs.	20e—40e
Le droit fixe est réduit de moitié pour les brasseries qui ne brassent que quatre fois au plus par an, et d'un quart pour celles qui ne brassent que huit fois au plus par an.			

DÉSIGNATION des COMMERCES, INDUSTRIES ET PROFESSIONS.	TABLEAUX.	CLASSES ET AUTRES ÉLÉMENS du droit fixe.	TAUX du DROIT proportionnel.
Brasseur à façon...................... Celui qui fait la bière pour autrui avec les matières qu'on lui fournit. Les contrôleurs s'adresseront aux préposés des contributions indirectes pour connaître : La capacité brute de toutes les chaudières de chaque brasserie; Les brasseries qui ne brassent que quatre fois au plus par an; Les brasseries qui ne brassent que huit fois ou plus par an.	A	6e	20e
Bretelles et jarretières (Fabricant de).			
Pour son compte.....................	A	6e	20e
A façon.............................	A	8e	40e
Bretelles et jarretières (Marchand de). ..	A	6e	20e
Bric-à-brac. Voir Curiosité.			
Brins de baleine ou de jonc (Fendeur de). Voir Fendeur.			
Brioches (Marchand de), en boutique....	A	7e	40e
Brioleur................................ Celui qui transporte du bois avec bêtes de somme.	A	8e	40e
Briou (Fabricant de)................... Débris de pierres de taille écrasées.	A	6e	20e
Briques (Fabrique de).................	F	5 fr., plus 2 fr. par ouvrier ou par série d'ouvriers momentanément employés, équivalente à un ouvrier employé complétement jusqu'au maximum de 100 fr.	20e—25e
Briques (Marchand de).................	A	6e	20e
Briquetier à façon.....................	A	8e	40e
Briquets phosphoriques et autres (Fabricant de).	A	6e	20e
Briquets phosphoriques et autres (Marchand de).	A	7e	40e
Briquettes factices (Marchand de)........	D	8e	40e
Brocanteur en boutique ou en magasin..	A	5e	20e
Brocanteur dans les ventes, sans boutique ni magasin.	D	7e	40e
Brocanteur d'habits en boutique........	A	6e	20e

DÉSIGNATION des COMMERCES, INDUSTRIES ET PROFESSIONS.	TABLEAUX.	CLASSES ET AUTRES ÉLÉMENS du droit fixe.	TAUX du DROIT proportionnel.
Brocanteur d'habits sans boutique......	A	8e	40e
Broches ou bondons en bois pour les vignerons et les marchands de vin (Fabricant de). *Voir* Tourneur en bois.			
Broches et cannelets pour la filature (Fabricant de).			
Pour son compte....................	A	8e	20e
A façon...................	A	8e	40e
Broches pour la filature (Rechargeur de).	A	7e	40e
Brocheur.........................	D	8e	40e
Broderies (Blanchisseur et apprêteur de).	A	7e	40e
Broderies (Dessinateur-imprimeur de)..	A	7e	40e
Broderies (Fabricant et marchand de).			
En gros........................	A	3e	20e
En détail......................	A	5e	20e
On impose à la 3e classe le fabricant qui ne vend habituellement qu'aux marchands, et à la 5e classe le fabricant qui vend aux détaillans et aux particuliers.			
Broderies (Fabricant de), à façon.......	A	7e	40e
Brodeur sur étoffes en or et en argent...	A	4e	20e
Bronze (Metteur en)....................	D	7e	40e
Celui qui met en couleur de bronze des pendules, candélabres et autres objets en métaux.			
Bronzes, dorures et argentures sur métaux (Marchand de).			
En gros........................	A	1re	15e
En détail......................	A	4e	20e
Bronzes et pendules (Marchand de). *Voir* Pendules.			
Brosses (Fabricant de bois pour).......	A	8e	40e
Brossier (Fabricant).			
Pour son compte	A	6e	20e
A façon............................	A	8e	40e
Brossier (Marchand)....................	A	6e	20e
Broyeur à bras........................	D	8e	40e

DÉSIGNATION des COMMERCES, INDUSTRIES ET PROFESSIONS.	TABLEAUX.	CLASSES ET AUTRES ÉLÉMENS du droit fixe.	TAUX du DROIT proportionnel.
Broyeur à manége......................	D	6e	20e
Brûleur d'eau-de-vie. *Voir* Bouilleur et brûleur.			
Brunisseur.......................	A	7e	40e
Celui qui brunit les ouvrages d'or et d'argent.			
Bûches et briquettes factices, mottes à brûler (Marchand de).	D	8e	40e
Buffletier (Fabricant).			
Pour son compte......................	A	7e	40e
A façon............................	A	8e	40e
Buffletier (Marchand)....................	A	6e	20e
Buis ou racine de buis (Marchand de)...	A	6e	20e
Bureau de distribution d'imprimés, de cartes de visite, annonces, etc. (Entrepreneur d'un).	A	5e	20e
Bureau d'indication et de placement (Tenant un).	A	5e	20e
Bustes en cire pour les coiffeurs (Fabricant de).	A	7e	40e
Bustes et figures en plâtre ou en terre (Mouleur ou marchand de).	D	6e	20e

C

DÉSIGNATION	TABLEAUX.	CLASSES	TAUX
Cabaretier............................	A	6e	20e
Ayant billard........................	A	5e	20e
Un cabaretier non muni d'une licence n'en est pas moins imposable à la patente.			
Cabas (Faiseur de)......................	A	8e	40e
Cabinet de figures en cire (Tenant un)...	A	7e	40e
Cabinet de lecture (Tenant un).			
Où l'on donne à lire les journaux et les nouveautés littéraires.	A	6e	20e
Où l'on donne à lire les journaux seulement.	A	7e	40e
Cabinet particulier de tableaux, d'objets d'histoire naturelle ou d'antiquités (Tenant un).	A	7e	40e
Cabinets d'aisances publics (Tenant des).	A	6e	20e

DÉSIGNATION des COMMERCES, INDUSTRIES ET PROFESSIONS.	TABLEAUX.	CLASSES ET AUTRES ÉLÉMENS du droit fixe.	TAUX du DROIT proportionnel.
Câbles et gros cordages. *Voir* Cordier.			
Cabriolets (Maître de station de)........	D	7e	40e
Celui qui loue des emplacemens où, moyennant une rétribution, les cabriolets peuvent stationner.			
Cabriolets sur place ou sous remise (Loueur de).			
S'il a plusieurs cabriolets.............	A	5e	20e
S'il n'a qu'un cabriolet...............	A	7e	40e
Cachemires de l'Inde (Marchand de).....	A	1re	15e
Cadrans de montres et de pendules (Fabricant de).			
Pour son compte....................	A	6e	20e
A façon.........................	A	8e	40e
Cadres pour glaces et tableaux (Marchand de).	A	6e	20e
Café de chicorée (Fabrique de)..........	C	50 fr.	20e—25e
Café de chicorée en poudre (Marchand de).	A	6e	20e
Café tout préparé (Débitant de)........	A	8e	40e
Cafetier.........................	A	4e	20e
S'il vend des glaces, imposable comme limonadier.			
Cafetières, bouillottes, marabouts (Fabricant ou marchand de).	D	6e	20e
Cafetières, bouillottes, marabouts (Fabricant) à façon.	D	8e	40e
Cages, souricières et tournettes (Fabricant de).	A	8e	40e
Caisse ou comptoir d'avances ou de prêts (Tenant une).	A	1re	15e
Caisse ou comptoir de recettes et de paiemens (Tenant une).	A	1re	15e
Caisse d'épargne et de prévoyance administrée gratuitement (*Exempte*).			
Caisse d'escompte (Tenant une)..........	A	1re	15e
Caisses (Fabricant de grosses). *Voir* Tambours.			
Caisses de tambours (Facteur de)........	A	6e	20e

DÉSIGNATION des COMMERCES, INDUSTRIES ET PROFESSIONS.	TABLEAUX.	CLASSES ET AUTRES ÉLÉMENS du droit fixe.	TAUX du DROIT proportionnel.
Calandreur d'étoffes neuves..............	A	5e	20e
Calandreur de vieilles étoffes ou de chapeaux de paille.	D	7e	40e
Calfat (Radoubeur de navires).....	A	8e	20e
Calicots (Marchand de).			
Voir Tissus.			
Cambreur de tiges de bottes............	A	7e	40e
Camées faux ou moulés (Fabricant de) ..	A	7e	40e
Camphre (Raffineur de).			
Voir Produits chimiques.			
Canaux navigables avec péage, ou canaux d'irrigation (Concessionnaire de).	C et F	200 fr., plus 20 fr. par myriamètre complet, en sus du premier, jusqu'au maximum de 1,000 fr.	15e sur la maison d'habitation et sur les locaux affectés à l'administration de l'établissement, y compris les bureaux de recette.
Canevas (Dessinateur de).	A	8e	40e
Cannelets pour la filature.			
Voir Broches.			
Cannelles et robinets en cuivre (Fabricant de).			
Pour son compte....................	A	6e	20e
A façon.........................	A	7e	40e
Cannes (Fabricant de).			
Pour son compte...................	A	7e	40e
A façon.........................	A	8e	40e
Cannes (Marchand de).................	A	6e	20e
Cannetille (Fabricant de)..............	A	7e	40e
Canots (Constructeur de)..............	A	6e	20e
Cantinier attaché à l'armée (*Exempt*).			
Cantinier dans les prisons, hospices et autres établissemens publics.	A	6e	20e
Caoutchouc (Fabricant ou marchand d'objets confectionnés ou d'étoffes garnies en).	A	4e	20e

DÉSIGNATION des COMMERCES, INDUSTRIES ET PROFESSIONS.	TABLEAUX.	CLASSES ET AUTRES ÉLÉMENS du droit fixe.	TAUX du DROIT proportionnel.
Caparaçonnier.			
Pour son compte.....................	A	6e	20e
A façon.......................	A	8e	40e
Capitaine de navire du commerce ne naviguant pas pour son compte (*Exempt*).			
Les capitaines de navire qui ont une part dans la propriété du navire ne sont pas, pour ce fait, passibles de la patente ; mais ils sont imposables s'ils font des chargemens pour leur compte, ou s'ils se livrent à la recherche du fret et à d'autres opérations constituant la profession d'armateur.			
Capsules ou amorces de chasse (Fabricant de).	C	50 fr.	20e—25e
Capsules métalliques pour boucher les bouteilles (Fabricant de).	A	6e	20e
Caractères à jour.			
Voir Vignettes.			
Caractères d'imprimerie (Fondeur de).			
Pour son compte............	A	3e	20e
A façon............................	A	7e	40e
On doit imposer à la 3e classe, comme fondeur de caractères d'imprimerie, celui qui fabrique pour son compte, avec des matières premières qui lui appartiennent et dont il opère lui-même le mélange, les caractères qu'il livre aux imprimeurs.			
Caractères d'imprimerie (Graveur en)...	A	7e	40e
Caractères d'imprimerie (Marchand de)...	D	5e	20e
Caractères mobiles en bois ou en terre cuite (Fabricant et marchand de).	A	7e	40e
Caractères mobiles en métal (Fabricant de).	A	5e	20e
Carcasses ou montures de parapluies (Fabricant de).			
Pour son compte..........	A	7e	40e
A façon............................	A	8e	40e
Carcasses pour modes (Fabricant de)....	A	8e	40e
Celui qui couvre en soie, en fil ou en papier les branches de fil de fer ou de laiton qui servent aux modistes et aux fabricans de fleurs artificielles.			

DÉSIGNATION des COMMERCES, INDUSTRIES ET PROFESSIONS.	TABLEAUX.	CLASSES ET AUTRES ÉLÉMENS du droit fixe.	TAUX du DROIT proportionnel.
Carderie de laine ou de bourre de soie, par procédés mécaniques. *Voir* Peignerie.			
Cardes (Fabricant de), par procédés ordinaires.			
Pour son compte.....................	A	6e	20c
A façon..............................	A	8e	40e
Cardes (Manufacture de), par procédés mécaniques.	F	25 fr., plus 5 fr. par métier, jusqu'au maximum de 300 fr.	20c—50e
Cardeur de laine, de coton, de bourre de soie, filoselle, etc.	A	7e	40e
Carreaux à carreler (Marchand de).......	A	6e	20e
Carreleur.............................	A	7e	40e
Celui qui fait le carrelage des appartemens.			
Carrés de montres (Fabricant de).			
Pour son compte.....................	A	6e	20c
A façon..............................	A	8e	40e
Carrières souterraines ou à ciel ouvert (Exploitant de). Les exploitans de carrières sont imposables, lors même qu'ils exploitent dans leur propre fonds.	F	5 fr., plus 3 fr. par ouvrier, jusqu'au maximum de 200 fr.	15e sur la maison d'habitation seulement.
Carrioles (Loueur de)...................	A	7e	40e
Carrossier (Fabricant).................	A	2e	50e
On impose à la 2e classe, comme carrossier fabricant, celui qui confectionne et vend des voitures complétement terminées et dont on peut se servir au moment même où elles sortent de l'atelier ou magasin.			
Carrossier raccommodeur..............	A	5e	20c
Carrossier-sellier. *Voir* Sellier-carrossier.			
Cartes à jouer (Marchand de)...........	D	6e	20e
Cartes de géographie (Marchand de). ...	A	6e	20e
Cartes de visite. *Voir* Bureau de distribution.			
Cartier (Fabricant de cartes à jouer).....	A	4e	20e

DÉSIGNATION des COMMERCES, INDUSTRIES ET PROFESSIONS.	TABLEAUX.	CLASSES ET AUTRES ÉLÉMENS du droit fixe.	TAUX du DROIT proportionnel.
Carton en feuilles (Fabricant de).			
Pour son compte.....................	D	6e	20c
A façon............................	D	7e	40e
Carton ou carton-pierre (Marchand fabricant d'ornemens en pâte de).	A	3e	20c
Cartonnage (Fabrique de)..............	C	30 fr. par cuve, jusqu'au maximum de 150 fr.	20c—40c
Le droit fixe est réduit de moitié pour les fabriques qui sont forcées de chômer par manque ou par crue d'eau, pendant une partie de l'année équivalente, au moins, à quatre mois.			
Cartonnage fin (Fabricant et marchand de).	A	5e	20c
Cartons pour bureaux et autres (Fabricant de).			
Pour son compte.....................	A	6e	20c
A façon............................	A	8e	40e
Casquettes, toques, bonnets carrés et autres (Fabricant ou marchand de).			
Pour son compte.....................	D	6e	20c
A façon............................	D	8e	40e
Castine (Marchand de).................	A	8e	40c
Celui qui vend la pierre calcaire servant à la fusion du minerai.			
Ceinturonnier.			
Pour son compte.....................	A	7e	40e
A façon............................	A	8e	40e
Cendres (Laveur de)..................	A	6e	20e
Cendres gravelées (Fabrique de).......	C	25 fr.	20c—25c
Cendres noires (Extracteur de)..........	F	5 fr., plus 3 fr. par ouvrier, jusqu'au maximum de 200 fr.	15e sur l'habitation seulement.
Cet article s'applique aussi à l'extracteur de cendres sulfureuses.			
Cendres ordinaires (Marchand de).......	A	7e	40e
Cercles ou cerceaux (Marchand de)......	A	6e	20e
Cercles ou sociétés (Fournisseur des objets de consommation dans les).	A	5e	20c sur la maison d'habitation seulement.

DÉSIGNATION des COMMERCES, INDUSTRIES ET PROFESSIONS.	TABLEAUX.	CLASSES ET AUTRES ÉLÉMENS du droit fixe.	TAUX du DROIT proportionnel.
Cerclier............................. Celui qui fait les cercles ou cerceaux.	A	8e	40e
Chaînes (Colleur de). *Voir* Collage et séchage.			
Chaînes de fil, laine ou coton préparées pour la fabrication des tissus (Marchand de).	A	6e	20e
Chaises (Loueur de).			
Pour un prix de ferme de 2,000 fr. et au-dessus.	A	6e	20e
Pour un prix de ferme de 500 à 2,000 francs.	A	7e	40e
Pour un prix de ferme au-dessous de 500 francs.	A	8e	40e
Chaises communes (Marchand et fabricant de). On considère comme chaises *communes* les chaises en bois brut et en paille grossière dont on fait usage dans les églises, dans les jardins publics et chez les habitans des campagnes, et comme chaises *fines* les chaises en bois d'acajou, de merisier, et servant à meubler les appartemens des personnes riches et aisées.	A	8e	40e
Chaises fines (Marchand et fabricant de).	A	6e	20e
Chaises à porteur (Loueur de)...........	D	8e	40e
Châles (Marchand de).			
En gros...............................	A	1re	15e
En détail.............................	A	3e	20e
Chamoiseur.			
Pour son compte.....................	A	6e	20e
A façon...............................	A	8e	40e
Chandeliers en fer ou en cuivre (Fabricant de).			
Pour son compte.....................	A	6e	20e
A façon...............................	A	8e	40e
Chandelles (Fabrique de)...............	F	10 fr., plus 3 fr. par ouvrier, jusqu'au maximum de 100 fr.	20e—25e
Chandelles (Marchand de) en détail......	D	5e	20e
Changeur de monnaies	A	1re	15e

DÉSIGNATION des COMMERCES, INDUSTRIES ET PROFESSIONS.	TABLEAUX.	CLASSES ET AUTRES ÉLÉMENS du droit fixe.	TAUX du DROIT proportionnel.
Chanvre (Fabricant de). Voir Lin et Filature.			
Chanvre (Filature de). Voir Lin et Filature.			
Chanvre (Marchand de fils de). Voir Fils.			
Chanvre brut ou filé (Marchand de).			
En gros..............................	A	1re	15e
En demi-gros.........................	A	2e	20e
En détail............................	A	6e	20e
Chapeaux de feutre, de soie ou de paille (Fabricant de).	D	4e	20e
Chapeaux de paille (Calandreur de)......	D	7e	40e
Chapeaux de paille (Marchand de).			
En gros..............................	A	1re	15e
En demi-gros.........................	A	2e	20e
En détail............................	A	5e	20e
Chapeaux (Fabricant de coiffes de).......	D	8e	40e
Chapeaux (Garnisseur de)...............	D	8e	40e
Chapeaux (Marchand de vieux), en boutique ou en magasin.	A	8e	40e
Chapelets (Fabricant et marchand de)....	A	7e	40e
Chapelier.			
En fin...............................	A	5e	20e
En grosse chapellerie.................	A	6e	20e
Chapellerie (Marchand de fournitures pour la).	A	5e	20e
Chapellerie (Marchand de matières premières pour la).	A	1re	15e
Charbon de bois (Marchand de).			
En gros.............................	A	1re	15e—30e
En demi-gros........................	A	5e	20e
En détail............................	A	8e	40e

DÉSIGNATION des COMMERCES, INDUSTRIES ET PROFESSIONS.	TABLEAUX.	CLASSES ET AUTRES ÉLÉMENS du droit fixe.	TAUX du DROIT proportionnel.
Charbon de terre épuré ou non (Marchand de).			
En gros................................	D	2e	20c—30c
Celui qui vend habituellement par voiture de 1,000 kilogrammes et au-dessus.			
En demi-gros........................	D	5e	20e
Celui qui vend habituellement aux détaillans et aux consommateurs par quantités inférieures à 1,000 kilogrammes.			
En détail...................... ..	A	8e	40e
Charbonnier-voiturier.................	A	8e	40c
Celui qui achète sur les ventes ou dans les mines le charbon qu'il vend aux consommateurs.			
Charcutier...........................	A	4c	20c
Charcutier revendeur.................	A	6e	20c
Chardons pour le cardage (Marchand de), en gros.	D	3e	20c
Charnières en cuivre, fer ou fer-blanc (Fabricant de) par les procédés ordinaires.			
Pour son compte.....................	A	7e	40e
A façon............................	A	8e	40e
Charpentier (Entrepreneur-fournisseur-).	A	4e	20e
On impose comme charpentier-entrepreneur-fournisseur celui qui entreprend habituellement, à forfait et sur série de prix, tous les travaux qui concernent la charpente des maisons et bâtimens, en fournissant les matériaux.			
Charpentier (Maître).................	A	6e	20e
Charpentier à façon (travaillant à la journée pour des maîtres ou pour des particuliers qui lui fournissent la matière).	D	7e	40c
Charpie (Fabrique de) par procédés mécaniques.	F	5 fr. par carde, jusqu'au maximum de 200 fr.	20c—40c
Charrée (Marchand de)	A		20c
Celui qui vend des cendres lessivées pour l'amendement des terres.			
Charrettes (Loueur de)...............	A	8e	40c
Charron.............................	A	6e	20c
Charron à façon (travaillant à la journée pour des maîtres ou des particuliers qui lui fournissent la matière).	D	7c	40c

DÉSIGNATION des COMMERCES, INDUSTRIES ET PROFESSIONS.	TABLEAUX.	CLASSES ET AUTRES ÉLÉMENS du droit fixe.	TAUX du DROIT proportionnel.
Chasse (Marchand d'ustensiles de).......	A	5e	20e
Châsses de lunettes (Fabricant de).			
Pour son compte.....................	A	6e	20e
A façon............................	A	8e	40e
Chasublier (Marchand)..................	A	4e	20e
A façon.......................	A	7e	40e
Châtaignes (Marchand de). *Voir* Marrons.			
Chaudières en cuivre (Fabricant de).....	A	4e	20e
Chaudronnerie pour les appareils à vapeur à distiller, à concentrer, etc. (Fabrique de).	C	200 fr.	20e—40e
Chaudronnier (Marchand).	A	5e e	20e
Chaudronnier rhabilleur................	A	7e	40e
Chaussées et routes (Entrepreneur de l'entretien des).	C	25 fr.	15e sur l'habitation seulement.
Chaussons autres qu'en lisière (Fabricant de).	D	6e	20e
Chaussons de lisière (Marchand de) en gros.	D	4e	20e
Chaussons en lisière (Fabricant de).....	A	8e	40e
Chaussons en lisière et autres (Marchand de).	A	7e	40e
Chaux (Marchand de)...................	A	6e	20e
Chaux artificielle (Fabrique de)........	C	Pour un four, 20 fr.	20e—25e
		Pour deux fours, 40 fr.	20e—25e
		Pour trois fours et au-dessus, 80 fr.	20e—25e
Chaux naturelle (Fabrique de).........	C	Pour un four, 15 fr.	20e—25e
Les fabricans de chaux naturelle sont imposables lors même qu'ils n'emploient que de la marne et des bois provenant des propriétés qu'ils exploitent comme fermiers.		Pour deux fours, 30 fr.	20e—25e
		Pour trois fours et au-dessus, 50 fr.	20e—25e
Chef de ponts et pertuis...............	A	6e	20e
Celui qui facilite aux bateaux le passage des ponts et autres endroits difficiles.			

DÉSIGNATION des COMMERCES, INDUSTRIES ET PROFESSIONS.	TABLEAUX.	CLASSES ET AUTRES ÉLÉMENS du droit fixe.	TAUX du DROIT proportionnel.
Chef d'institution.	G	»	15e seulement.
Les locaux affectés au logement et à l'instruction des élèves ne sont pas compris dans l'estimation de la valeur locative.			
Cheminées dites économiques (Fabricant et marchand de).	A	8e	20e
Chemins de fer avec péage (Concessionnaire de).	C	200 fr., plus 20 fr. par myriamètre complet en sus du premier, jusqu'au maximum de 1,000 francs.	20e sur l'habitation. 40e sur les locaux occupés par l'administration, les bureaux de recette, salles d'attente, magasins, ateliers et tous autres bâtimens servant à l'exploitation dans toutes les communes traversées.
Le droit fixe d'un concessionnaire de chemin de fer ne peut être fractionné; il doit toujours être porté en entier dans le rôle de la commune où est établi le siége principal de l'exploitation. On ne doit pas comprendre dans la valeur locative les objets constituant des dépendances de la voie publique, tels que les plaques tournantes, les voies de gare, les murs de clôture, ou les machines, waggons, rails, etc.			
Chemins vicinaux (Entrepreneur de l'entretien des).	F	10 fr.	15e sur l'habitation seulement.
Chenille en soie (Fabricant de).			
Pour son compte......................	A	7e	40e
A façon...............................	A	8e	40e
Chevaux (Courtier de).................	A	7e	40e
Chevaux (Loueur de)...................	A	5e	20e
Chevaux (Marchand de)................	A	4e	20e
Chevaux (Tenant pension de)...........	A	5e	20e
Cheveux (Marchand de)................	A	5e	20e
Chevilleur.	A	8e	40e
Celui qui apprête les soies écrues pour les fabricans et marchands.			
Chèvres et chevreaux (Marchand de)....	A	7e	40e
Chiffonnier.			
En gros...........................	A	1re	15e
En détail..........................	A	7e	40e
Au crochet (*Exempt*).			

DÉSIGNATION des COMMERCES, INDUSTRIES ET PROFESSIONS.	TABLEAUX.	CLASSES ET AUTRES ÉLÉMENS du droit fixe.	TAUX du DROIT proportionnel.
Chiffons et vieilles étoffes. *Voir* Déchireur.			
Chineur......	A	7e	40c
Celui qui applique les couleurs sur les fils de la chaîne des étoffes.			
Chirurgie (Docteur en)..................	G	»	15c seulement.
Chirurgien-dentiste.................. ...:	G	»	15e seulement.
Chocolat (Fabricant de) avec machines à vapeur ou ouvriers.	D	3e	20c
Chocolat (Fabricant de), n'employant ni machines à vapeur ni ouvriers.	D	6e	20c
Chocolat (Marchand de).			
En gros..........................	A	3c	20c
En détail.........................	A	5c	20c
Cidre (Marchand de).			
En gros...........................	A	3e	20e
En détail..........................	D	6e	20c
Cidre, bière, vin (Débitant au petit détail de). *Voir* Vin, bière, cidre (Débitant au petit détail de).			
Cierges (Fabrique de). *Voir* Bougies.			
Cimens. *Voir* Mastics et cimens.			
Cimentier à manége..................	D	6e	20c
Cirage ou encaustique (Marchand fabricant de).	A	7e	40e
Cire (Blanchisserie de)..................	F	15 fr., plus 3 fr. par ouvrier, jusqu'au maximum de 200 francs.	20e—25e
Cire à cacheter (Fabricant de)..........	A	4e	20c
Cire brute (Marchand de). *Voir* Miel et cire brute.			
Cirier (Marchand).....................	A	4e	20e
Ciseleur............................	A	6e	20e

DÉSIGNATION des COMMERCES, INDUSTRIES ET PROFESSIONS.	TABLEAUX.	CLASSES ET AUTRES ÉLÉMENS du droit fixe.	TAUX du DROIT, proportionnel.
Citrons (Marchand de). *Voir* Oranges et citrons.			
Clavecins (Facteur de). *Voir* Pianos.			
Clefs, aiguilles et autres petits objets pour montres ou pendules (Fabricant de).			
Pour son compte..........................	A	6e	20e
A façon..............................	A	8e	40e
Clinquant (Fabricant de).			
Pour son compte......................	A	6e	20e
A façon............................	A	8e	40e
Cloches (Fondeur de), sans boutique ni magasin.	A	6e	20e
Cloches de toute dimension (Marchand de).	A	5e	20e
Clochettes (Fondeur de)................	A	6e	20e
Clous et pointes (Fabrique de) par procédés mécaniques.	F	5 fr. par métier, jusqu'au maximum de 400 fr.	20e—40e
Clous forgés (Fabrique de). *Voir* Ferronnerie, serrurerie et clous forgés.			
Cloutier (Marchand).			
En gros...............................	A	1re	15e
En demi-gros..........................	A	2e	20e
En détail.............................	A	5e	20e
Cloutier au marteau.			
Pour son compte......................	A	7e	40e
A façon..............................	A	8e	40e
Coches d'eau (Entreprise de)...........	C	100 fr.	15e
Cochons (Marchand de).................	A	4e	20e
Les marchands de cochons, même lorsqu'ils exercent leur profession en fréquentant les foires et marchés, doivent être assujétis au droit entier ; il n'y a pas lieu de les considérer comme marchands en ambulance et de ne leur demander, à ce titre, qu'un demi-droit.			

DÉSIGNATION des COMMERCES, INDUSTRIES ET PROFESSIONS.	TABLEAUX.	CLASSES ET AUTRES ÉLÉMENS du droit fixe.	TAUX du DROIT proportionnel.
Cocons (Filerie de).................... Ne sont pas imposés à la patente de fileurs de cocons les propriétaires ou cultivateurs qui ne filent que les cocons provenant de leurs récoltes ; mais on doit imposer ceux qui achètent des cocons pour en vendre la soie après les avoir filés.	C	1 fr. 50 c. par bassine ou tour, jusqu'au maximum de 400 francs.	20e—40e
Coffretier-malletier.			
En bois.............................	A	6e	20e
En cuir.............................	A	5e	20e
Coiffes de chapeaux. Voir Chapeaux.			
Coiffes de femme (Faiseuse et marchande de).	A	7e	40e
Coiffeur..,...................... On impose comme coiffeur celui qui rase, coupe les cheveux, fait et vend des perruques, des tours, des nattes, et de plus va en ville coiffer les dames. Voir Barbier et Perruquier.	A	6e	20e
Coke (Fabrique de).................... Il n'y a pas lieu d'imposer comme fabricans de coke les concessionnaires de mines qui se bornent à convertir en coke les charbons tirés des mines dont ils ont la concession.	F	15 fr., plus 3 fr. par four jusqu'au maximum de 300 francs.	20e—25e
Collage et séchage de chaînes pour tissus (Exploitant un établissement de). Cet article n'est pas applicable au simple colleur de chaînes que la loi range dans la 7e classe du tableau A.	F	15 fr., plus 3 fr. par ouvrier, jusqu'au maximum de 150 francs.	20e—50e
Colle de pâte, de peau, de graisse, de gélatine (Fabricant ou marchand de).	D	7e	40e
Colle forte (Fabrique de)..............	F	15 fr., plus 3 fr. par ouvrier, jusqu'au maximum de 100 francs.	20e—25e
Colle solide ou en poudre pour la clarification des vins et liqueurs (Fabricant de).	D	5e	20e
Colle végétale pour les papeteries (Fabrique de).	F	15 fr., plus 3 fr. par ouvrier, jusqu'au maximum de 100 francs.	20e—25e
Collets (Fabricant de). Voir Cols.			
Colleur de chaînes pour fabrication de tissus.	A	7e	40e

DÉSIGNATION des COMMERCES, INDUSTRIES ET PROFESSIONS.	TABLEAUX.	CLASSES ET AUTRES ÉLÉMENS du droit fixe.	TAUX du DROIT proportionnel
Colleur d'étoffes......................	A	5e	20e
Colleur de papiers peints..............	A	8e	40e
Colliers de chiens (Fabricant et marchand de).	D	7e	40e
Coloriste enlumineur..................	D	8e	40e
Colporteur. *Voir* Marchand forain.			
Cols, collets et rabats (Fabricant de).			
Pour son compte....................	D	6e	20e
A façon..........................	D	8e	40e
Cols, collets et rabats (Marchand de)....	D	6e	20e
Combustibles (Marchand de) en boutique.	A	6e	20e
Est imposable comme tel celui qui, ayant boutique, vend par quantités inférieures au stère, mais supérieures à la falourde et au fagot.			
Comestibles (Marchand de)..............	A	3e	20e
Commis et autres personnes travaillant à gages, à façon et à la journée, dans les maisons, ateliers et boutiques des personnes de leur profession (*Exempts*).			
Commis-voyageur.			
S'il transporte et vend des marchandises, imposable comme marchand forain. S'il se borne à voyager avec des échantillons (*Exempt*).			
Commis-voyageur étranger.			
Imposable sur le même pied que les voyageurs français dans son pays.			
Le contrôleur doit se concerter avec les maires pour découvrir les commis-voyageurs des nations étrangères qui viennent en France chercher des commandes : lorsqu'il en découvre, il doit désigner exactement la nationalité des maisons représentées par les commis-voyageurs.			
Voir la circulaire du 9 novembre 1846.			
Commissaire-priseur..................	G	»	15e seulement.
Commissionnaire au mont-de-piété......	A	4e	20e
Commissionnaire en douane. Imposable comme agent d'affaires.			

DÉSIGNATION des COMMERCES, INDUSTRIES ET PROFESSIONS.	TABLEAUX.	CLASSES ET AUTRES ÉLÉMENS du droit fixe.	TAUX du DROIT proportionnel.
Commissionnaire de transport par terre et par eau. On impose comme tels les individus qui ont bureau et magasin pour le dépôt des marchandises qu'ils se chargent de transporter : s'ils n'ont ni bureau ni magasin, on doit les considérer et les taxer comme voituriers.	B	A Paris, 250 francs......	15e
		Dans les villes de 50,000 âmes et au - dessus , 200 fr.	15e
		Dans les villes de 30,000 à 50,000 âmes, et dans celles de 15,000 à 30,000 âmes qui ont un entrepôt réel, 150 fr.	15e
		Dans les villes de 15,000 à 30,000 âmes, et dans celles d'une population inférieure à 15,000 âmes qui ont un entrepôt réel, 100 fr.	15e
		Dans toutes les autres communes, 50 fr.	15e
Commissionnaire en marchandises. .... On impose comme tel celui qui reçoit des marchands, négocians, fabricans ou manufacturiers, commission d'acheter ou de vendre. Mais un marchand en gros qui fait accidentellement des achats ou des ventes pour d'autres marchands ou négocians ne doit pas pour ce fait être considéré comme commissionnaire en marchandises.	B	A Paris, 400 francs.....	15e
		Dans les villes de 50,000 âmes et au-dessus, 300 f.	15e
		Dans les villes de 30,000 à 50,000 âmes, et dans celles de 15,000 à 30,000 âmes qui ont un entrepôt réel, 200 fr.	15e
		Dans les villes de 15,000 à 30,000 âmes, et dans celles d'une population inférieure à 15,000 âmes qui ont un entrepôt réel, 150 fr.	15e
		Dans toutes les autres communes, 75 fr.	15e
Commissionnaire entrepositaire.......... On impose comme tel celui qui se charge de recevoir, de faire entreposer et de réexpédier des marchandises, mais qui ne fait ni achats ni ventes pour le compte de ses commettans.	B	A Paris, 250 francs......	15e
		Dans les villes de 50,000 âmes et au-dessus, 200 fr.	15e
		Dans les villes de 30,000 à 50,000 âmes, et dans celles de 15,000 à 30,000 âmes qui ont un entrepôt réel, 150 fr.	15e
		Dans les villes de 15,000 à 30,000 âmes, et dans celles d'une population inférieure à 15,000 âmes qui ont un entrepôt réel, 100 fr.	15e
		Dans toutes les autres communes, 50 fr.	15e

DÉSIGNATION des COMMERCES, INDUSTRIES ET PROFESSIONS.	TABLEAUX.	CLASSES ET AUTRES ÉLÉMENS du droit fixe.	TAUX du D proportionnel.
Commissionnaire entrepositaire de vins.	B	A Paris, 250 francs...... Dans les villes de 50,000 âmes et au-dessus, 200 fr. Dans les villes de 30,000 à 50,000 âmes, et dans celles de 15,000 à 30,000 âmes qui ont un entrepôt réel, 150 fr. Dans les villes de 15,000 à 30,000 âmes, et dans celles d'une population inférieure à 15,000 âmes qui ont un entrepôt réel, 100 fr. Dans toutes les autres communes, 50 fr.	15e sur l'habitation, 30e sur les locaux servant à l'exercice de la profession.
Commissionnaire porteur pour les fabricans de tissus. Celui qui porte au domicile des ouvriers les matières à peigner, à filer, à ourdir, à préparer ou à confectionner, qui en apprécie la façon sous sa responsabilité et rapporte les matières ouvragées.	A	6e	20e
Comptoir d'avances, de prêts, de recette ou de paiement.	A	1re	15e
Concerts publics (Entrepreneur de).....	F	Si les concerts ont lieu plus de trois fois par semaine, le quart d'une recette complète. Si les concerts n'ont lieu qu'une, deux ou trois fois par semaine, le huitième d'une recette complète.	15e sur la maison d'habitation seulement. 15e sur la maison d'habitation seulement.
Concierge de prison tenant cantine. Voir Cantinier.			
Condition pour les soies (Entrepreneur ou fermier d'une). Celui qui tient un établissement où, après avoir constaté le degré d'humidité des soies, on les place pendant un temps convenable dans des pièces chauffées à un certain degré pour en connaître le poids réel.	A	2e	20e
Confiseries (Revendeur de). Voir Bonbons.			
Confiseur..............................	A	3e	20e
Confiseur en chambre..................	D	7e	40e

DÉSIGNATION des COMMERCES, INDUSTRIES ET PROFESSIONS.	TABLEAUX.	CLASSES ET AUTRES ÉLÉMENS du droit fixe.	TAUX du DROIT proportionnel.
Conservateur de tapis, etc. *Voir* Rentrayeur.			
Conserves alimentaires (Marchand de)....	A	3e	20e
Consul d'une puissance étrangère.			
Le négociant qui est en même temps consul d'une puissance étrangère ne doit pas être assujéti au droit proportionnel pour le local affecté à la gestion des affaires du consulat.			
Convois militaires.			
Entreprise générale..................	C	1,000 fr.	20e—40e
Entreprise particulière pour une division militaire.	C	100 fr.	20e—40e
Entreprise particulière pour gîtes d'étapes.	C	25 fr.	20e—40e
Coquetier.			
Avec voiture......................	A	6e	20e
Avec bêtes de somme...........	A	7e	40e
Sans voitures ni bêtes de somme......	D	8e	40e
Coraux (Préparateur de)................	A	3e	20e
Coraux bruts (Marchand de)............	A	3e	20e
Cordages (Gros). *Voir* Cordier.			
Cordes (Fabrique de) par procédés mécaniques.	F	Pour 500 broches ou fuseaux et au-dessous, 10 fr., plus 1 fr. 50 c. par chaque centaine de broches ou de fuseaux en sus, jusqu'au maximum de 400 fr.	20e—50e
Cordes harmoniques (Fabricant de).			
Pour son compte...................	A	6e	20e
A façon...........................	A	7e	40e
Cordes métalliques (Fabricant de).			
Pour son compte...................	A	6e	20e
A façon...........................	A	7e	40e
Cordes à puits et liens d'écorce (Fabricant de).	A	8e	40e
Cordier (Fabricant de câbles et cordages pour la marine ou la navigation intérieure).	A	4e	20e

DÉSIGNATION des COMMERCES, INDUSTRIES ET PROFESSIONS.	TABLEAUX.	CLASSES ET AUTRES ÉLÉMENS du droit fixe.	TAUX du DROIT proportionnel.
Cordier (Fabricant de menus cordages, tels que cordes, ficelles, longes, traits, etc.)	A	7e	40e
Cordier (Marchand).....................	A	6e	20e
Cordonnier (Marchand).................	D	4e	20e
Celui qui tient magasin de chaussures.			
Cordonnier en boutique, travaillant sur commande avec ouvriers.	D	6e	20e
Cordonnier travaillant seul en boutique ou en chambre.	D	7e	40e
Cordonnier à façon......................	D	8e	40e
Celui qui travaille pour les maîtres qui lui fournissent la matière.			
Cordons, lacets, tresses, ganses en fil, soie, laine, coton (Fabricant de).			
Pour son compte......................	D	7e	40e
A façon...............................	D	8e	40e
Corne (Apprêteur de).			
Pour son compte......................	A	6e	20e
A façon...............................	A	8e	40e
Corne (Fabricant de feuilles transparentes de).			
Pour son compte......................	A	6e	20e
A façon...............................	A	8e	40e
Cornes brutes (Marchand de)...........	A	5e	20e
Corroyeur (Marchand)..................	A	4e	20e
Corroyeur à façon.....................	A	7e	40e
Corsets (Fabricant et marchand de).....	A	6e	20e
Cosmétiques (Marchand de).............	A	7e	40e
Cosmorama (Directeur de).............	A	6e	20e
Costumier.............................	A	6e	20e
Coton à coudre, broder, marquer, tricoter (Marchand de). *Voir* Mercerie.			
Coton cardé ou gommé (Marchand de)...	A	7e	40e
Coton en laine (Marchand de), en gros..	A	1re	15e

DÉSIGNATION des COMMERCES, INDUSTRIES ET PROFESSIONS.	TABLEAUX.	CLASSES ET AUTRES ÉLÉMENS du droit fixe.	TAUX du DROIT proportionnel.
Coton filé (Marchand de).			
En gros..............................	A	1re	15e
En demi-gros........................	D	2e	20e
En détail...........................	A	4e	20e
Coton (Déchets de). *Voir* Déchets.			
Cotrets (Débitant de).................	A	8e	40e
Cotrets sur bateaux (Marchand de)......	A	4e	20e
Couleurs et vernis (Fabricant et marchand de).	A	4e	20e
Coupeur de poils.			
Pour son compte.............	A	6e	20e
A façon..............................	A	7e	40e
Coupons (Marchand de petits). *Voir* Assortisseur.			
Courroies (Apprêteur de).			
Pour son compte.....................	A	7e	40e
A façon..............................	A	8e	40e
Courtier d'assurances..................	B	A Paris, 250 francs.. ...	15e
Voir le *nota* au mot Courtier en marchandises.		Dans les villes de 50,000 âmes et au-dessus, 200 fr.	15e
		Dans les villes de 30,000 à 50,000 âmes et dans celles de 15,000 à 30,000 âmes qui ont un entrepôt réel, 150 fr.	15e
		Dans les villes de 15,000 à 30,000 âmes et dans celles d'une population inférieure à 15,000 âmes qui ont un entrepôt réel, 100 fr.	15e
		Dans toutes les autres communes, 50 fr.	15e
Courtier de bestiaux..................	A	7e	40e
Courtier de marchandises..............	B	A Paris, 250 francs.....	15e
Voir le *nota* au mot Courtier en marchandises.		Dans les villes de 50,000 âmes et au-dessus, 200 fr.	15e
		Dans les villes de 30,000 à 50,000 âmes et dans celles de 15,000 à 30,000 âmes qui ont un entrepôt réel, 150 fr.	15e
		Dans les villes de 15,000	15e

DÉSIGNATION des COMMERCES, INDUSTRIES ET PROFESSIONS.	TABLEAUX.	CLASSES ET AUTRES ÉLÉMENS du droit fixe.	TAUX du DROIT proportionnel.
Courtier de marchandises (*suite*).		à 30,000 âmes et dans celles d'une population inférieure à 15,000 âmes qui ont un entrepôt réel, 100 fr.	
		Dans toutes les autres communes , 50 fr.	15e
Courtier en marchandises domicilié dans une ville de 50,000 âmes et au-dessus, bien que breveté pour une commune de population inférieure.	E	200 fr.	15e
On ne doit imposer comme courtier d'assurances, courtier de marchandises et courtier de navires, que les personnes nommées par le gouvernement et désignées au Code de commerce. Les individus qui exerceraient illicitement le courtage devraient être imposés sous la dénomination de commissionnaires en marchandises.			
Courtier de mouture......................	D	7e	40e
Celui qui se charge de faire moudre le grain des particuliers dans les moulins exploités par 'autres.			
Courtier de navires.....................	B	A Paris, 250 francs.	15e
Voir le *nota* au mot Courtier en marchandises.		Dans les villes de 50,000 âmes et au-dessus, 200 fr.	15e
		Dans les villes de 30,000 à 50,000 âmes et dans celles de 15,000 à 30,000 âmes qui ont un entrepôt réel, 150 fr.	15e
		Dans les villes de 15.000 à 30,000 âmes et dans celles d'une population inférieure à 15,000 âmes qui ont un entrepôt réel, 100 fr.	15e
		Dans toutes les autres communes , 50 fr.	15e
Courtier gourmet piqueur de vins.......	A	6e	20e
Coutelier en détail (Marchand).........	D	5e	20e
On impose comme tel le coutelier en boutique, lors même qu'il a un atelier où il fait finir, repasser, raccommoder et même fabriquer dans la limite des besoins de son débit.			
Coutelier à façon......................	A	7e	40e
Coutellerie (Fabricant de), expéditeur...	F	5 fr., plus 3 fr. par série d'ouvriers partiellement employés, équivalente à un ouvrier employé complétement, jusqu'au maximum de 100 fr.	20e—40e

DÉSIGNATION des COMMERCES, INDUSTRIES ET PROFESSIONS.	TABLEAUX.	CLASSES ET AUTRES ÉLÉMENS du droit fixe.	TAUX du DROIT proportionnel.
Coutellerie (Fabricant de), non expéditeur.	F	4 fr., plus 2 fr. par série d'ouvriers partiellement employés, équivalente à un ouvrier complétement employé, jusqu'au maximum de 75 fr.	20e—40e
Coutellerie (Marchand de).			
En gros	D	1re	15e
En demi-gros	D	2e	20e
Coutils (Marchand de). *Voir* Tissus.			
Couturière en corsets, en robes ou en linge.	A	6e	20e
Couturière à façon	A	7e	40e
Couverts et autres objets en fer battu ou étamé (Fabricant de), par procédés ordinaires.			
Pour son compte	A	4e	20e
A façon	A	8e	40e
Couverts et autres objets en fer battu ou étamé (Marchand de).			
En gros	A	4e	20e
En détail	A	6e	20e
Couvertures de soie, bourre, laine, coton, etc. (Marchand de).	A	4e	20e
Couvreur (Entrepreneur)	A	4e	20e
Couvreur (Maître)	A	6e	20e
Couvreur à façon	D	7e	40e
Couvreur en paille ou en chaume	A	7e	40e
Craie (Fabricant et marchand de). *Voir* Plâtre.			
Cravaches. *Voir* Fouets.			
Crayons (Fabrique de)	F	15 fr., plus 3 fr. par ouvrier, jusqu'au maximum de 300 fr.	20e—25e
Crayons (Marchand de)	A	6e	20e
Crèmier-glacier	A	5e	20e
Crèmier-laitier	A	7e	40e

DÉSIGNATION des COMMERCES, INDUSTRIES ET PROFESSIONS.	TABLEAUX.	CLASSES ET AUTRES ÉLÉMENS du droit fixe.	TAUX du DROIT proportionnel.
Crépin en buis (Fabricant d'articles de).			
Pour son compte......................	A	7e	40e
A façon...............................	A	8e	40e
Crépins (Marchand de)...................	A	6e	20e
Creusets (Fabrique de)...................	C	25 fr.	20c—25c
Criblier...............................	A	7e	40e
Celui qui fait ou vend des cribles.			
Crics (Fabricant et marchand de).......	A	5e	20e
Crin (Apprêteur, crêpeur ou friseur de).			
A façon...............................	A	8e	40e
Crin frisé (Apprêteur de).			
Pour son compte......................	A	5e	20e
Crin frisé (Marchand de).			
En gros..............................	A	1re	15e
En demi-gros.........................	A	2e	20e
En détail............................	A	4e	20e
Crin plat (Marchand de)................	A	6e	20e
Celui qui achète le crin brut tel qu'il est tiré de l'animal et le vend aux apprêteurs de crin frisé.			
Crin (Marchand de tissus de).			
Voir Tissus.			
Crinières (Fabricant de).			
Celui qui fait des aigrettes, pompons, etc.			
Pour son compte......................	A	6e	20c
A façon...............................	A	8e	40c
Cristaux (Manufacture de)..............	C	300 fr.	20c—40c
Cristaux (Marchand de).			
En gros..............................	A	1re	15c
En demi-gros.........................	A	2e	20c
En détail	A	5e	20c
Cristaux (Tailleur de)..................	A	7e	40e

DÉSIGNATION des COMMERCES, INDUSTRIES ET PROFESSIONS.	TABLEAUX.	CLASSES ET AUTRES ÉLÉMENS du droit fixe.	TAUX du DROIT proportionnel.
Crochets pour les fabriques d'étoffes (Fabricant de).			
Pour son compte......................	A	7e	40e
A façon.............................	A	8e	40e
Cuillers d'étain (Fondeur ambulant de).	A	8e	40e
Cuillers en bois. *Voir* Vaisselle et ustensiles de bois.			
Cuir bouilli et verni (Fabricant et marchand d'objets en).	A	6e	20e
Cuirs et pierres à rasoirs (Fabricant et marchand de).	A	6e	20e
Cuirs tannés, corroyés, lissés, vernissés (Marchand de).			
En gros.............................	A	1re	15e
En détail............................	A	4e	20e
Cuirs en vert étrangers (Marchand de), en gros.	A	1re	15e
Cuirs en vert du pays (Marchand de), en gros.	A	3e	20e
Cuiseur d'abats, etc. *Voir* Tripier.			
Cuivre (Marchand de feuilles de). *Voir* Feuilles.			
Cuivre (Marchand de vieux)...........	A	7e	40e
Cuivre de navires (Marchand de vieux).	A	6e	20e
Culottier en peau (Marchand)..........	A	e	20e
Cultivateur.			

Cultivateur.

Exempt, mais seulement pour la vente et la manipulation des récoltes et fruits provenant des terrains qui lui appartiennent ou par lui exploités, et pour le bétail qu'il y élève, qu'il y entretient ou qu'il y engraisse. Toutefois, ne sont pas considérées comme donnant lieu à cette exemption, les transformations des récoltes et fruits, pratiquées au moyen d'agens chimiques, de machines ou ustensiles autres que ceux servant aux travaux habituels de l'agriculture.

L'exemption est due :

Aux laboureurs et cultivateurs qui vendent les récoltes et fruits provenant de leur exploitation, lors même que la vente est effectuée

DÉSIGNATION des COMMERCES, INDUSTRIES ET PROFESSIONS.	TABLEAUX.	CLASSES ET AUTRES ÉLÉMENS du droit fixe.	TAUX du DROIT proportionnel.
loin de leur domicile ou de la situation des terrains par eux exploités ; A ceux qui convertissent leurs vins ou cidres en eaux-de-vie ; Aux propriétaires qui exploitent et vendent leurs bois, même débités en planches ou convertis en charbon ; Aux propriétaires qui ne filent que les cocons provenant de leurs récoltes ; Aux propriétaires ou fermiers qui ne vendent que le bétail élevé, entretenu ou engraissé sur les terrains par eux exploités. Mais l'exemption n'est pas due : Au laboureur et cultivateur qui vend plus de grains qu'il n'en a récolté ; A celui qui, indépendamment des raisins, pommes, olives et autres fruits provenant de ses récoltes, en achète d'autres qu'il manipule pour vendre les produits de cette manipulation ; Au propriétaire qui, avec le produit de ses bois, la pierre calcaire extraite de ses carrières ou la terre prise sur son fonds, fabrique de la chaux, des tuiles ou des briques pour les livrer au commerce : A l'éducateur de vers à soie qui achète des cocons pour les filer et en vendre la soie ; Au propriétaire ou fermier qui vend des bestiaux autres que ceux élevés, entretenus ou engraissés sur son exploitation, ni à l'engraisseur qui n'exploite aucun terrain. Les contrôleurs peuvent reconnaître les propriétaires ou cultivateurs patentables comme faisant le commerce des grains, cidres, huiles, eaux-de-vie et bestiaux, en s'informant s'ils font des achats, s'ils contractent des engagemens, et en consultant les registres des contributions indirectes pour comparer les quantités vendues en cidres, vins, eaux-de-vie avec l'importance des exploitations agricoles.			
Curiosité (Marchand en boutique d'objets de).	A	5e	20e
Cylindres pour filature (Garnisseur de).	D	8e	40e
Cylindres pour filature (Tourneur et couvreur de).	D	5e	20e
Cylindreur d'étoffes. *Voir* Calandreur.			

D

Dalles (Marchand de).............	A	6e	20e
Damasquineur......................	A	6e	20e

DÉSIGNATION des COMMERCES, INDUSTRIES ET PROFESSIONS.	TABLEAUX.	CLASSES ET AUTRES ÉLÉMENS du droit fixe.	TAUX du DROIT proportionnel.
Débitant au petit détail de vin, bière, cidre. Ne s'entend que de celui qui vend au pot, à la bouteille et à emporter. Celui qui donne à boire chez lui doit être imposé à la 6e classe comme marchand en détail.			
Débris de cocons. *Voir* Déchets.			
Décatisseur............................	A	5e	20e
Déchets de soie, laine, coton, débris de cocons (Marchand de).	D	7e	40e
Déchireur de chiffons et vieilles étoffes de laine, par procédés mécaniques.	F	10 fr. par machine, jusqu'au maximum de 100 fr.	20e—40e
Déchireur ou dépeceur de bateaux.....	A	5e	20e
Décors et ornemens d'architecture (Marchand de).	A	4e	20e
Découpeur d'étoffes par procédés mécaniques.	F	5 fr. par métier, jusqu'au maximum de 150 fr.	20e—40e
Découpeur d'étoffes ou de papiers......	A	8e	40e
Découpeur en marqueterie..............	D	7e	40e
Découpoirs (Fabricant de).			
Pour son compte.....	A	6e	20e
A façon.............................	A	8e	40e
Décrotteur en boutique................	A	8e	40e
Décrueur de fil.	A	7e	40e
Celui qui blanchit en partie le fil écru de chanvre, lin, etc.			
Défrichement ou desséchement (Compagnie de).	C	300 fr.	15o
Dégraisseur.........................	A	7e	40e
Déménagemens (Entrepreneur de).			
S'il a plusieurs voitures..............	A	3e	20e
S'il a une seule voiture..............	A	6e	20e
Denrées coloniales (Marchand de), en gros.	A	1re	15e
Denteleur de scies....................	A	7e	40e

DÉSIGNATION des COMMERCES, INDUSTRIES ET PROFESSIONS.	TABLEAUX.	CLASSES ET AUTRES ÉLÉMENS du droit fixe.	TAUX du DROIT proportionnel.
Dentelle (Fabricant ou marchand de petite). *Voir* Bisette.			
Dentelles (Entrepreneur de fabrication de).	D	3e	20e
Celui qui, fournissant le fil, fait fabriquer, moyennant un prix convenu, pour les maisons qui lui donnent les dessins.			
Dentelles (Facteur de).................	A	6e	20e
Celui qui, avec les fils que lui remettent les fabricans, se charge de faire confectionner les dentelles et en garantit la bonne confection.			
Dentelles (Marchand de).			
En gros.............................	A	1re	15e
En demi-gros........................	A	2e	20e
En détail...........................	A	4e	20e
Dentiste. *Voir* Chirurgien.			
Dents et râteliers artificiels (Fabricant ou marchand de).	D	5e	20e
Dépeceur de bateaux...................	A	5e	20e
Dépeceur de voitures..................	A	6e	20e
Dépolisseur de verres.................	D	7e	40e
Dépôts de marchandises. *Voir* Emplacement pour dépôt de marchandises.			
Dés à coudre en métal, autre que l'or et l'argent (Fabricant de).			
Pour son compte.....................	A	5e	20e
A façon.............................	A	8e	40e
Desséchement (Compagnie de)..........	C	300 fr.	15e
Desséchement (Entrepreneur de travaux de).	C	50 fr.	15e sur la maison d'habitation seulement.
Dessinateur, artiste ne vendant que le produit de son art (*Exempt*).			
Dessinateur de canevas. *Voir* Canevas.			
Dessinateur pour fabrique.............	A	6e	20e

DÉSIGNATION des COMMERCES, INDUSTRIES ET PROFESSIONS.	TABLEAUX.	CLASSES ET AUTRES ÉLÉMENS du droit fixe.	TAUX du DROIT proportionnel.
Diamans et pierres fines (Marchand de).	A	1re	15e
Diamans pour vitriers et miroitiers (Monteur de).			
Pour son compte....................	D	6e	20e
A façon............................	D	7e	40e
Diligences partant à jour et heure fixes (Entrepreneur de).	C	Parcourant une distance de 2 myriamètres et au-dessous, 25 fr.	20e sur l'habitation.
Pour déterminer la quotité du droit fixe de chaque entrepreneur, il convient, quel que soit le nombre des routes et des destinations, de totaliser les distances parcourues, en imposant à 25 francs les deux premiers myriamètres du total, et chacun des subséquens à 5 francs, sans faire aucune distinction en raison des routes et des destinations diverses et en ne comptant qu'une seule fois les distances parcourues sur la même route par plusieurs voitures. Il n'y a aucune distinction à faire entre l'entrepreneur qui ne fait partir ses voitures que deux ou trois fois par semaine et celui dont le service a lieu tous les jours. L'entrepreneur qui n'a qu'une petite voiture à deux roues doit être imposé comme patachier.		Pour chaque myriamètre complet, en sus des deux premiers, 5 fr., jusqu'au maximum de 1,000 fr.	40e sur les locaux occupés par l'administration et sur les bureaux de recette, salles d'attente, magasins, ateliers et autres bâtimens servant à l'exploitation.
Diorama (Directeur de)...............	A	2e	20e sur la maison d'habitation seulement.
Distillateur d'essences, eaux parfumées et médicinales.	A	5e	20e
Distillateur-liquoriste..................	A	3e	20e
Docteur en chirurgie ou en médecine....	G	»	15e seulement.
Imposable lors même qu'il est chargé d'un service gratuit dans les hospices ou chez les pauvres.			
Domaines (Exploitant d'immeubles appelés) à Marseille.			
Imposable comme magasinier.			
Doreur et argenteur..................	A	6e	20e
Doreur sur bois.....................	A	6e	20e
Doreur sur tranches, sur cuivre, sur papier.	D	7e	40e
Dorures et argentures sur métaux (Marchand de). Voir Bronzes.			
Dorures pour passementerie (Marchand de).	A	4e	20e

DÉSIGNATION des COMMERCES, INDUSTRIES ET PROFESSIONS.	TABLEAUX.	CLASSES ET AUTRES ÉLÉMENS du droit fixe.	TAUX du DROIT proportionnel.
Doublé d'or et d'argent. *Voir* Plaqué.			
Dragueur (Entrepreneur)...............	C	50 fr.	15e sur la maison d'habitation seulement.
Draps (Marchand de). *Voir* Tissus.			
Drogues (Pileur de).	D	7e	40e
Droguiste (Marchand).			
En gros............................	A	1re	15e
En demi-gros.	A	2e	20e
En détail............................	A	3e	20e
Duvet (Apprêteur de). *Voir* Apprêteur de plume, duvet.			
Duvet (Marchand de). *Voir* Plumes et duvet.			
E			
Eau (Entrepreneur de distribution d').			
Fournissant la ville de Paris en tout ou en partie.	E	600 fr.	15e
— une ville de 50,000 âmes et au-dessus.	E	400 fr.	15e
— une ville de 30,000 à 50,000 âmes...	E	200 fr.	15e
— une ville de 15,000 à 30,000 âmes...	E	150 fr.	15e
— au dessous de 15,000 âmes.........	E	75 fr.	15e
Eau de Cologne, de lavande, de fleurs d'oranger, de mélisse, etc. *Voir* Distillateur d'essences.			
Eau-de-vie (Débitant de)...............	A	7e	40e
Eau-de-vie (Fabricant d'). *Voir* Esprits.			

DÉSIGNATION des COMMERCES, INDUSTRIES ET PROFESSIONS.	TABLEAUX.	CLASSES ET AUTRES ÉLÉMENS du droit fixe.	TAUX du DROIT proportionnel.
Eau-de-vie (Marchand d').			
En gros............................	A	1re	15e
En demi-gros......................	A	2e	20e
En détail..........................	A	5e	20e
Eau filtrée ou clarifiée et dépurée (Entrepreneur d'un établissement d').	A	3e	20e
Eau forte, eau de Javelle. *Voir* Produits chimiques.			
Eaux minérales naturelles ou factices (Marchand d').	D	4e	20e
Eaux minérales et thermales (Exploitation d').	C	150 fr.	20e—40e
On ne doit imposer sous cette dénomination que les établissemens montés sur une grande échelle. Quant aux petits établissemens, il convient de les imposer soit comme entrepreneurs de bains (5e classe), soit comme marchands d'eaux minérales (4e classe).			
Eaux parfumées et médicinales. *Voir* Distillateur d'essences.			
Eaux (Pièces pour la conduite des). *Voir* Pompes en bois.			
Ébéniste (Fabricant).			
Pour son compte sans magasin.......	A	6e	20e
A façon...........................	A	7e	40e
Ebéniste (Marchand ayant boutique ou magasin).	A	5e	20e
Écailles d'able ou d'ablette (Marchand d').	A	7e	40e
Échalas (Marchand d').....	A	7e	40e
Échaudeur d'abats, etc. *Voir* Tripier.			
Échelles et râteliers (Fabricant et marchand d').	D	7e	40e
Échoppe (Marchand sous).			
Passible de la moitié des droits que paient les marchands qui vendent les mêmes objets en boutique, à moins qu'il n'ait un étal permanent ou qu'il n'occupe une place fixe dans les halles et marchés. Toutefois, la vente en étalage ou sous échoppe, à une place fixe dans les halles et marchés, n'entraîne pas nécessairement dans			

DÉSIGNATION des COMMERCES, INDUSTRIES ET PROFESSIONS.	TABLEAUX.	CLASSES ET AUTRES ÉLÉMENS du droit fixe.	TAUX du DROIT proportionnel.
tous les cas l'imposition au droit entier, comme la vente en boutique. La disposition est applicable à tout marchand occupant d'une manière permanente un étal loué à l'année, surtout lorsque ses marchandises peuvent demeurer déposées et renfermées la nuit dans le local loué. Mais si la vente n'a pas lieu pendant toute la durée du jour, si les marchandises n'ont qu'une faib'e valeur, si elles sont enlevées après la fermeture des halles et marchés, ces circonstances et d'autres analogues peuvent exceptionnellement autoriser l'assimilation à la vente sous échoppe ou en étalage hors des halles et marchés, la co'isation à la moitié des droits ne paraissant pas s'éloigner, dans ce cas, des intentions du législateur.			
Éclairage (Fabrique de gaz pour l').			
Voir Gaz.			
Éclairage à l'huile (Entrepreneur d')....	B	A Paris, 300 fr..........	15ª
Le droit fixe d'un entrepreneur qui éclaire plusieurs communes doit être établi d'après le chiffre de leur population réunie.		Dans les villes de 50,000 âmes et au-dessus, 150 fr.	15ª
		Dans les villes de 30,000 à 50,000 âmes, 100 fr.	15ª
		Dans les villes de 15,000 à 30,000 âmes, 50 fr.	15ª
		Dans toutes les autres communes, 25 fr.	15ª
Eclairage à l'huile chez des particuliers (Entrepreneur d').	A	5ª	20ª
Celui qui se charge de l'éclairage des boutiques, magasins, vestibules, galeries, escaliers, etc., des maisons particulières.			
Ecorces de bois pour tan (Marchand d').	A	4ª	20ª
Ecorcheur ou équarrisseur d'animaux..	A	7ª	40ª
Ecoreurs (Marchands) qui achètent le poisson aux pêcheurs pour le revendre sur les marchés.			
Sont imposables comme facteurs de denrées et marchandises.			
Ecrans (Fabricant d').			
Pour son compte.....................	A	6ª	20ª
A façon.......................	A	8ª	40ª
Ecrivain public (*Exempt*).			
Editeur de feuilles périodiques (*Exempt*).			
Élastiques pour bretelles, jarretières (Fabricant d').	A	8ª	40ª

DÉSIGNATION des COMMERCES, INDUSTRIES ET PROFESSIONS.	TABLEAUX.	CLASSES ET AUTRES ÉLÉMENS du droit fixe.	TAUX du DROIT proportionnel.
Emailleur.			
Pour son compte.	A	6e	20e
A façon.	A	7e	40e
Emballeur non layetier....................	A	6e	20e
Emballeur pour les vins. *Voir* Vannier-emballeur.			
Embouchoirs (Faisant)................	A	7e	40e
Emeri et rouge à polir (Marchand d')....	A	8e	40e
Emplacement pour dépôt de marchandises (Exploitant un).	D	5e	20e
Celui qui, propriétaire ou locataire d'un emplacement, reçoit des marchandises en dépôt, moyennant rétribution.			

Employé salarié soit par l'État, soit par les départemens ou les communes.
  Exempt, mais seulement en ce qui concerne l'exercice de son emploi.
  Voir Fonctionnaire.			

Encadreur d'estampes...................	D	8e	40e
Encaustique (Marchand fabricant d'). *Voir* Cirage.			
Enclumes, essieux et gros étaux (Manufacture d').	C	25 fr. par feu, jusqu'au maximum de 150 fr.	20e—40e
Encre à écrire (Fabricant et marchand d').			
En gros..........................	A	3e	20e
En détail..........................	A	6e	20e
Encre d'impression (Fabricant d').......	F	15 fr., plus 3 fr. par ouvrier, jusqu'au maximum de 200 fr.	20e—25e
Encriers perfectionnés (Syphoïde, pompe, inoxydables) (Fabricant ou marchand d').	D	4e	20e
Enduit contre l'oxydation (Applicateur d').	A	6e	20e
Engrais (Marchand d')..................	C	25 fr.	20e—25e
Enjoliveur (Fabricant).			
Pour son compte..................	A	7e	40e
A façon..........................	A	8e	40e
Enjoliveur (Marchand).................	A	6e	20e
Enlumineur ou coloriste...............	D	8e	40e

DÉSIGNATION des COMMERCES, INDUSTRIES ET PROFESSIONS.	TABLEAUX.	CLASSES ET AUTRES ÉLÉMENS du droit fixe.	TAUX du DROIT proportionnel.
Entrepôt (Concessionnaire exploitant ou fermier des droits d'emmagasinage dans un).	A	2e	20e sur la maison d'habitation seulement.
Entrepreneur de chemins vicinaux. Imposable au même droit que l'entrepreneur de l'entretien des chemins vicinaux. *Voir* Chemins vicinaux.			
Entreprise du balayage, de l'arrosage, de l'enlèvement des boues. *Voir* Arrosage, Balayage, Boues.			
Eperonnier.			
Pour son compte. ...	A	8e	20e
A façon.	A	7e	40e
Epiceries (Marchand d').			
En gros.	A	1re	15e
En demi-gros.	A	2e	20e
En détail...	A	8e	20e
Epicier-regrattier..	A	7e	40e
Celui qui ne vend qu'au petit poids et à la petite mesure quelques articles d'épiceries, et qui joint à ce commerce la vente de quelques autres objets, comme poterie de terre, charbon en détail, bois à la falourde, etc.			
Epileur.	D	8e	40e
Epingles (Fabricant d'), par les procédés ordinaires.	A	6e	20e
Epingles (Manufacture d'), par procédés mécaniques.	F	15 fr., plus 3 fr. par ouvrier, jusqu'au maximum de 300 fr.	20e—40e
Epingles (Marchand d').			
En gros.	D	1re	15e
En demi-gros.	D	2e	20e
Epinglier-grillageur.	A	7a	40e
Celui qui fait toute espèce de grillages en fil de fer ou de laiton.			
Eponges (Marchand d').			
En gros.	A	3e	20e
En détail.	A	8e	20e

DÉSIGNATION des COMMERCES, INDUSTRIES ET PROFESSIONS.	TABLEAUX.	CLASSES ET AUTRES ÉLÉMENS du droit fixe.	TAUX du DROIT proportionnel
Epurateur d'huiles. *Voir* Huiles (Marchand d').			
Equarrisseur d'animaux................	A	7e	40e
Equarrisseur de bois................	A	7e	40e
Equerres (Fabricant d'). *Voir* Mesures linéaires.			
Equipage (Maître d')................	A	5e	20e
Celui qui, au moyen de chevaux, se charge du halage des bateaux sur les fleuves, rivières, etc.			
Equipemens militaires (Marchand d'objets d').	A	3e	20e
Equipeur-monteur................	A	7e	40e
Celui qui ajuste et monte, pour le compte des armuriers, les différentes pièces des armes à feu.			
Escompteur.	A	1re	15e
Celui qui fait l'escompte sur la place où il réside. Il n'y a pas lieu d'imposer comme escompteur le propriétaire ou le capitaliste qui place ses propres fonds et reçoit des obligations directement souscrites à son nom : mais tout prêteur qui donne son argent en échange d'un papier déjà créé et moyennant endossement, fait acte d'escompteur et est passible, en cette qualité, des droits de patente.			
Esprit ou eau-de-vie de vin (Fabrique d').	F	50 fr.	20e—25e
Esprit ou eau-de-vie de marc de raisin, cidre, poiré, fécules et autres substances analogues.	F	25 fr.	20e—25e
Le droit fixe est réduit de moitié pour les fabricans qui fabriquent moins de 100 hectolitres. Les contrôleurs doivent recueillir auprès des préposés des contributions indirectes les renseignemens concernant les fabriques d'esprits ou eaux-de-vie qui fabriquent moins de 100 hectolitres, et en faveur desquelles le droit fixe est réduit de moitié. Sont exempts de la patente de fabricant d'esprits ou eaux-de-vie les propriétaires ou cultivateurs là où l'on est dans l'usage de convertir les vins en eaux-de-vie pour les livrer au commerce, si d'ailleurs ces propriétaires ou cultivateurs ne transforment que les vins provenant des terrains qui leur appartiennent ou par eux exploités ; mais on doit imposer ceux qui transforment en eaux-de-vie des vins autres que ceux provenant de leurs récoltes, en les taxant comme fabricans, si la			

DÉSIGNATION des COMMERCES, INDUSTRIES ET PROFESSIONS.	TABLEAUX.	CLASSES ET AUTRES ÉLÉMENS du droit fixe.	TAUX du DROIT proportionnel.
transformation se fait pour leur compte, et comme brûleurs ou bouilleurs, si la transformation se fait pour le compte d'autrui. On impose et on maintient à la patente l'individu qui ne fait aucune vente et qui se borne à conserver en magasin les eaux-de-vie provenant de ses opérations antérieures.			
Essayeur de soie......................	A	6e	20e
Celui qui, à l'aide d'un dévidoir mécanique, calcule le nombre de mètres d'étoffe qu'un kilogramme de soie est susceptible de rendre.			
Essayeur pour le commerce...........	A	3e	20e
Celui qui essaie les matières d'or et d'argent pour en constater le titre.			
Essence d'Orient (Fabricant d').........	A	7e	40e
Celui qui, avec des écailles d'able, fait la matière qui sert à colorer les fausses perles.			
Essieux. Voir Enclumes.			
Estaminet (Maître d')...................	A	4e	20e
Estampes et gravures (Marchand d')....	A	6e	20e
Estampeur en or et en argent..........	A	4e	20e
Estampeur ou repousseur en métaux autres que l'or et l'argent.	D	7e	40e
Etain (Fabricant de feuilles d')..........	A	5e	20e
Etain pour glaces (Fabrique d').........	F	15 fr., plus 3 fr. par ouvrier, jusqu'au maximum de 300 fr.	20e—25e
Etalage (Marchand en). Voir Echoppe et Ambulance.			
Etalons (Propriétaire d'). Le propriétaire d'étalons exclusivement destinés à saillir les jumens des cultivateurs est exempt en vertu de l'article 13 de la loi du 25 avril 1844.			
Etameur ambulant d'ustensiles de cuisine.	A	8e	40e
Etameur de glaces....................	A	6e	20e
Étaux (Gros). Voir Enclumes.			
Etoffes (Crêpeur d')....................	D	7e	40e
Celui qui, après le tissage, crêpe les étoffes pour en faire sortir le duvet.			

DÉSIGNATION des COMMERCES, INDUSTRIES ET PROFESSIONS.	TABLEAUX.	CLASSES ET AUTRES ÉLÉMENS du droit fixe.	TAUX du DROIT proportionnel.
Étoffes (Vieilles). *Voir* Déchireur.			
Etoupes (Marchand d')...................	A	8e	40e
Etranger. Imposable comme les nationaux. L'associé d'une maison dont le siége est en France doit, lorsqu'il réside à l'étranger, être cotisé au siége de la maison.			
Etriers (Fabricant d').			
Pour son compte.....................	A	5e	20e
A façon.............................	A	7e	40e
Etrilles (Fabricant d').			
Pour son compte.....................	A	5e	20e
A façon.............................	A	7e	40e
Etuis et sacs de papier (Fabricant d')...	D	8e	40e
Eventailliste (Fabricant).			
Pour son compte.....................	A	7e	40e
A façon.	A	8e	40e
Eventailliste (Marchand fabricant), ayant boutique ou magasin.	A	6e	20e
Expert pour le partage et l'estimation des propriétés.	A	7e	40e
Extraction de minerai de fer. *Voir* Miniéres non concessibles.			
F.			
Fabrication dans les dépôts de mendicité (Entrepreneur de).	C	Pour un atelier de 25 détenus et au-dessous, 12 fr. 50 c., et par chaque détenu en sus, 25 c., jusqu'au maximum de 250 fr.	15e sur la maison d'habitation seulement.
Fabrication dans les prisons (Entrepreneur de). Les entrepreneurs de fabrication ou fabricans qui sous-traitent avec le fournisseur général ne sont pas couverts par la patente de ce dernier : chacun doit avoir la sienne.	C	Pour un atelier de 25 détenus et au dessous, 25 fr., et par chaque détenu en sus, 50 c., jusqu'au maximum de 500 fr.	15e sur la maison d'habitation seulement.

DÉSIGNATION des COMMERCES, INDUSTRIES ET PROFESSIONS.	TABLEAUX.	CLASSES ET AUTRES ÉLÉMENS du droit fixe.	TAUX du DROIT proportionnel.
Fabrique à métiers. *Voir* Métiers.			
Facteur aux halles de Paris.			
— Pour les farines, le beurre, les œufs, le fromage et le poisson salé.	B	150 fr.	15e
— Pour les grains, graines, grenailles, la marée, les huîtres et les cuirs.	B	100 fr.	15e
— Pour le poisson d'eau douce, la volaille, le gibier, les agneaux, cochons de lait, veaux de rivière, et de pré salé, les veaux, les charbons de bois arrivés par eau, les draps, les toiles, les fourrages.	B	75 fr.	15e
— Pour le charbon de bois arrivé par terre ou le charbon de terre.	B	50 fr.	15e
— Pour les fruits et légumes.........	B	25 fr.	15e
Facteur de denrées et marchandises, partout ailleurs qu'à Paris.	A	4e	20e
Celui qui, n'ayant ni entrepôt ni magasin, achète ou vend, pour le compte des commissionnaires en marchandises, des fabricans et marchands, différentes denrées ou produits, tels que vins, huiles, laines, chanvre, etc.			
Facteur de dentelles. *Voir* Dentelles.			
Facteur de fabrique...................	A	6e	20e
Celui qui, avec les matières premières fournies par les fabricans, se charge de faire confectionner les étoffes et en garantit la bonne confection.			
Cet article s'applique non-seulement aux individus qui se chargent de faire confectionner des tissus, mais encore à ceux qui font confectionner, pour le compte des marchands ou fabricans, tout autre genre de marchandises, comme tabletterie, etc.			
Fagots et bourrées (Marchand de).			
Vendant par voiture................	A	6e	20e
Vendant au fagot, en détail.........	A	8e	40e
Faïence (Manufacture de).............	C	25 fr. par four, jusqu'au maximum de 150 fr.	20e—40e
Faïence (Marchand de).			
En gros.................................	D	1re	15e
En détail.............................	A	6e	20e
La réduction de moitié, accordée par la loi			

DÉSIGNATION des COMMERCES, INDUSTRIES ET PROFESSIONS.	TABLEAUX.	CLASSES ET AUTRES ÉLÉMENS du droit fixe.	TAUX du DROIT proportionnel.
aux marchands forains de poterie, est applicable à ceux qui transportent de la poterie commune.			
Faillites.			
Voir Mandataire salarié.			
Faînes (Marchand de).....................	A	8e	40e
Falourdes (Débitant de).................	A	8e	40e
Fanons (Apprêteur de)..................	A	7e	40e
Fanons ou barbes de baleine (Marchand de).			
En gros...........................	A	1re	15e
En demi-gros......................	A	2e	20e
Farines (Commissionnaire en). *Voir* Grains.			
Farines (Marchand de).			
En gros...........................	A	4e	20e
En détail..........................	A	6e	20e
Faux et faucilles (Fabrique de).	F	15 fr., plus 3 fr. par ouvrier, jusqu'au maximum de 300 fr.	20e—40e
Fécules (Fabrique de sirop de). *Voir* Sirop.			
Fécules (Marchand de).			
En gros...........................	D	4e	20e
En détail..........................	D	6e	20e
Fécules de pommes de terre (Fabrique de).	F	15 fr., plus 3 fr. par ouvrier, jusqu'au maximum de 200 fr.	20e—25e
Fendeur de brins de baleine ou de jonc.	D	7e	40e
Fendeur en bois.	D	7e	40e
Fer battu ou étamé. *Voir* Ustensiles en — et Couverts et autres objets en —.			
Fer en barre (Marchand de).			
En gros (vendant habituellement par parties d'au moins 500 kilogr.).	A	1re	15e
En détail (vendant habituellement par quantité inférieure à 500 kilogr.).	A	4e	20e

DÉSIGNATION des COMMERCES, INDUSTRIES ET PROFESSIONS.	TABLEAUX.	CLASSES ET AUTRES ÉLÉMENS du droit fixe.	TAUX du DROIT proportionnel.
Fer en meubles (Marchand de)..........	A	3e	20e
Celui qui vend des objets de literie, tels que matelas, plume, duvet, etc.			
Fer vieux (Marchand de), en gros.	D	4e	20e
Fer-Blanc (Fabrique de)...............	F	50 fr., plus 3 fr. par ouvrier, jusqu'au maximum de 400 fr.	20e—40e
Ferblantier.....:....................	A	6e	20e
Ferblantier en chambre................	A	7e	40e
Ferblantier-lampiste..	A	5e	20e
Ferrailleur...........................	A	7e	40e
Celui qui vend de vieux objets en fer.			
Ferreur de lacets.	D	8a	40a
Ferronnerie, serrurerie, clous forgés (Fabrique de).	F	5 fr., plus 3 fr. par ouvrier, jusqu'au maximum de 300 fr.	20e—40a
Ferronnier (Marchand d'ouvrages en fer et en fonte).	A	5e	20e
Feuilles de blé de Turquie (Marchand de).	A	8e	40e
Feuilles de cuivre imitant l'or battu (Marchand de).	D	6e	20e
Feuilles d'étain (Fabricant de). _Voir_ Etain.			
Feutre (Fabricant et marchand de) pour la papeterie, le doublage des navires, plateaux vernis, etc.	A	6e	20e
Fiacres (Loueur de).			
A plusieurs voitures..................	A	5e	20e
A une seule voiture....:..............	A	7a	40e
Imposable dans la ville où il exerce son industrie, quoique ayant son domicile, ses écuries, remises et ateliers dans une autre commune.			
Figures en cire (Mouleur de), à façon...	A	8e	40a
Figures en cire (Tenant un cabinet de). _Voir_ Cabinet.			
Figures en plâtre ou en terre (Mouleur ou marchand de). _Voir_ Bustes, etc.			

DÉSIGNATION des COMMERCES, INDUSTRIES ET PROFESSIONS.	TABLEAUX.	CLASSES ET AUTRES ÉLÉMENS du droit fixe.	TAUX du DROIT proportionnel.
Fil de chanvre ou de lin (Marchand de), en détail.	A	4e	20e
Fil de coton, chanvre, lin (Retordeur de).	F	Au moyen de moulins, 5 fr. pour chaque moulin, jusqu'au maximum de 400 fr.	20e—50e
		Au moyen de broches, pour 500 broches et au-dessous, 10 fr., plus 1 fr. 50 c. par chaque centaine de broches en sus, jusqu'au maximum de 400 fr.	20e—50e
Filagraniste ou filigraniste. . . . . Celui qui fabrique des ouvrages d'orfévrerie à jour.	A	6e	20e
Filasse de nerfs (Fabricant de).			
Pour son compte.	A	6e	20e
A façon.	A	8e	40e
Filature de coton ou de déchets de bourre de soie.	C et F	Au-dessous de 500 broches, 10 fr., non compris les métiers préparatoires.	20e—50e
		Plus 1 fr. 50 c. pour chaque centaine de broches au-dessus de 500, jusqu'au maximum de 400 fr.	
		Il faut que le nombre 100 soit complet pour ajouter 1 fr. 50 c. au premier droit de 10 fr.	
Filature de laine, de chanvre ou de lin..	C	Au dessous de 500 broches, non compris les métiers préparatoires, 15 fr.	20e—50e
		Plus 3 fr. par chaque centaine de broches au-dessus de 500, jusqu'au maximum de 400 fr.	
		Il faut que le nombre 100 soit complet pour ajouter 3 fr. au premier droit de 15 fr.	
Filets pour la pêche, la chasse, etc. (Fabricant de).	A	6e	20e
Fileur (Entrepreneur). . . . . Celui qui fait filer au fuseau ou au rouet du chanvre, du lin, de la laine ou de la bourre de soie.	A	6e	20e

DESIGNATION des COMMERCES, INDUSTRIES ET PROFESSIONS.	TABLEAUX.	CLASSES ET AUTRES ÉLÉMENS du droit fixe.	TAUX du DROIT proportionnel.
Filigraniste. *Voir* Filagraniste.			
Filoselle (Marchand de). *Voir* Fleurets et filoselle.			
Filotier.............................	A	6e	20e
Celui qui achète dans les marchés du fil propre au tissage des toiles et le vend aux fabricans par paquets assortis.			
Finisseur en horlogerie.................	A	7e	40e
Fleurets et filoselle (Marchand de).			
En gros..........................	A	1re	15e
En demi-gros......................	A	2e	20e
En détail.........................	A	4e	20e
Fleuriste travaillant pour le compte des marchands.	A	7e	40e
Fleurs artificielles (Fabricant et marchand de).	A	5e	20e
Fleurs artificielles (Marchand d'apprêts et papiers pour).	A	6e	20e
Fleurs d'oranger (Marchand de)........	A	6e	20e
Flottage (Entrepreneur de)..............	C	25 fr.	15e sur la maison d'habitation seulement.
Fonctionnaire public.			
Exempt, mais seulement en ce qui concerne l'exercice de ses fonctions. On doit soumettre à la patente : Le maître de poste qui se fait entrepreneur de diligences ou de relais; Le débitant de tabac qui vend des articles de mercerie, quincaillerie, épicerie, etc.; L'employé d'une administration qui est en même temps libraire, papetier, arpenteur, etc.; Le militaire en congé illimité qui exerce une profession imposable.			
Fonderie de cuivre (Entrepreneur de).			
Ayant plusieurs laminoirs...........	C	300 fr.	20e—40e
Ayant un laminoir et plusieurs martinets.	C	200 fr.	20e—40e
Se bornant à convertir le cuivre rouge en cuivre jaune.	C	100 fr.	20e—40e

DÉSIGNATION des COMMERCES, INDUSTRIES ET PROFESSIONS.	TABLEAUX.	CLASSES ET AUTRES ÉLÉMENS du droit fixe.	TAUX du DROIT proportionnel.
Fonderie de cuivre et bronze (Entrepreneur de).			
Fondant des objets de grande dimension, tels que cylindres ou rouleaux d'impression pour les manufactures, grandes pièces de mécaniques, etc.	C	200 fr.	20e—40e
Ne fondant que des objets d'art ou d'ornementation ou des pièces de mécanique de petite dimension.	C	100 fr.	20e—40e
Ne fondant que des objets d'un usage commun et de petite dimension, comme robinets, clochettes, anneaux, etc.	C	50 fr.	20e—40e
Fonderie en fer de seconde fusion (Entrepreneur de).			
Fabricant des objets de grande dimension, tels que cylindres, grilles, colonnes, pilastres, bornes et grandes pièces de mécanique, etc.	C	200 fr.	20e—40e
Ne fabriquant que des objets de petite dimension pour l'ornementation ou de petites pièces de mécanique.	C	100 fr.	20e—40e
Fondeur d'étain, de plomb ou fonte de chasse.	A	6e	20e
Fondeur en fer, en bronze ou en cuivre avec des creusets ordinaires.	A	5e	20e
Fondeur d'or et d'argent.	A	3e	20e
Fontaines à filtrer (Fabricant et marchand de).	A	6e	20e
Fontaines en grès à sable (Marchand de).	A	7e	40e
Fontaines publiques (Fermier de)....... Celui qui est adjudicataire des droits à percevoir pour la distribution des eaux.	A	6e	20e sur l'habitation seulement.
Fontainier sondeur et foreur de puits artésiens.	C	50 fr.	20e—25e
Fonte ouvragée (Marchand de)..........	A	4e	20e
Forces (Fabricant de).			
Pour son compte..	A	5e	20e
A façon.	A	7e	40e
Forets (Fabricant de)..................	A	7e	40e
Foreur de pièces de bois pour la conduite des eaux. *Voir* Pompes de bois.			

DÉSIGNATION des COMMERCES, INDUSTRIES ET PROFESSIONS.	TABLEAUX.	CLASSES ET AUTRES ÉLÉMENS du droit fixe.	TAUX du DROIT proportionnel.
Foreur de puits artésiens. *Voir* Fontainier.			
Forgeron............................	D	6e	20e
Celui qui fait ou répare les instrumens et outils aratoires.			
Forgeron de petites pièces (canons, platines, etc.).			
Pour son compte.....................	A	5e	20e
A façon............................	D	7e	40e
Forges et hauts fourneaux (Maîtres de).	F	Par haut fourneau au coke, 200 fr. Par haut fourneau au bois, 100 fr. Par chaufferie, feu, four ou fourneau de seconde fusion de toute usine à fer, 25 fr., jusqu'au maximum de 500 fr.	20e—40e
Dans un établissement renfermant en une seule ou en plusieurs parties deux hauts fourneaux au bois, un fourneau de seconde fusion, deux feux d'affinerie et deux marteaux, quatre fours à pudler, avec un équipage de laminoirs remplaçant l'action des marteaux, deux chaufferies et deux martinets, le contrôleur inscrit simplement : Hauts fourneaux au bois........ 2 Chaufferies .... 2) Feux...................... 2 } 9 Fours...................... 4 (Fourneaux de seconde fusion.. 1)			
Formaire pour la fabrication du papier. Celui qui fait des formes en fil de fer ou de laiton pour la fabrication du papier.			
Pour son compte.	A	6e	20e
A façon.	A	8e	40e
Formes à sucre (Fabrique de)..........	F	15 fr., plus 3 fr. par ouvrier, jusqu'au maximum de 100 fr.	20e—25e
Formier............................	A	7e	40e
Celui qui fait des formes pour les bottiers, cordonniers, chapeliers, etc.			
Fosses mobiles inodores (Entrepreneur de).	A	4e	20e
Fouets, cravaches (Fabricant ou marchand de).			
Pour son compte.....................	A	7e	40e
A façon.	A	8e	40e
Fouleur de bas et autres articles de bonneterie.	A	6e	20e
Fouleur de feutre pour les chapeliers...	A	6e	20e

DÉSIGNATION des COMMERCES, INDUSTRIES ET PROFESSIONS.	TABLEAUX.	CLASSES ET AUTRES ÉLÉMENS du droit fixe.	TAUX du DROIT proportionnel.
Foulonnier............................	F	3 fr. par pot à fouler ou à laver, jusqu'au maximum de 150 fr.	20e—40e
Foulonnier à la mécanique............ .	F	10 fr. par machine à fouler ou à laver, jusqu'au maximum de 150 fr.	20e—40e
Fourbisseur (Marchand)...............	A	6e	20e
Fournaliste............................	A	6e	20e
Celui qui fait des fourneaux pour les affi-neurs de métaux.			
Fourneaux (Hauts). Voir Forges.			
Fourneaux potagers (Fabricant et mar-chand de).	A	6e	20e
Fournier ou cuiseur...................	D	7e	40e
Celui qui fait cuire le pain, la viande et autres alimens pour les particuliers.			
Fournisseur de bois et de lumière aux troupes dans les garnisons.	C	25 fr.	15e
Fournisseur de fourrages aux troupes dans les garnisons.	C	100 fr.	15e
Fournisseur de vivres et fourrages dans un gîte d'étape.	C	25 fr.	15e
Fournisseur général.			
D'objets concernant l'habillement, l'ar-mement, la remonte, le harnache-ment et l'équipement des troupes.	C	1,000 fr.	15e
Des subsistances aux armées..........	C	1,000 fr.	15e
De bois et de lumière aux troupes.....	C	1,000 fr.	15e
Fournisseur des objets ci-dessus par division militaire.	C	150 fr.	15e
Fournisseur d'un arrondissement mari-time. Imposable comme fournisseur général.			
Fournisseur général dans les prisons et dépôts de mendicité à forfait et par tête de détenu.	C	Pour une population de 300 détenus et au-des-sous, 150 fr. Plus, 25 fr. par chaque centaine de détenus en sus, jusqu'au maximum de 500 fr.	15e sur la maison d'habitation seulement.
Cet article n'est applicable qu'à l'entre-preneur qui se charge de la fourniture de tous les objets nécessaires aux pauvres ou aux détenus. Le marchand qui ne fournit qu'un de ces objets est passible des mêmes droits que ceux qui en font la vente aux particuliers.			

DÉSIGNATION des COMMERCES, INDUSTRIES ET PROFESSIONS.	TABLEAUX.	CLASSES ET AUTRES ÉLÉMENS du droit fixe.	TAUX du DROIT proportionnel.
Fournisseurs des hospices civils et militaires. Doivent être imposés comme les fournisseurs dans les prisons et dépôts de mendicité ; mais il n'y a pas lieu d'imposer comme fournisseur le marchand qui ne fournit que les objets de son commerce habituel.			
Fourrages (Marchand de).			
Par bateaux, charrettes ou voitures..	A	5e	20e
A la botte ou en petite partie au poids.	A	6e	20e
Fourreaux pour sabres, épées, baïonnettes (Fabricant de).			
Pour son compte....................	A	7e	40e
A façon...........................	A	8e	40e
Fourreur............................	A	4e	20e
Fourrures (Marchand de). *Voir* Pelleterie et fourrures.			
Frangier (Fabricant).			
Pour son compte....................	A	7e	40e
A façon...........................	A	8e	40e
Frangier (Marchand)...................	A	5e	20e
Frappeur de gaze....................	A	8e	40e
Celui qui donne l'apprêt à la gaze et y fait des dessins au moyen d'un emporte-pièce.			
Fretin (Marchand de)..................	A	7e	40e
Fripier...........................	A	6a	20e
Friseur de draps et autres étoffes de laine.	A	7e	40e
Friteur ou friturier en boutique.........	A	7e	40e
Fromages de pâte grasse (Marchand de).			
En gros...........................	A	4e	20e
En détail..........................	A	6e	20e
Fromages de Roquefort et autres fromages secs (Fabrique de).	F	50 fr.	20e—25e

DÉSIGNATION des COMMERCES, INDUSTRIES ET PROFESSIONS.	TABLEAUX.	CLASSES ET AUTRES ÉLÉMENS du droit fixe.	TAUX du DROIT proportionnel.
Fromages secs (Marchand de).			
En gros............................	A	1re	15e
En demi-gros......................	A	4e	20e
En détail.........................	A	6e	20e
Fruitier...........................	A	7e	40e
Fruitier-oranger..................	A	6e	20e
Celui qui, à la vente habituelle des légumes, joint celle des oranges, des citrons et surtout des primeurs.			
Fruits secs (Marchand de).			
En gros...........................	A	1re	15e
En demi-gros......................	A	3e	20e
En détail.........................	A	6e	20e
Fruits secs pour boisson (Marchand de).	A	6e	20e
Fruits sur bateau (Marchand de).......	C	50 fr.	15e sur l'habitation seulement.
Fumiste...........................	A	6e	20e
Fuseaux (Fabricant de).............	A	8e	40e

G.

DÉSIGNATION	TABLEAUX.	CLASSES	TAUX
Gabare (Maître de) ou gabarier........	A	7e	40e
Celui qui transporte les marchandises du port au navire et du navire au port.			
Gainier (Fabricant).			
Pour son compte....................	A	7e	40e
A façon..........................	A	8e	40e
Galette, gaufres, brioches et gâteaux (Marchand de), en boutique.	A	7e	40e
Galoches (Faiseur de bois de).			
Voir Bois de galoches.			
Galochier.........................	A	7e	40e

DÉSIGNATION des COMMERCES, INDUSTRIES ET PROFESSIONS.	TABLEAUX.	CLASSES ET AUTRES ÉLÉMENS du droit fixe.	TAUX du DROIT proportionnel.
Galonnier (Fabricant).			
Pour son compte......................	A	7e	40e
A façon...............................	A	8e	40e
Galonnier (Marchand)...................	A	5e	20e
Galvanisation du fer (Exploitant une usine pour la).	F	50 fr. par chaque four de fusion, jusqu'au maximum de 300 fr.	20e—40e
Ganses en fil, soie, laine, coton (Fabricant de). *Voir* Cordons.			
Gantier (Marchand-fabricant), en gros.. Celui qui fabrique et vend aux marchands.	A	3e	20e
Gantier (Marchand en détail).........	A	5e	20e
Gants (Entrepreneur de la couture des). Celui qui se charge de faire coudre les gants qui lui sont remis tout taillés par les marchands fabricans, et en assure la bonne confection, est un facteur de fabrique qui doit être imposé sous la dénomination de facteur de fabrique de gants.			
Gants et autres ouvrages à mailles (Fabricant de).	D	7e	40e
Garance (Marchand de). *Voir* Teinture.			
Garance (Sécheur de). *Voir* Sécheur.			
Garance (Tritureur de). *Voir* Moulin.			
Garancine (Fabrique de). *Voir* Produits chimiques.			
Garde du commerce....................	A	4e	20e
Garde-malade (*Exempt*).			
Garde - robes inodores (Fabricant et marchand de).	A	6e	20e
Gare (Entrepreneur de)................	C	100 fr.	15e sur l'habitation seulement.
Gargotier............................. Celui qui donne à manger à très bas prix.	A	7e	40e
Garnisseur d'étuis pour instrumens de musique.	A	8e	40e

DÉSIGNATION des COMMERCES, INDUSTRIES ET PROFESSIONS.	TABLEAUX.	CLASSES ET AUTRES ÉLÉMENS du droit fixe.	TAUX du DROIT proportionnel.
Garnitures de parapluies et cannes, telles que bouts, anneaux, crosses, manches (Fabricant de).	A	8e	40e
Gâteaux (Marchand de), en boutique.....	A	7e	40e
Gaude (Marchand de). *Voir* Teinture.			
Gaufres (Marchand de) en boutique....	A	7e	40e
Gaufreur d'étoffes, de rubans , etc.....	A	7e	40e
Gaules et perches (Marchand de)......	A	7e	40e
Gaz pour l'éclairage (Fabricant d'appareils). *Voir* Appareils.			
Gaz pour l'éclairage (Fabrique de).			
Fournissant l'éclairage de tout ou partie de la ville de Paris.	B	600 fr.	15e—40e
Fournissant l'éclairage des villes de 50,000 âmes et au-dessus.	B	400 fr.	15e—40e
Fournissant l'éclairage des villes de 30,000 à 50,000 âmes.	B	200 fr.	15e—40e
Fournissant l'éclairage des villes de 15,000 à 30,000 âmes.	B	150 fr.	15e—40e
Fournissant l'éclairage des villes au-dessous de 15,000 âmes.	B	75 fr.	15e—40e
Les tuyaux de conduite ne doivent pas entrer dans la valeur locative.			
Gaze (Frappeur de). *Voir* Frappeur.			
Gazes (Marchand de). *Voir* Tissus.			
Gélatine (Fabrique de).................	F	15 fr., plus 3 fr. par ouvrier, jusqu'au maximum de 200 fr.	20e—25e
Genièvre (Fabricant d'extrait de). *Voir* Esprit ou eau-de-vie.			
Genièvre (Marchand de baies de). *Voir* Baies de genièvre.			
Géorama (Directeur de)...............	A	2e	20e sur la maison d'habitation seulement.

DÉSIGNATION des COMMERCES, INDUSTRIES ET PROFESSIONS.	TABLEAUX.	CLASSES ET AUTRES ÉLÉMENS du droit fixe.	TAUX du DROIT proportionnel.
Gibernes (Fabricant de).			
Pour son compte	A	6e	20e
A façon.............................	A	8e	40e
Gibier (Marchand de)..................	A	6e	20e
Glace (Eau congelée) (Marchand de).....	A	6e	20e
Glaces (Etameur de).			
Voir Etameur de glaces.			
Glaces (Manufacture de)...............	C	400 fr.	20e—40e
Glaces (Marchand de) (Miroitier).......	A	5e	20e
Glacier..............................	A	5e	20e
Celui qui fait sur commande des glaces et sorbets, qu'il envoie au domicile des consommateurs.			
Glacier-limonadier......................	A	3e	20e
Glacières (Maître de).................	C	50 fr.	20e—25e
Glaisière (Carrière de terre glaise) (Exploitant une).			
Voir Carrières.			
Globes terrestres et célestes (Fabricant et marchand de).	A	6e	20e
Glucose (Fabrique de)................	F	15 fr., plus 3 fr. par ouvrier, jusqu'au maximum de 200 fr.	20e—25e
Gobeleterie (Manufacture de)..........	C	50 fr. par four de fusion, jusqu'au maximum de 300 fr.	20e—40e
Gobeleterie (Marchand de).			
Voir Verroterie et gobeleterie.			
Gommeur d'étoffes......................	A	6e	20e
Goudron (Fabrique de)................	C	25 fr.	20e—25e
Gourmet-piqueur de vins..............	A	6e	20e
Graine de moutarde blanche (Marchand de)	A	6e	20e
Graines fourragères, oléagineuses et autres (Marchand de).			
En gros , vendant habituellement par quantités équivalentes à 10 hectolitres et au-dessus.	D	1re	15e
En demi-gros, vendant habituellement par sacs ou balles.	D	4e	20e
En détail............................	A	7e	40e

DÉSIGNATION des COMMERCES, INDUSTRIES ET PROFESSIONS.	TABLEAUX.	CLASSES ET AUTRES ÉLÉMENS du droit fixe.	TAUX du DROIT proportionnel.
Grainetier-fleuriste.			
Expéditeur......................	A	4e	20e
En détail......................	A	6e	20e
Grainier ou Grainetier..................	A	7e	40c
Celui qui vend à la petite mesure ou au poids toute espèce de légumes secs.			
Grains (Marchand de).			
En gros.............	A	4e	20e
En détail......................	A	6e	20e
Grains et farines (Commissionnaire en)..	D	4e	20e
Gratteur de toiles de coton.			
Voir Peigneur.			
Gravatier..	A	7e	40e
Celui qui entreprend l'enlèvement des gravats après les démolitions.			
Graveur, artiste ne vendant que le produit de son art (*Exempt*).			
Graveur de musique....................	A	8e	40e
Graveur en caractères d'imprimerie.....	A	7e	40c
Graveur sur bois.....................	A	8e	40e
Graveur sur cylindres..................	A	4e	20e
Graveur sur métaux.			
Fabricant les timbres secs et gravant sur bijoux.	A	6e	20e
Se bornant à graver des cachets ou des planches pour factures et autres objets dits *de ville*.	A	7e	40e
Gravures (Marchand de)................	A	6e	20e
Greffier.............................	G	»	15e
Grès (Fabricant de poterie en).			
Voir Poterie.			
Grès (Marchand de).			
Voir Pavés.			
Grillageur.			
Voir Epinglier.			

DÉSIGNATION des COMMERCES, INDUSTRIES ET PROFESSIONS.	TABLEAUX.	CLASSES ET AUTRES ÉLÉMENS du droit fixe.	TAUX du DROIT proportionnel.
Grue (Maître de)........................	A	6e	20e
Grueur...............................	A	7e	40e
Celui qui convertit en gruau de l'avoine, de l'orge ou du froment.			
Guêtrier..............................	A	7e	40e
Guillocheur...........................	A	7e	40e
Guimpier.............................	A	7e	40e
Celui qui prépare le fil dont on se sert pour faire des galons, des épaulettes, etc.			
Gypse réduit en poudre pour l'amendement des terres (Fabricant ou Marchand de). _Voir_ Plâtre.			
H.			
Habits vieux (Marchand d'). _Voir_ Brocanteur d'habits.			
Halage (Loueur de bêtes de trait pour le).	D	7e	40e
Cet article est applicable au loueur de bœufs aussi bien qu'au loueur de chevaux pour le halage.			
Halles, marchés et places publiques (Fermier ou adjudicataire des droits de place sur les).			
Pour un prix de ferme de 10,000 fr. et au-dessus.	D	3e	20e
De 5,000 à 10,000 francs.............	D	4e	20e
Au-dessous de 5,000 francs...........	D	5e	20e Sur la maison d'habitation seulement.
Hameçons (Fabricant d').............	A	7e	40e
Harmonicas (Facteur d')...............	A	8e	40e
Harnais à l'usage des ouvriers tisseurs. _Voir_ Outils.			
Harpes (Facteur et marchand de).			
Ayant boutique ou magasin...........	A	3e	20e
N'ayant ni boutique ni magasin......	A	6e	20e

DÉSIGNATION des COMMERCES, INDUSTRIES ET PROFESSIONS.	TABLEAUX.	CLASSES ET AUTRES ÉLÉMENS du droit fixe.	TAUX du DROIT proportionnel.
Harts pour lier les trains de bois (Marchand de). *Voir* Rouettes.			
Haut fourneau (Entrepreneur de). *Voir* Forges.			
Herbager. *Voir* Cultivateur.			
Herboriste.			
Expéditeur..........................	A	4e	20e
Droguiste...........................	A	6e	20e
Ne vendant que des plantes médicinales, fraîches ou sèches.	A	7e	40e
Histoire naturelle (Marchand d'objets d').	A	6e	20e
Histoire naturelle (Tenant un cabinet d'). *Voir* Cabinet.			
Hongreur............................	A	7e	40e
Celui qui châtre les chevaux et autres animaux.			
Hongroyeur ou hongrieur..............	A	4e	20e
Celui qui prépare les cuirs à la manière de Hongrie.			
Horloger............................	A	3e	20e
Horloger-Repasseur..................	A	7e	40e
Horloger-Rhabilleur.			
Marchand...........................	A	6e	20e
Non marchand.......................	A	7e	40e
On impose à la 3e classe l'horloger qui vend des montres, pendules et horloges neuves ; et à la 6e celui qui ne vend que des montres, pendules et horloges d'occasion.			
Horlogerie (Fabricant de pièces d').			
Pour son compte....................	A	6e	20e
A façon............................	A	7e	40e
Horlogerie (Fabrique d'), par procédés mécaniques.	F	10 fr., plus 5 fr. par ouvrier, jusqu'au maximum de 300 fr.	20e—40e
Horlogerie (Marchand de pièces d') en gros.	A	1re	15e
Horlogerie (Marchand de fournitures d').	A	4e	20e

DÉSIGNATION des COMMERCES, INDUSTRIES ET PROFESSIONS.	TABLEAUX.	CLASSES ET AUTRES ÉLÉMENS du droit fixe.	TAUX du DROIT proportionnel.
Horloges en bois (Fabricant ou marchand d').	A	7e	40e
Hôtel garni (Maître d').................	A	4e	20e—40e
Hôtel garni (Maître d'), tenant un restaurant à la carte.	A	3e	20e Sur l'habitation et le restaurant. 40e Sur les locaux du garni.
On impose comme maître d'hôtel garni celui qui tient habituellement des chambres et des appartemens meublés à la disposition des voyageurs et des étrangers faisant un séjour plus ou moins prolongé dans les villes d'une certaine importance, tandis que l'aubergiste loge et nourrit les voyageurs qui ne font que passer.			
Houblon (Marchand de).			
En gros.....................	A	3e	20e
En demi-gros.................	A	4e	20e
Houille (Marchand de). *Voir* Charbon de terre.			
Huile (Fabricant d'). *Voir* Moulin.			
Huiles (Marchand d').			
En gros.....................	A	1re	15e—30e
En demi-gros.................	A	2e	20e
En détail...................	A	4e	20e
Celui qui achète des huiles destinées à être vendues est imposable à la patente, lors même que, pendant l'année, il ne revendrait aucune partie de ces mêmes huiles.			
Huile de vitriol (Fabricant d'). *Voir* Produits chimiques.			
Huissier......................	G	»	15e
Huîtres (Marchand expéditeur avec voitures servies par des relais).	C	100 fr.	20e—40e
Huîtres (Marchand expéditeur n'expédiant ni par chemin de fer, ni avec voitures servies par des relais).	D	2e	20e
Huîtres (Marchand en détail)..........	A	6e	20e
Hydromel (Fabricant et marchand d')...	A	3e	20e

DÉSIGNATION des COMMERCES, INDUSTRIES ET PROFESSIONS.	TABLEAUX.	CLASSES ET AUTRES ÉLÉMENS du droit fixe.	TAUX du DROIT proportionnel.
I.			
Ifs à bouteilles. *Voir* Planches.			
Images (Fabricant ou marchand d'). . . .	A	6ᵉ	20ᵉ
Immeubles (Marchand d'). *Voir* Biens fonds.			
Imprimerie (Marchand de presses, caractères et ustensiles d').	D	3ᵉ	20ᵉ
Imprimeur 'd'étoffes.	C	Pour 25 tables et au-sous, 50 francs, plus 3 fr. par table en sus, jusqu'au maximum de 400 fr. Un rouleau compte pour 25 tables et 4 perrotines pour un rouleau.	20ᵉ—50ᵉ
Pour calculer le droit fixe, il ne faut compter que le nombre de rouleaux qui fonctionnent habituellement; mais pour l'établissement du droit proportionnel, on doit comprendre la totalité des rouleaux gravés dans l'estimation de la valeur locative, à l'exception de ceux qui existent en double et qu'on peut considérer comme ustensiles de rechange. Il faut évaluer non la matière brute, mais les rouleaux et les planches façonnés et prêts à fonctionner.			
Imprimeur en taille-douce pour objets dits *de ville.*	A	7ᵉ	40ᵉ
Imprimeur-Libraire.	A	3ᵉ	20ᵉ
Imprimeur-Lithographe.			
Editeur.	A	6ᵉ	20ᵉ
Non éditeur.	A	7ᵉ	40ᵉ
Imprimeur sur porcelaine, faïence, verre, cristaux, émail, etc.	A	7ᵉ	40ᵉ
Imprimeur-Typographe.			
Avec presses ordinaires.	A	3ᵉ	20ᵉ
Avec presses mécaniques.	A	3ᵉ	20ᵉ—40ᵉ
Indiennes (Marchand d'). *Voir* Tissus.			
Indigo (Marchand en gros d'). *Voir* Teinture.			
Infirmerie d'animaux (Tenant une).	D	6ᵉ	20ᵉ

DÉSIGNATION des COMMERCES, INDUSTRIES ET PROFESSIONS.	TABLEAUX.	CLASSES ET AUTRES ÉLÉMENS du droit fixe.	TAUX du DROIT proportionnel.
Inhumations et pompes funèbres (Entreprise des).			
A Paris..........................	B	1,000 fr.	15e
Dans les autres villes...............	A	1re	15e
Instituteur primaire (*Exempt*).			
Institution.			
Voir Chef d'institution.			
Instrumens aratoires (Fabricant d')....	A	6e	20e
Instrumens de chirurgie en métal (Fabricant et marchand d').	A	5e	20e
Instrumens de chirurgie en gomme élastique (Fabricant d').	A	6e	20e
Instrumens de musique (Marchand expéditeur d').	D	3e	20e
Instrumens de musique à vent, en bois ou en cuivre (Facteur d').	A	6e	20e
Instrumens de musique en cuivre (Facteur de pièces d').			
Pour son compte....................	D	6e	20e
A façon...........................	D	7e	40e
Instrumens pour les sciences (Facteur et marchand d'), ayant boutique ou magasin.	A	4e	20e
Instrumens pour les sciences (Facteur d'), sans boutique ni magasin.	A	6e	20e
Instrumens pour les sciences (Fabricant d'), à façon.	D	8e	40e
Instrumens à l'usage des ouvriers tisseurs.			
Voir Outils.			
Issues (Cuiseur ou Echaudeur d').			
Voir Abats.			
Ivoire brut (Marchand d').			
Voir Tabletterie.			
Ivoire (Fabricant d'objets en).			
Pour son compte....................	A	8e	20e
A façon............................	A	7e	40e
Ivoire (Marchand d'objets en)...........	A	5e	20e

DÉSIGNATION des COMMERCES, INDUSTRIES ET PROFESSIONS.	TABLEAUX.	CLASSES ET AUTRES ÉLÉMENS du droit fixe.	TAUX du DROIT proportionnel.
J.			
Jais ou jaïet (Fabricant ou marchand d'objets en).	A	6e	20e
Jambons (Marchand expéditeur de).....	A	3e	20e
Jardin public (Tenant un)..............	A	4e	20e—40e
Jardinier-Pépiniériste.			
Voir Plants, arbres ou arbustes (Marchand de).			
Jarretières.			
Voir Bretelles.			
Jaugeage des liquides (Adjudicataire des droit de).			
Pour un prix d'adjudication de 2,000 fr. et au-dessus.	D	6e	20e Sur la maison d'habitation seulement.
Pour un prix d'adjudication de 500 à 2,000 fr.	D	7e	40e Sur la maison d'habitation seulement.
Pour un prix d'adjudication de moins de 500 fr.	D	8e	40e Sur la maison d'habitation seulement.
Jaugeur juré pour les liquides..........	A	5e	20e
Jeu de paume (Maître de)...............	A	5e	20e—40e
Joaillier (Fabricant et marchand), ayant atelier et magasin.	A	2e	20e
Joaillier (Marchand), n'ayant point d'atelier.	A	3e	20e
Joaillier (Fabricant).			
Pour son compte.....................	A	5e	20e
A façon...........................	A	7e	40e
Jouets d'enfans (Fabricant ou marchand de).			
Voir Bimbelotier.			
Journaux (Tenant un cabinet de lecture de).			
Voir Cabinet.			

DÉSIGNATION des COMMERCES, INDUSTRIES ET PROFESSIONS.	TABLEAUX.	CLASSES ET AUTRES ÉLÉMENS du droit fixe.	TAUX du DROIT proportionnel.
K.			
Kaolin.			
Voir Moulin ou autre usine à moudre, etc.			
Kaolin, pétunzé, manganèse (Marchand de).	D	6e	20e
L'exploitant de carrières de kaolin est imposable, lors même qu'il travaille dans son propre fonds.			
L.			
Laboureurs.			
Les laboureurs et cultivateurs n'ont pas droit à l'exemption, lorsque les transformations des récoltes et fruits sont pratiquées au moyen d'agens chimiques, de machines ou ustensiles autres que ceux servant aux travaux habituels de l'agriculture.			
Voir Cultivateurs.			
Lacets en fil, soie, laine, coton (Fabricant de), par procédés ordinaires.			
Voir Cordons.			
Lacets et tresses en laine ou coton (Fabrique de), par procédés mécaniques.	F	10 fr. pour 500 broches ou fuseaux et au-dessous, plus 1 fr. 50 c. par chaque centaine de broches ou de fuseaux en sus, jusqu'au maximum de 400 fr.	20e—50e
Laine brute ou lavée (Marchand de).			
En gros......................	A	1re	20e
En détail.....................	A	4e	20e
Laine filée ou peignée (Marchand de).			
En gros.......................	A	1re	15e
En demi-gros..................	A	2e	20e
En détail.....................	A	4e	20e
Laineur........................	A	4e	20e
Celui qui prépare la laine pour la fabrication des châles et étoffes.			
Lait (Marchand expéditeur de).........	D	1re	15e

DÉSIGNATION des COMMERCES, INDUSTRIES ET PROFESSIONS.	TABLEAUX.	CLASSES ET AUTRES ÉLÉMENS du droit fixe.	TAUX du DROIT proportionnel.
Lait (Marchand de), en gros.	D	4e	20e
Celui qui vend aux crémiers, laitiers, cafetiers.			
Laitier (Marchand de lait en détail).....	A	7e	40e
Lait d'ânesse (Marchand de)............	A	7e	40e
Lamier-Rotier.			
Celui qui fait des lames pour les métiers à tisser.			
Pour son compte....................	A	7e	40e
A façon........................	A	8e	40e
Lamier-Rotier, par procédés mécaniques.	C	50 fr.	20e—40e
Laminerie (Entrepreneur de)...........	F	Par paire de cylindres d'un mètre de longueur et au-dessus, 100 fr.	20e—40e
		Par paire de cylindres au-dessous d'un mètre de longueur, 50 fr., jusqu'au maximum de 300 fr.	20e—40e
Lamineur, par les procédés ordinaires.	A	6e	20e
Lampiste.............................	A	5e	20e
Langueyeur de porcs...................	A	8e	40e
Lanternier.	A	6e	20e
Lapidaire en pierres fausses (Fabricant ou marchand), ayant boutique ou magasin.	A	5e	20e
Lapidaire à façon.....................	A	7e	40e
Lattes (Marchand de).			
En gros.......................	A	3e	20e
En détail......................	A	6e	20e
Lavande (Fabricant ou marchand d'eau de).			
Voir Essences et eaux parfumées.			
Laveur de cendres.			
Voir Cendres.			
Laveur de laine......................	A	5e	20e
Lavoir de minerai.			
Voir Bocard.			
Lavoir public (Tenant un)	A	6e	20e

DÉSIGNATION des COMMERCES, INDUSTRIES ET PROFESSIONS.	TABLEAUX.	CLASSES ET AUTRES ÉLÉMENS du droit fixe.	TAUX du DROIT proportionnel.
Layetier-Emballeur..................	A	5e	20e
Layetier............................	A	6e	20e
Celui qui fait des coffres, caisses, etc., en bois blanc.			
Layettes d'enfans (Marchand de)........	A	7e	40e
Légumes secs (Marchand de).			
En gros....	A	4e	20e
En détail.........................	A	7e	40e
Levure ou levain (Marchand de)........	A	6e	20e
Libraire............................	A	5e	20e
Libraire-Editeur.....................	A	3e	20e
Librairie (Agent de)..................	D	7e	40e
Lie de vin (Marchand de)..............	A	7e	40e
Liége brut (Marchand de).			
En gros...........................	A	1re	15e
En détail..................	A	5e	20e
Liens d'écorce. *Voir* Cordes à puits.			
Limaille (Marchand de)...............	A	8e	40e
Limes (Fabrique de)...................	F	10 fr., plus 3 fr. par ouvrier, jusqu'au maximum de 300 fr.	20e—30e
Limes (Tailleur de)...................	A	8e	40e
Limonadier-Glacier...................	A	3e	20e
Limonadier non glacier...............	A	4e	20e
Lin ou chanvre (Fabricant de).........	D	6e	20e
Celui qui, après avoir roui et battu le lin ou le chanvre, le vend par bottes.			
Lin ou chanvre brut ou filé (Marchand de).			
En gros...........................	A	1re	15e
En demi-gros.	A	2e	20e
En détail..........................	A	6e	20e
Lin ou chanvre (Marchand de fils de). *Voir* Fils de chanvre ou de lin.			
Linge de table et de ménage (Loueur de).	A	6e	20e

DÉSIGNATION des COMMERCES, INDUSTRIES ET PROFESSIONS.	TABLEAUX.	CLASSES ET AUTRES ÉLÉMENS du droit fixe.	TAUX du DROIT proportionnel.
Linge (Marchand de vieux).............	A	7e	40e
Linger-Fournisseur....................	A	3e	20e
Celui qui vend du linge de table, des trousseaux et autres objets de lingerie confectionnés.			
Linger en détail.	A	6e	20e
Linons (Marchand de).			
Voir Tissus.			
Liqueurs (Fabricant de)...............	A	3e	20e
Liqueurs (Marchand de).			
En gros..........................	A	1re	15e
En détail........................	A	4e	20e
Liqueurs et eau-de-vie (Débitant de)....	A	7e	40e
Liseur de dessins....................	D	6e	20e
Celui qui fait les dispositions nécessaires pour reproduire dans les tissus les dessins donnés par les fabricons.			
Lisseur de papier.			
Voir Satineur.			
Literie (Marchand d'objets de).			
Voir Fer en meubles.			
Litharge (Fabricant de).			
Voir Produits chimiques.			
Lithochrome (Imprimeur).	A	6e	20e
Lithocromies (Marchand de)...........	A	6e	20e
Lithographe-Imprimeur.			
Voir Imprimeur.			
Lithographies (Marchand de)...........	A	6e	20e
Lithophanies pour stores (Fabricant et marchand de).	A	6e	20e
Lits militaires (Entreprise générale des).	C	1,000 fr.	20e—40e
Livrets pour les batteurs d'or et d'argent (Fabricant de).	A	8e	40e
Locataire.			
Voir Propriétaire.			
Logeur................................	A	7e	40e
Celui qui loge à bas prix, au mois, à la semaine, à la nuit, les ouvriers et autres gens de peine, sans leur fournir à boire ni à manger.			

DÉSIGNATION des COMMERCES, INDUSTRIES ET PROFESSIONS.	TABLEAUX.	CLASSES ET AUTRES ÉLÉMENS du droit fixe.	TAUX du DROIT proportionnel.
Logeur de chevaux et autres bêtes de somme.	D	7e	40e
Logeur des militaires, par abonnement. Celui qui loge les militaires de passage, moyennant un abonnement annuel avec les habitans qui ne veulent ou ne peuvent pas recevoir ces militaires, est imposable comme loueur en garni.			
Loueur en garni...................... Celui qui, sans tenir un hôtel garni, loue des appartemens.	A	6e	20c—40c
Loueur en garni, ne louant qu'une chambre. Le loueur en garni à ranger dans la 6e classe est celui qui loue des appartemens, c'est-à-dire des logemens composés d'un ensemble de pièces. Celui dont les locations ne se composent d'ordinaire que d'une seule chambre ne doit être assujéti qu'au droit de 8e classe.	A	8e	40e
Loueur d'ânes........................	A	7e	40e
Loueur de chevaux....................	A	5e	20e
Loueur de livres.....................	A	7e	40e
Loueur de tableaux et dessins..........	A	6e	20e
Loueur de voitures suspendues.........	A	5e	20e
Lunetier (Fabricant)..................	A	6e	20c
Lunetier (Marchand)..................	A	5e	20e
Lunettes (Fabricant de verres de).......	A	7e	40e
Lunettes (Montures de). Voir Châsses de lunettes.			
Lustres (Fabricant et marchand de).....	A	4e	20c
Lustreur de fourrures.................	A	6e	20c
Lutherie (Marchand de fournitures de).	A	5e	20e
Luthier (Fabricant).			
Pour son compte....................	A	5e	20c
A façon....	A	7e	40c

M.

DÉSIGNATION	TABLEAUX.	CLASSES	TAUX
Macaroni (Marchand de). Voir Pâtes alimentaires.			

DÉSIGNATION des COMMERCES, INDUSTRIES ET PROFESSIONS.	TABLEAUX.	CLASSES ET AUTRES ÉLÉMENS du droit fixe.	TAUX du DROIT proportionnel.
Machines, à vapeur, presses pour l'imprimerie, métiers mécaniques pour le tissage et autres grandes machines (Constructeur de).	F	Employant moins de 25 ouvriers, 100 fr. Employant de 25 à 50 ouvriers, 200 fr. Employant plus de 50 ouvriers, 300 fr.	20e—50e
Maçon (Maître)......................	A	6e	20e
Maçon à façon......................	D	7e	40e
Maçonnerie (Entrepreneur de)..........	A	4e	20e
On impose comme maçon entrepreneur celui qui entreprend habituellement à forfait et sur série de prix tous les travaux qui concernent la maçonnerie, en fournissant les matériaux. On impose à la 6e classe celui qui, ayant des compagnons, travaille à la toise, à la journée ou à forfait sans fournir les matériaux, ainsi que celui qui, fournissant les matériaux, se borne à faire des réparations.			
Madragues (Fermier de)................	C	25 fr.	15e sur l'habitation seulement.
Magasin de plusieurs espèces de marchandises (Tenant un).	F	Occupant habituellement plus de 5 personnes préposées à la vente, 25 fr. par personne, jusqu'au maximum de 1,000 fr.	15e
Magasinier.........................	A	5e	20e-40e
Celui qui, sans être commissionnaire de marchandises ou entrepositaire, reçoit en magasin, pour le compte des négocians, des marchandises qu'il n'est chargé ni de vendre ni d'expédier. On doit imposer comme tel celui qui exploite à Marseille les magasins dits *Domaines*.			
Magmats (Fabricant de). *Voir* Produits chimiques.			
Mail (Maître de jeu de)................	D	6e	20e
Maillechor et autres compositions métalliques (Fabricant ou marchand d'objets en).			
En gros...........................	D	4e	20e
En détail..........................	D	6e	20e
A façon...........................	D	8e	40e
Maison particulière de retraite. *Voir* Retraite.			

DÉSIGNATION des COMMERCES, INDUSTRIES ET PROFESSIONS.	TABLEAUX.	CLASSES ET AUTRES ÉLÉMENS du droit fixe.	TAUX du DROIT proportionnel.
Maison de santé. *Voir* Santé.			
Maître de barques et bateaux. *Voir* Barques et bateaux.			
Maître de pension...................... Les locaux affectés au logement et à l'instruction des élèves ne sont pas compris dans l'estimation de la valeur locative. *Voir* Chef d'institution. Les maîtresses d'institutions et de pensions de jeunes personnes sont imposables au droit de patente réglé par le tableau G, c'est-à-dire au droit proportionnel sur la valeur locative de l'habitation personnelle, déduction faite, par conséquent, des locaux affectés au logement et à l'instruction des élèves.	G	»	15e
Malletier. *Voir* Coffretier.			
Mandataire agréé près les tribunaux de commerce.	G	»	15e seulement.
Mandataire salarié pour l'administration des faillites quand il en fait sa profession habituelle.	D	4e	20e
Manége d'équitation (Tenant un)........	A	4e	20e—40e
Manganèse (Marchand de)...............	D	6e	20e
Marabouts (Fabricant ou marchand de). *Voir* Cafetières.			
Marais salans (propriétaire ou fermier de) (*Exempt*).			
Marbre (Marchand de), en gros.........	A	3e	20e
Marbre factice (Fabricant et marchand d'objets en).	A	6e	20e
Marbreur sur tranches.................	A	7e	40e
Marbrier...............................	A	6e	20e
Marchand en gros...................... Celui qui vend habituellement à d'autres marchands.	D	»	»
Marchand en demi-gros................ Celui qui vend habituellement aux détaillans et aux consommateurs.	D	»	»
Marchand en détail.................... Celui qui ne vend habituellement qu'aux consommateurs.	B	»	»

DÉSIGNATION des COMMERCES, INDUSTRIES ET PROFESSIONS.	TABLEAUX.	CLASSES ET AUTRES ÉLÉMENS du droit fixe.	TAUX du DROIT proportionnel.
Marchand forain............................ Le droit fixe est réduit de moitié lorsque le marchand ne vend que de la boissellerie, de la poterie, de la vannerie ou des balais.	C	Avec voiture à un seul collier, 60 fr.	15e
		Avec voiture à deux colliers, 120 fr.	15e
		Avec voiture à trois colliers et au-dessus, ou avec plus d'une voiture, 200 fr.	15e
		Avec bête de somme, 40 f.	15e
		Avec balle, 15 fr.	15e
Marchand forain ou colporteur. Tout individu qui transporte des marchandises de commune en commune, soit pour son compte, soit pour le compte d'autrui, est imposable personnellement. Ainsi, le commis d'un fabricant ou marchand qui, au lieu de se borner à voyager avec des échantillons, transporte et vend des marchandises, doit payer une patente personnelle. Il en est de même d'un commis qu'un marchand colporteur détacherait pour aller vendre d'un côté, pendant que lui-même vendrait de l'autre. Lorsque des individus sont à la fois marchands forains et marchands sédentaires, il faut examiner s'ils se transportent fréquemment, régulièrement sur les foires et marchés de communes plus ou moins éloignées et si les ventes faites au dehors sont plus importantes que les ventes faites à domicile : dans ce cas, on les impose comme marchands forains ; si, au contraire, leur commerce au dehors est peu important et ne s'étend que dans un rayon très-restreint, on les impose comme marchands sédentaires. Le marchand forain qui fait transporter ses marchandises par le roulage ou par toute autre voie doit être considéré comme marchand forain avec bêtes de somme, ou comme marchand avec voiture avec un ou plusieurs colliers, selon que le poids et le volume des marchandises exigeraient l'un ou l'autre de ces moyens de transport. Lorsqu'un marchand forain a deux voitures, dont l'une sert seulement au transport de la famille, il n'y a lieu de l'imposer que pour la voiture servant au transport des marchandises. Les marchands forains qui vendent de la faïence commune ou des bouteilles ont droit à la réduction de moitié, comme les marchands forains de poterie.			
Marchande à la toilette.................	A	7e	40e
Marchés (Adjudicataire des droits de place sur les). *Voir* Halles.			

DÉSIGNATION des COMMERCES, INDUSTRIES ET PROFESSIONS.	TABLEAUX.	CLASSES ET AUTRES ÉLÉMENS du droit fixe.	TAUX du DROIT proportionnel.
Maréchal expert.......................... Celui qui, non pourvu du brevet de vétérinaire, joint à l'exercice de la profession de maréchal ferrant le traitement des animaux malades.	A.	5e	20e
Maréchal ferrant.........................	A	6e	20e
Mareyeur expéditeur avec voitures servies par des relais.	C	100 fr.	20e—40e
Marne (Extracteur de). Imposable comme l'exploitant de carrières.			
Maroquin (Fabrique de), avec machine à vapeur ou moteur hydraulique.	C	100 fr.	20e—40e
Maroquinier.			
Pour son compte.....................	A	5e	20e
A façon.............................	A	7e	40e
Marrons et châtaignes (Marchand expéditeur de).	A	5e	20e
Marrons et châtaignes (Marchand en détail de).	A	8e	40e
Martinets (Maître de).................... Le droit fixe est réduit de moitié pour les usines qui sont forcées, par crue ou par manque d'eau, de chômer pendant une partie de l'année équivalente au moins à quatre mois.	C	15 fr. par arbre de camage, jusqu'au maximum de 200 fr.	20e—40e
Masques (Fabricant et marchand de).....	A	6e	20e
Mastics et cimens (Fabrique de).........	C	50 fr.	20e—25e
Matelassier.	A	8e	40e
Matériaux (Marchand de vieux).........	A	6e	20e
Mâts (Constructeur de).................	A	4e	20e
Mécanicien construisant de petites machines. Voir Serrurier.			
Mécanicien à façon, travaillant pour des maîtres ou des particuliers qui lui fournissent la matière.	D	7e	40e
Mèches et veilleuses (Marchand et fabricant de).	A	8e	40e
Médecin (Docteur en médecine)......... Imposable lors même qu'il est chargé gratuitement du service des hospices et des établissemens de bienfaisance.	G	»	15e seulement.

DÉSIGNATION des COMMERCES, INDUSTRIES ET PROFESSIONS.	TABLEAUX.	CLASSES ET AUTRES ÉLÉMENS du droit fixe.	TAUX du DROIT proportionnel.
Un médecin doit être imposé comme pharmacien lorsqu'il tient une officine de pharmacie et qu'il vend des médicamens dans une localité où il existe plusieurs pharmaciens, attendu que, d'après l'article 27 de la loi du 21 germinal an 11, il n'y a que les officiers de santé établis dans les communes où il n'existe pas de pharmaciens qui soient autorisés à fournir des médicamens aux personnes près desquelles ils sont appelés.			
Mégissier.			
Pour son compte.....................	A	5e	20e
A façon.............................	A	7e	40e
Menuisier-Entrepreneur...............	A	4e	20e
Menuisier.	A	6e	20e
Menuisier à façon....................	D	7e	40e
Travaillant pour des maitres ou des particuliers qui lui fournissent la matière.			
Menuisier-Mécanicien.................	A	5e	20e
Menuisier-Parqueteur. Voir Parqueteur.			
Menuisier-Rampiste. Voir Rampiste.			
Merceries (Marchand de).			
En gros..............................	A	1re	15e
En demi-gros.........................	A	2e	20e
En détail............................	A	4e	20e
Mercerie (Marchand de menue)..........	A	6e	20e
On range dans la 4e classe les marchands en détail qui ont une boutique assortie des articles qui composent le commerce de la mercerie, et dans la 6e ceux dont l'assortiment est incomplet et qui vendent quelques objets de bonneterie, indiennes et rouenneries communes.			
Mérinos (Marchand de). Voir Tissus.			
Mesurage (Fermier des droits de).			
Pour un prix de ferme de plus de 2,000 fr.	D	6e	20e
— de 500 à 2,000 fr..................	D	7e	40e
— de moins de 500 fr................,	D	8e	40e sur la maison d'habitation seulement.

DÉSIGNATION des COMMERCES, INDUSTRIES ET PROFESSIONS.	TABLEAUX.	CLASSES ET AUTRES ÉLÉMENS du droit fixe.	TAUX du DROIT proportionnel.
Mesureur juré......................	A	6e	20e
Les mesureurs de sel commissionnés par l'administration des douanes sont considérés comme agens de l'administration et, à ce titre, exempts de patente.			
Mesures linéaires, règles et équerres (Fabricant de).			
Pour son compte...................	A	7e	40e
A façon..........................	A	8e	40e
Messageries (Entreprise de). *Voir* Diligences.			
Métaux autres que l'or, l'argent, le fer en barres et la fonte (Marchand de).			
En gros........................	A	1re	15e
En demi-gros....................	A	2e	20e
En détail.......................	A	4e	20e
Métiers à bas (Forgeur de).			
Pour son compte................	A	5e	20e
A façon........................	A	7e	40e
Métiers (Fabrique à)................	C	Pour les métiers réunis dans un corps de fabrique jusqu'à 5 métiers, 10 fr.; et 2 fr. 50 cent. par métier en sus, jusqu'au maximum de 400 fr.	20e—50e
Les fabricans ayant moins de 10 métiers et ne travaillant qu'à façon sont exempts de droit proportionnel. Lorsqu'un fabricant a tout à la fois des métiers disséminés et des métiers réunis en corps de fabrique, il faut compter séparément les uns et les autres et leur appliquer le droit particulier qui leur est afférent. Il n'y a pas lieu de considérer comme formant un corps de fabrique les deux ou trois métiers que de petits fabricans entretiennent : si ces fabricans travaillent pour leur compte, ils doivent être imposés à raison de 2 fr. 50 c. par métier; s'ils travaillent à façon, ils ne doivent payer que le droit fixe de 1 fr. 25 c. par métier. Le nombre des métiers réunis en corps de fabrique est facile à constater; quant aux métiers disséminés, les contrôleurs dressent un état indiquant par commune : 1° Le nombre des ouvriers tisseurs; 2° Le nombre de métiers que chacun emploie; 3° Le nom et la demeure des fabricans pour lesquels chaque ouvrier travaille habituellement, en distinguant les fabricans pour leur compte des fabricans à façon. A l'aide de cet état, les contrôleurs déterminent le nombre de métiers que chaque fabricant entretient dans les communes de leur division.		Pour les métiers non réunis dans un corps de fabrique, 2 fr. 50 cent. par chaque métier, jusqu'au maximum de 300 fr.	

DÉSIGNATION des COMMERCES, INDUSTRIES ET PROFESSIONS.	TABLEAUX.	CLASSES ET AUTRES ÉLÉMENS du droit fixe.	TAUX du DROIT proportionnel.
Si, parmi ces fabricans, il en est qui soient domiciliés hors du contrôle, les contrôleurs font connaître au directeur leurs noms, leurs demeures, ainsi que le nombre des métiers. Le directeur transmet ces renseignemens au contrôleur de la résidence du fabricant, s'il habite dans le département, et, dans le cas contraire, au directeur du département où demeure le fabricant, par l'intermédiaire de l'administration centrale et de la manière indiquée par la circulaire n° 29. Lorsqu'il existe des ouvriers qui travaillent tantôt pour un fabricant, tantôt pour un autre, ou qui suspendent le tissage pendant la belle saison pour se livrer aux travaux des champs, il serait injuste d'attribuer à chaque fabricant tous les métiers occupés par lui au moment de la formation de la matrice. Les contrôleurs doivent s'attacher à constater le nombre de métiers que chaque fabricant fait battre en moyenne. La base la plus sûre pour déterminer cette moyenne serait la quantité de pièces fabriquées, car, en divisant cette quantité par le nombre de pièces que peut rendre un métier travaillant toute l'année, on obtiendrait le nombre de métiers qui doit servir à régler le droit fixe. Les métiers employés par un fabricant à façon doivent être comptés une première fois pour établir le droit fixe de ce fabricant, et une seconde fois pour déterminer le droit fixe du marchand fabricant, vu que, si les métiers n'étaient comptés qu'une fois, il arriverait que le fabricant pour son compte, dont tous les métiers auraient été recensés chez les fabricans à façon, ne paierait aucun droit fixe, ce qui ne peut être.			
Métiers mécaniques pour la filature et le tissage (Constructeur de). *Voir* Machines à vapeur.			
Métreur de bâtimens, de bois, de pierres.	D	7e	40e
Metteur en œuvre. Celui qui monte des pierres fines ou fausses.			
Pour son compte......................	A	6e	20e
A façon...........................	A	7e	40e
Meubles (Marchand de)................	A	5e	20e
Meubles et outils d'occasion (Marchand de).	D	6e	20e
Meules à aiguiser (Fabricant et marchand de).	A	5e	20e
Meules de moulin (Fabricant de).......	A	4e	20e
Meules de moulin (Marchand de)........	D	5e	20e

DÉSIGNATION des COMMERCES, INDUSTRIES ET PROFESSIONS.	TABLEAUX.	CLASSES ET AUTRES ÉLÉMENS du droit fixe.	TAUX du DROIT proportionnel.
Miel et cire brute (Marchand expéditeur de).	A	1re	15e
Miel et cire brute (Marchand non expéditeur).	A	4e	20e
Mine de plomb (Marchand de).			
En gros............................	A	1re	15e
En détail...........................	A	5e	20e
Minerai de fer (Marchand de) ayant magasin.	A	5e	20e
Minerai de fer (Entrepreneur de l'extraction du).			
Voir Minières non concessibles.			
L'extracteur de minerai est imposable lors même qu'il extrait le minerai d'un fonds qui lui appartient.			
Mines (Concessionnaire de).			
Exempt, mais seulement pour l'extraction et la vente des matières extraites, en quelque lieu que se fasse cette vente.			
Le concessionnaire qui se livre à des manipulations autres que celles nécessaires pour la première mise dans le commerce des matières extraites, doit être imposé comme fabricant des produits résultant de ces mêmes manipulations.			
Il n'y a pas lieu toutefois d'imposer comme fabricant de coke le concessionnaire de mines qui convertit en coke la houille provenant exclusivement de sa concession.			
Minières non concessibles (Exploitant de).	F	5 fr., plus 3 fr. par ouvrier, jusqu'au maximum de 200 fr.	15e sur l'habitation seulement.
Miroitier............................	A	5e	20e
Mitaines et autres ouvrages à mailles (Fabricant de).	D	7e	40e
Modes (Marchand de), faisant des envois dans les départemens et à l'étranger.	A	3e	20e
Modiste............................	A	5e	20e
A façon............................	A	8e	40e
Moireur d'étoffes.			
Pour son compte....................	A	6e	20e
A façon............................	A	8e	40e
Monnaies (Directeur des)..............	B	A Paris, 1,000 fr. Dans toutes les autres villes, 500 fr.	20e sur l'habitation seulement.

DÉSIGNATION des COMMERCES, INDUSTRIES ET PROFESSIONS.	TABLEAUX.	CLASSES ET AUTRES ÉLÉMENS du droit fixe.	TAUX du DROIT proportionnel.
Monteur d'agrès et de manœuvres de navires.	D	5e	20c
Monteur d'aiguilles pour métiers à faire des bas. *Voir* Aiguilles.			
Monteur de boîtes de montre.			
Pour son compte.....................	D	5e	20c
A façon.........................	D	7c	40c
Monteur de métiers..................	A	6c	20c
Monteur en bronze..................	A	7c	40c
Celui qui assemble et ajuste les différentes pièces dont se composent les ouvrages en bronze, tels que candélabres, pendules, flambeaux.			
Montures de parapluies. *Voir* Carcasses.			
Monumens funèbres (Entrepreneur de)..	A	5c	20c
Mosaïques (Marchand de).............	A	6c	20c
Mottes à brûler (Marchand de)........	D	8c	40c
Moules de boutons (Fabricant de).......	A	8c	40c
Mouleur. *Voir* Bustes et Figures.			
Moulin ou autre usine à moudre, battre, triturer, broyer, pulvériser.	F	5 fr. par paire de meules ou de cylindres jusqu'au maximum de 300 fr.	20c—40c

Le droit fixe est réduit de moitié pour les moulins à vent et pour les moulins à eau qui, par manque ou par crue d'eau, sont périodiquement forcés de suspendre leur travail en tout ou en partie pendant un temps équivalant au moins à quatre mois.

La patente ci-dessus est applicable à tout exploitant de moulin qui moud ou triture pour autrui. Les exploitans qui emploient principalement leur usine à moudre, broyer ou triturer des blés, des graines oléagineuses, etc., qu'ils ont achetés pour revendre les farines, huiles ou autres produits, doivent payer le droit fixe attribué aux marchands des produits dont ils font le commerce, si ce droit est supérieur à celui dont ils seraient passibles comme exploitans de moulins.

Dans les moulins à eau, il ne faut compter que le nombre de paires de meules que le moteur peut faire tourner simultanément; mais cette décision ne concerne que les moulins dans lesquels le moteur ne peut, en raison de la construction particulière du mécanisme, être mis simultanément en communication avec toutes les paires de meules.

DÉSIGNATION des COMMERCES, INDUSTRIES ET PROFESSIONS.	TABLEAUX.	CLASSES ET AUTRES ÉLÉMENS du droit fixe.	TAUX du DROIT proportionnel.
Le droit fixe est réduit de moitié pour les moulins à vent, ainsi que pour les moulins à eau qui, par manque ou par crue d'eau, sont périodiquement forcés de suspendre leur travail, en tout ou en partie, pendant un temps équivalant au moins à quatre mois. Ainsi, pour un moulin à trois paires de meules, par exemple, dont deux paires fonctionnent simultanément pendant plus de huit mois et dont la troisième cesse périodiquement de marcher, par crue ou par manque d'eau, pendant cinq mois, le droit est établi comme suit :			

Pour deux paires de meules ne chômant pas...................... 10 fr. 00

Pour une paire de meules chômant........................... 2   50

____

12 fr. 50

Si une seule paire de meules fonctionnait pendant plus de huit mois et que la suspension périodique du travail affectât les deux autres paires de meules, on aurait :

Pour une paire de meules ne chômant pas...................... 5 fr. 00

Pour deux paires de meules chômant........................... 5   00

____

Total........ 10 fr. 00

La même marche doit être suivie pour toutes les usines en faveur desquelles la loi admet le chômage ; mais il ne faut pas perdre de vue que ce chômage ne s'entend que du temps pendant lequel ces usines sont, *par manque ou par crue d'eau, périodiquement forcées* de suspendre leur travail, et qu'on ne doit, par conséquent, tenir aucun compte des interruptions occasionnées par une crue ou par un manque d'eau accidentel, par les repos de jour ou de nuit et des fêtes ou dimanches, par les travaux d'entretien et de réparations, par le défaut de clientèle, en un mot, par toute autre cause que celles énoncées dans la loi.

Les moulins mus par les eaux de la mer et ne fonctionnant qu'à la marée descendante, sont imposés comme ceux qui sont forcés de chômer par crue ou par manque d'eau.

Lorsque plusieurs propriétaires possèdent en commun un moulin qu'ils exploitent alternativement pendant un certain temps, il y a lieu d'imposer chacun d'eux à la moitié du droit fixe, par assimilation aux meuniers dont les usines chôment par manque ou par crue d'eau. Le droit proportionnel est établi pour chaque exploitant à raison du 20ᵉ de la valeur locative de son habitation, et à raison du 40ᵉ de la valeur locative du moulin, eu égard au temps pendant lequel il en a la jouissance.

DÉSIGNATION des COMMERCES, INDUSTRIES ET PROFESSIONS.	TABLEAUX.	CLASSES ET AUTRES ÉLÉMENS du droit fixe.	TAUX du DROIT proportionnel.
Moulinier en soie. Le droit fixe est réduit de moitié pour le moulinier en soie et coton mélangés. Le moulinier qui a plus de 100 tavelles doit, indépendamment du premier droit de 10 fr., non pas 1 fr. pour chaque dizaine de tavelles en sus de cent, mais 10 fr. par chaque cent complet de tavelles. On compte les tavelles seules dans les établissemens où les broches ne sont destinées qu'à finir les produits du dévidage. On compte les broches (deux cents broches pour cent tavelles) dans les établissemens où il n'existe pas de tavelles. Dans les établissemens qui renferment à la fois des broches destinées à finir les produits venant des tavelles et des broches opérant sur de la soie qui n'a point passé par des tavelles, on compte ces dernières broches indépendamment des tavelles. Dans tous les cas, on ne compte que les broches servant à donner aux produits la dernière façon. L'article du tableau F annexé à la loi du 18 mai 1850 concerne exclusivement les mouliniers qui travaillent pour leur compte, c'est-à-dire qui achètent les soies gréges et les revendent moulinées. Ceux qui ne font que mouliner, moyennant un salaire convenu, les soies gréges qu'ils reçoivent des propriétaires ou des fabricans, peuvent être assimilés aux mouliniers en soie et coton mélangés, qui ne paient que la moitié des droits. (*Circ.* 20 *décembre* 1852.)	F	Pour cent tavelles et au-dessous, 10 fr., plus 10 fr. par chaque centaine de tavelles en sus, jusqu'au maximum de 200 fr. Deux cents broches comptent pour cent tavelles.	20e—40e
Moulures (Fabricant de).			
Pour son compte......................	A	5e	20e
A façon.............................	A	7e	40e
Moulures (Marchand de), en boutique.	A	5e	20e
Moutardier.			
En gros.............................	A	4e	20e
En détail............................	A	7e	40e
Moutons et agneaux (Marchand de)......	A	4e	20e
Muletier..............................	A	7e	40e
Mulets et Mules (Marchand de).........	A	4e	20e
Mulquinier............................	A	6e	20e
Celui qui prépare les fils pour la fabrication des tissus.			
Musique (Marchand de)................	A	5e	20e

DÉSIGNATION des COMMERCES, INDUSTRIES ET PROFESSIONS.	TABLEAUX.	CLASSES ET AUTRES ÉLÉMENS du droit fixe.	TAUX du DROIT proportionnel.
N.			
Nacre brute (Marchand de)............	A	3e	20e
Nacre de perle (Fabricant d'objets en).			
Pour son compte....................	A	5e	20e
A façon............................	A	7e	40e
Nacre de perle (Marchand d'objets en)..	A	5e	20e
Natation (Tenant une école de)........	A	5e	20e—40e
Nattier..............................	A	8e	40e
Celui qui fait ou vend des nattes de roseaux, joncs, pailles, écorces, etc.			
Naturaliste (Marchand)................	A	6e	20e
Naturaliste préparateur à façon........	D	7e	40e
Navetier (Fabricant)...................	A	7e	40e
Navires (Approvisionneur de). *Voir* Négociant.			
Navires (Constructeur de).............	A	3e	20e
Nécessaires (Fabricant de).			
Pour son compte.	A	6e	20e
A façon............................	A	8e	40e
Nécessaires (Marchand de)............	A	4e	20e
Négociant............................	B	A Paris, 400 fr.	15e
Celui qui fait le commerce en gros de plusieurs sortes de marchandises.		Dans les villes de 50,000 âmes et au-dessus, 300 f.	15e
On considère comme marchand en gros et non comme négociant le commerçant qui spécule à la fois sur les vins et les eaux-de-vie, vu l'analogie des matières qui ont paru ne constituer qu'un seul et même commerce; mais on impose comme négociant celui qui, spéculant sur les vins et eaux-de-vie, spécule en même temps sur les huiles, les savons, les bouchons ou autres marchandises.		Dans les villes de 30,000 à 50,000 âmes, et dans celles de 15,000 à 30,000 qui ont un entrepôt réel, 200 fr.	15e
Les négocians qui spéculent sur les *vins* et autres marchandises n'ont pas droit au bénéfice de la disposition qui réduit au 30e le droit proportionnel des *marchands de vin en gros*, pour les locaux servant à l'exercice de leur profession.		Dans les villes de 15,000 à 30,000 âmes, et dans celles d'une population inférieure à 15,000 âmes, qui ont un entrepôt réel, 150 fr.	15e
On impose comme négocians ceux qui spéculent en gros : Sur la quincaillerie et la mercerie ; Sur les farines, grains, biscuits de mer, graines de colza, charbon de terre ;		Dans toutes les autres communes, 100 fr.	15e

DÉSIGNATION des COMMERCES, INDUSTRIES ET PROFESSIONS.	TABLEAUX.	CLASSES ET AUTRES ÉLÉMENS du droit fixe.	TAUX du DROIT proportionnel.
Sur les vins et blés ; Sur les laines, peaux et cuirs ; Ceux qui, sous la dénomination d'*approvisionneurs de navires*, vendent en gros les objets nécessaires à l'approvisionnement et au gréement des navires, tels que épiceries, salaisons, savons, cordages, chaines, etc.			
Néorama (Directeur de).................	A	2e	20e Sur la maison d'habitation seulement.
Nerfs (Batteur de).................... Celui qui réduit les nerfs de bœuf en filasse.	A	8e	40e
Nitrate (Fabrique de). *Voir* Produits chimiques.			
Nitre (Fabrique de). *Voir* Produits chimiques.			
Noir animal (Fabrique de).............	C	50 fr.	20e—25e
Notaire...............................	G	»	15e seulement.
Nougat (Fabricant expéditeur de)........	A	4e	20e
Nourrisseur de vaches et de chèvres pour le commerce du lait.	A	6e	20e
Nouveautés (Marchand de), n'occupant pas plus de cinq personnes préposées à la vente. Lorsqu'il occupe habituellement plus de cinq personnes préposées à la vente, *voir* Magasin de plusieurs espèces de marchandises.	D	2e	20e

O.

DÉSIGNATION des COMMERCES, INDUSTRIES ET PROFESSIONS.	TABLEAUX.	CLASSES ET AUTRES ÉLÉMENS du droit fixe.	TAUX du DROIT proportionnel.
Objets en fer battu ou étamé. *Voir* Couverts.			
Octroi (Adjudicataire des droits d').			
Pour un prix d'adjudication de 30,000 fr. et au-dessus.	D	1re	15e
— de 20,000 fr. à 30,000 fr.............	D	2e	20e
— de 10,000 fr. à 20,000 fr.............	D	3e	20e
— de moins de 10,000 fr.............	D	4e	20e Sur l'habitation seulement.

DÉSIGNATION des COMMERCES, INDUSTRIES ET PROFESSIONS.	TABLEAUX.	CLASSES ET AUTRES ÉLÉMENS du droit fixe.	TAUX du DROIT proportionnel.
OEillets métalliques (Fabricant d')......	A	8e	40e
OEufs ou volailles (Marchand expéditeur d').	D	1re	15c
OEufs de morue. *Voir* Rogues.			
Officier de santé...................	G	»	15e seulement.
Oignons (Cuiseur ou grilleur d').........	D	7e	40e
Oiselier............................	A	7e	40e
Olives (Saleur d'). *Voir* Saleur.			
Omnibus et autres voitures semblables (Entreprise d').	A	2e	20c
Les entrepreneurs d'omnibus doivent payer le droit fixe dans la ville qui est le centre de l'exploitation et le siége de l'industrie, et non dans les communes où ils ont leur bureau de comptabilité, leurs remises, leurs écuries, et même leur domicile.			
Opticien à façon, travaillant pour des marchands ou fabricans qui lui fournissent la matière.	D	8e	40e
Opticien (Marchand ou fabricant). *Voir*, selon les cas, Instrumens pour les sciences, ou Lunetier.			
Or et argent (Marchand d').............	A	2e	20e
Oranges et citrons (Marchand expéditeur d').	A	4e	20e
Oranges et citrons (Marchand en boutique et en détail d').	A	6e	20c
Orfévre (Marchand fabricant) avec atelier et magasin.	A	2e	20e
Orfévre (Marchand), sans atelier........	A	3e	20e
Orfévre (Fabricant).			
Pour son compte......................	A	5e	20e
A façon............................	A	7e	40e
Orge (Exploitant un moulin à perler l').	A	7e	40e
Orgues d'église (Facteur d')...........	A	4e	20e
Orgues portatives (Facteur d').			
Pour son compte....	A	5e	20c
A façon............................	A	7e	40e

DÉSIGNATION des COMMERCES, INDUSTRIES ET PROFESSIONS.	TABLEAUX.	CLASSES ET AUTRES ÉLÉMENS du droit fixe.	TAUX du DROIT proportionnel.
Oribus (Faiseur et Marchand d'). (Chandelles de résine.)	A	8e	40e
Ornemaniste.	A	4e	20e
Celui qui exécute et vend toutes sortes d'ornemens d'architecture pour la décoration des bâtimens.			
Ornemens d'architecture. *Voir* Décors.			
Ornemens d'église (Fabricant et marchand d'). *Voir* Chasublier.			
Orpin ou orpiment. *Voir* Produits chimiques.			
Orseille (Fabrique d'). *Voir* Produits chimiques.			
Orthopédie (Tenant un établissement d').	C	100 fr.	20e—40e
Os (Fabricant d'objets en).			
Pour son compte......................	A	6e	20e
A façon.	A	8e	40e
Os pour la fabrication du noir animal (Marchand d'), en gros.	A	1re	15e
Osier (Marchand d')..	A	8e	40e
Ouate (Fabricant et marchand d')........	A	7e	40e
Ourdisseur de fils.....................	A	8e	40e
Celui qui dispose les fils pour le tissage.			
Outils, instrumens et harnais à l'usage des ouvriers tisseurs (Marchand d').	D	7e	40e
Outils d'occasion (Marchand de). *Voir* Meubles.			
Outres (Fabricant d').			
Pour son compte......................	A	6e	20e
A façon...........................	A	7e	40e
Outres (Marchand d')..................	A	6e	20e
Ouvrages à mailles. *Voir* Réseaux.			
Ouvrages en cheveux, en soie, etc., pour la coiffure. *Voir* Tours.			

DÉSIGNATION des COMMERCES, INDUSTRIES ET PROFESSIONS.	TABLEAUX.	CLASSES ET AUTRES ÉLÉMENS du droit fixe.	TAUX du DROIT proportionnel.
Ouvrier à façon.			
Exempt, s'il n'a ni compagnon, ni apprenti, ni enseigne, ni boutique.			
L'ouvrier à façon est exempt de patente lorsqu'il travaille chez lui ou chez les particuliers sans compagnon, apprenti, enseigne ni boutique. La femme travaillant avec son mari, les enfans travaillant avec leurs père et mère, ni le simple manœuvre dont le concours est indispensable à l'exercice de la profession, ne sont considérés comme compagnons ou apprentis. Par boutique, il faut entendre le lieu où la marchandise est mise en vente ou exposée en montre, et non l'atelier uniquement affecté au travail de l'ouvrier.			
On ne doit pas confondre avec le simple manœuvre le compagnon qui a satisfait à certaines épreuves, ni l'apprenti qui a contracté un engagement d'apprentissage. Toutefois, si ce compagnon ou apprenti tenait la place du manœuvre indispensable pour l'exercice de la profession, l'exemption n'en devrait pas moins être accordée.			
Ovaliste..............................	A	7ᵉ	40ᵉ
Celui qui, au moyen d'un métier ayant la forme ovale, prépare les soies destinées à la fabrication des bas, des tulles et des ouvrages de passementerie.			

P.

DÉSIGNATION	TABLEAUX.	CLASSES	TAUX
Pacotilleur.....	D	5ᵉ	20ᵉ
Celui qui expédie par petites quantités, dans les colonies ou à l'étranger, des marchandises diverses, et qui reçoit en retour, soit de l'argent, soit des marchandises d'une autre nature.			
Paillassons (Fabricant de)...............	A	8ᵉ	40ᵉ
Paille (Fabricant de tissus pour chapeaux de).			
Pour son compte......................	A	6ᵉ	20ᵉ
A façon.............................	A	7ᵉ	40ᵉ
Paille (Fabricant de tresses, cordonnets, etc., en).	A	7ᵉ	40ᵉ
Paille coupée pour chaises (Marchand de).	D	7ᵉ	40ᵉ
Paille teinte (Fabricant et marchand de).	A	7ᵉ	40ᵉ

DÉSIGNATION des COMMERCES, INDUSTRIES ET PROFESSIONS.	TABLEAUX.	CLASSES ET AUTRES ÉLÉMENS du droit fixe.	TAUX du DROIT proportionnel.
Paillettes et paillons (Fabricant de).			
Pour son compte.	A	6e	20e
A façon.	A	8e	40e
Pain (Marchand de), en boutique.	A	7e	40e
Pain d'épices (Fabricant ou marchand de), en boutique.	A	6e	20e
Pains à cacheter et à chanter (Fabricant et marchand de).	A	6e	20e
Panorama (Directeur de).	A	2e	20e sur l'habitation seulement
Pantoufles (Fabricant de).			
Pour son compte.	D	7e	40e
A façon.	D	8e	40e
Pantoufles (Marchand de).	D	6e	20e
Papeterie à la cuve.	C	15 fr. par cuve, jusqu'au maximum de 100 fr.	20e—40e
Le droit fixe est réduit de moitié pour les papeteries à la cuve qui sont forcées, par crue ou par manque d'eau, de chômer une partie de l'année équivalant au moins à quatre mois.			
Papeterie à la mécanique.	C	Pour la première machine, 150 fr., et 50 fr. par machine en sus, jusqu'au maximum de 400 fr.	20e—40e
Les papetiers à la mécanique n'ont pas droit à la réduction de moitié pour cause de chômage.			
Papetier (Marchand).			
En gros.	A	1re	15e
En détail.	A	4e	20e
Papiers de fantaisie. Papiers déchiquetés. Papier végétal. } (Fabricant de).			
Pour son compte.	D	6e	20e
A façon.	D	7e	40e
Papiers imprimés et vieux papiers (Marchand de).	D	7e	40e
Papiers ou Taffetas préparés pour usages médicinaux (Fabrique de).	F	50 fr.	20e—25e
Papiers ou Taffetas préparés pour usages médicinaux (Marchand de).	D	5e	20e

DÉSIGNATION des COMMERCES, INDUSTRIES ET PROFESSIONS.	TABLEAUX.	CLASSES ET AUTRES ÉLÉMENS du droit fixe.	TAUX du DROIT proportionnel.
Papiers peints pour tenture (Fabrique de).	C	Pour 15 tables et au-dessous, 40 fr., et 3 fr. par table en sus, jusqu'au maximum de 300 fr.	20e—40e
Papiers peints pour tenture (Marchand de).	A	5e	20e
Papiers pour emballage et pour sacs (Marchand de).	D	6e	20e
Papiers verrés ou émerisés (Fabricant de).	A	8e	40e
Paquebots à vapeur pour le transport des voyageurs et des marchandises (Entrepreneur de). *Voir* Bateaux et paquebots à vapeur.			
Parapluies (Fabricant et Marchand de)...	A	6e	20e
Parapluies (Fabricant de montures de). *Voir* Carcasses ou Montures.			
Parc aux charrettes (Tenant un).	A	5e	20e—40e
Parcheminier.			
Pour son compte...	A	6e	20e
A façon...	A	8e	40e
Parfumeur (Marchand).			
En gros...	A	1re	15e
En détail...	A	5e	20e
Parqueteur (Menuisier)...	A	6e	20e
Passementier (Marchand). ...	A	5e	20e
Passementier (Fabricant).			
Pour son compte...	A	7e	40e
A façon...	A	8e	40e
Pastel (Marchand de).			
En gros...	A	1re	15e
En détail...	A	4e	20e
Pastilleur... Celui qui fait, en pâte sucrée, de petites figures, des fleurs et autres objets.	D	7e	40e
Patachier... Celui qui conduit ou fait conduire pour son compte une ou plusieurs pataches.	A	7e	40e
Pâte de rose (Fabricant de bijoux en)...	A	8e	40e

DÉSIGNATION des COMMERCES, INDUSTRIES ET PROFESSIONS.	TABLEAUX.	CLASSES ET AUTRES ÉLÉMENS du droit fixe.	TAUX du DROIT proportionnel.
Pâtes alimentaires (Fabrique de)........	F	15 fr., plus 3 fr. par ouvrier, jusqu'au maximum de 200 fr.	20e—25e
Pâtes alimentaires (Marchand de).......,	A	6e	20e
Pâtissier expéditeur.	A	3e	20e
Pâtissier non expéditeur................	A	4e	20e
Pâtissier brioleur.	A	7e	40e
Celui qui ne fait que de petits gâteaux et autres pâtisseries communes.			
Patouillet (Exploitant de).			
Voir Bocard.			
Patron de barques et bateaux.			
Voir Barques et bateaux.			
Paume (Maître de jeu de).			
Voir Jeu de paume.			
Pavage des villes (Entrepreneur du).....	A	3e	20e
Pavés (Marchand de).	A	5e	20e
Paveur................................	A	6e	20e
Péage sur un pont (Fermier ou adjudicataire des droits de).			
Voir Pont.			
Peaussier (Marchand).			
En gros...........................	A	1re	15e
En détail..........................	A	4e	20e
Peaux de lièvre ou de lapin (Marchand de).	A	6e	20e
Peaux en vert ou crues (Marchand de)..	A	4e	20e
Pêche (Adjudicataire ou Fermier de).			
Pour un prix de 2,000 fr. et au-dessus.	A	6e	20e
— de 500 à 2,000 fr..................	A	7e	40e
— Au-dessous de 500 fr.............	A	8e	40e
Si l'adjudicataire cède la totalité de la pêche à un autre, ce dernier est seul imposable; si la cession ne comprend qu'une partie de la pêche, le sous-fermier est imposable à raison du prix de sa location.			
Pêche (Marchand d'ustensiles de).			
Voir Ustensiles.			
Pêcheur, même lorsque la barque qu'il monte lui appartient (*Exempt*).			
Pédicure.	A	7e	40e

DÉSIGNATION des COMMERCES, INDUSTRIES ET PROFESSIONS.	TABLEAUX.	CLASSES ET AUTRES ÉLÉMENS du droit fixe.	TAUX du DROIT proportionnel.
Peignerie ou Carderie de laine ou de bourre de soie, par procédés mécaniques.	F	5 fr. par assortiment de machines à peigner ou à carder, jusqu'au maximum de 100 fr.	20e—40e
Peignes (Marchand de) en boutique.....	A	6e	20e
Peignes d'écaille, d'ivoire, de corne, de buis, etc. (Fabricant de).			
Pour son compte.....................	D	6e	20e
A façon..............................	D	8e	40e
Peignes à serancer (Fabricant de).			
Pour son compte:....................	A	6e	20e
A façon..............................	A	8e	40e
Peignes en lames métalliques pour le tissage. Voir Lamier-Rotier par procédés mécaniques.			
Peignes de soie (Marchand de). Celui qui fait le commerce des parties de chaînes qui restent attachées aux métiers après la fabrication des étoffes de soie.	A	5e	20e
Peignes en cannes ou roseaux pour le tissage (Fabricant et marchand de).	A	8e	40e
Peigneur de chanvre, lin ou laine.	A	7e	40e
Peigneur ou gratteur de toiles de coton.	D	7c	40e
Peintre artiste ne vendant que le produit de son art (Exempt).			
Peintre en armoiries, attributs et décors.	A	7e	40e
Peintre en bâtimens non entrepreneur..	A	6e	20e
Peintre vernisseur en voitures ou équipages.	A	5e	20e
Peintre doreur sur verre, cristal, porcelaine, etc.			
Pour son compte....................	A	7e	40e
A façon.............................	A	8e	40e
Peinture en bâtimens (Entrepreneur de).	A	4e	20e
Peinture sur verre (Exploitant un établissement de).	F	30 fr. par four, jusqu'au maximum de 300 fr.	20e—40e
Pelfes de bois (Fabricant et marchand de).	A	8e	40e
Pelleteries et fourrures (Marchand de).			
En gros, s'il tire habituellement des pelleteries de l'étranger ou s'il y en envoie.	A	1re	15e
En détail...........................	A	4e	20e

DÉSIGNATION des COMMERCES, INDUSTRIES ET PROFESSIONS.	TABLEAUX.	CLASSES ET AUTRES ÉLÉMENS du droit fixe.	TAUX du DROIT proportionnel.
Pendules et bronzes (Marchand de).			
En gros..........................	A	1re	15e
En détail.........................	A	3e	20e
Pension (Maître de).			
Voir Chef d'institution.			
Pension bourgeoise (Tenant).	A	6e	20e
Pension particulière de vieillards (Tenant).	A	6e	20e
Perceur de perles....................	A	8e	40e
Perches (Marchand de).			
Voir Gaules.			
Perles fausses (Fabricant de).			
Pour son compte....................	A	6e	20e
A façon...........................	A	8e	40e
Perles fausses (Marchand de)...........	A	5e	20e
Perruquier.........................	A	7e	40e
On impose comme perruquier celui qui rase, coupe les cheveux, fait et vend des perruques.			
Voir Barbier et Coiffeur.			
Pertuis (Maître de).			
Voir Chef de ponts et pertuis.			
Pesage (Fermier des droits de).			
Pour un prix de ferme de plus de 2,000 f.	D	6e	20e
— de 500 à 2,000 fr.	D	7e	40e
— de moins de 500 fr................	D	8e	40e
Peseur juré.............	A	6e	20e
Ceux qui exerceraient cette profession d'une manière illicite et en retireraient des bénéfices devraient être imposés comme le Peseur juré.			
Pétunzé (Marchand de).................	D	6e	20e
Pharmacien.........................	A	3e	20e
Imposable lors même qu'il est attaché au service gratuit des pauvres et des épidémies, l'exemption accordée par le décret du 25 thermidor an 13 n'ayant pas été confirmée par la loi nouvelle.			

DÉSIGNATION des COMMERCES, INDUSTRIES ET PROFESSIONS.	TABLEAUX.	CLASSES ET AUTRES ÉLÉMENS du droit fixe.	TAUX du DROIT proportionnel.
Pianos et clavecins (Facteur et marchand de), en boutique ou magasin.	A	5e	20e
Pianos et clavecins (Facteur de), n'ayant ni boutique ni magasin.	A	6e	20e
Pianos (Loueur de)......................	D	6e	20e
Piconnier. *Voir* Piquonnier.			
Pierres à brunir (Fabricant et marchand de).	A	6e	20e
Pierres à feu (Fabricant expéditeur de)..	C	25 fr.	20e—25e
Pierres à rasoirs. *Voir* Cuirs et pierres à rasoirs.			
Pierre artificielle ou factice (Fabricant d'objets en).	A	4e	20e
Pierres bleues pour le blanchissage du linge (Marchand de).	A	6e	20e
Pierres brutes (Marchand de)...........	A	5e	20e
Pierres de touche (Marchand de)........	A	7e	40e
Pierres fausses (Fabricant de)..........	A	6e	20e
Pierres fines (Marchand de).............	A	1re	15e
Pierres lithographiques (Marchand de)..	A	5e	20e
Pierres taillées (Marchand de)..........	A	6e	20e
Pilotes-Lamaneurs. Non imposables comme portés sur les registres de l'inscription maritime.			
Pinceaux (Fabricant de).			
Pour son compte......................	A	6e	20e
A façon.	A	8e	40e
Pipes (Fabrique de).....................	C	25 fr. par four, jusqu'au maximum de 150 fr.	20e—25e
Pipes (Marchand de)....................	A	6e	20e
Piqueur de cartes à dentelles..........	A	8e	40e
Piqueur de cartons.....................	D	6e	20e
Celui qui prépare les cartons destinés à reproduire dans les tissus les dessins donnés par les fabricans.			
Piqueur de grès.......................	A	8e	40e
Celui qui entreprend la taille des grès.			

DÉSIGNATION des COMMERCES, INDUSTRIES ET PROFESSIONS.	TABLEAUX.	CLASSES ET AUTRES ÉLÉMENS du droit fixe.	TAUX du DROIT proportionnel.
Piquonnier ou Piconnier................	A	7e	10e
Celui qui achète des fabricans de draps et autres lainages fins des laines de rebut qu'il revend à des fabricans d'étoffes communes.			
Places publiques (Fermier ou adjudicataire des droits de place sur les).			
Voir Halles.			
Plafonneur entrepreneur................	D	4e	20e
Plafonneur........	D	6e	20e
Plafonneur à façon....................	D	7e	40e
Planches (Marchand de).			
En gros.............................	A	1re	15e
En détail............................	A	8e	20e
Planches ou ifs à bouteilles (Fabricant de).	A	7e	40e
Planeur en métaux........	A	7e	40e
Celui qui dresse et polit des ouvrages d'or, d'argent, de cuivre, etc.			
Plants, arbres ou arbustes (Marchand de).	D	6e	20e
Celui qui ne se borne pas à vendre des plants, arbres ou arbustes provenant des terrains par lui cultivés.			
Plaqué ou doublé d'or et d'argent (Fabricant et marchand d'objets en).	A	3e	20e
Plaqueur à façon......................	A	7e	40e
Plâtre (Fabrique de)....................	C	Pour un four, 15 fr. Pour deux fours, 30 fr. Pour trois fours et au-dessus, 50 fr.	20e—25e
Imposable lors même qu'il travaille sur son propre fonds.			
Plâtre (Marchand de)..................	A	6e	20e
Plâtrier entrepreneur.	D	4e	20e
Plâtrier...............................	D	6e	20e
Plâtrier, à façon......................	D	7e	40e
Plieur d'étoffes......................	A	4e	20e
Plieur de fils de soie à façon...........	A	8e	40e
Celui qui, pour le compte des marchands ou fabricans, met la soie en bottes, écheveaux, bobines, etc.			
Plomb de chasse (Fabricant ou marchand de).	A	6e	20e

DÉSIGNATION des COMMERCES, INDUSTRIES ET PROFESSIONS.	TABLEAUX.	CLASSES ET AUTRES ÉLÉMENS du droit fixe.	TAUX du DROIT proportionnel.
Plombier.........................	A	5e	20e
Plumassier (Fabricant et marchand)....	A	5e	20e
Plumassier à façon...................	A	8e	40e
Plumeaux (Marchand et fabricant de), pour son compte.	A	7e	40e
Plumeaux (Fabricant de), à façon......	A	8e	40e
Plume et duvet (Marchand de).			
En gros..........................	A	1re	15e
En détail.........................	A	3e	20e
Plumes à écrire (Marchand expéditeur de).	A	3e	20e
Plumes à écrire (Marchand non expéditeur de).	A	5e	20e
Plumes à écrire (Appréteur de)..........	A	8e	40e
Plumes métalliques (Marchand et fabricant de).	A	6e	20e
Poêlier en faïence, fonte, etc,...........	A	6e	20e
Pointes (Fabrique de), par procédés ordinaires.	F	10 fr., plus 3 fr. par ouvrier jusqu'au maximum de 500 fr.	20e—25e
Pointes (Fabrique de), par procédés mécaniques.	F	5 fr. par métier, jusqu'au maximum de 400 fr.	20e—40e
Poires à poudre (Fabricant de).			
Pour son compte....................	A	7e	40e
A façon...	A	8e	40e
Pois d'iris (Fabricant de)...............	A	8e	40e
Poisson frais (Marchand de) en gros, vendant par fortes parties aux détaillans.	A	5e	20e
Poisson (Marchand de), en détail........	A	7e	40e
Poisson salé, mariné, sec et fumé (Marchand de).			
En gros..........................	A	1re	15e
En demi-gros...	A	3e	20e
Poix (Fabrique de). *Voir* Brais, goudrons, etc.			
Polisseur d'objets en or, argent, cuivre, acier, écaille, os, corne, etc.	A	6e	20e

DÉSIGNATION des COMMERCES, INDUSTRIES ET PROFESSIONS.	TABLEAUX.	CLASSES ET AUTRES ÉLÉMENS du droit fixe.	TAUX du DROIT proportionnel.
Polisseur ou tourneur d'objets en acier, cuivre, fer, par procédés mécaniques.	F	15 fr., plus 3 fr. par ouvrier, jusqu'au maximum de 100 fr.	20e—40e
Polytypages (Fabricant de)............	A	4e	20e
Celui qui fond les vignettes, filets ornés, etc., pour les imprimeurs.			
Pommes à cidre (Marchand de), en gros.	D	4e	20e
Pommes de pin et d'autres arbres résineux (Marchand de), en gros.	D	4e	20e
Pommes de terre (Marchand de), en gros.	D	4e	20e
Celui qui vend habituellement par quantité équivalente à vingt hectolitres et au-dessus.			
Pompes funèbres (Entrepreneur de). *Voir* Inhumations.			
Pompes à incendie (Fabricant de)........	A	4e	20e
Pompes de métal (Fabricant de).........	A	5e	20e
Pompes de bois et pièces pour la conduite des eaux (Fabricant de).	D	7e	40e
Pont (Concessionnaire ou fermier de péage sur un) :			
Dans l'intérieur de Paris.............	B	200 fr.	20e
Dans l'intérieur d'une ville de 50,000 âmes et au-dessus.	B	100 fr.	20e
Dans l'intérieur d'une ville de 20,000 à 50,000 âmes.	B	75 fr.	20e
Dans les autres communes d'une population inférieure à 20,000 âmes, lorsque le pont réunit deux parties d'une route impériale ;	B	75 fr.	20e
— d'une route départementale.........	B	50 fr.	20e
— d'un chemin de grande communication.	B	25 fr.	20e
— d'un chemin vicinal...............	B	15 fr.	20e sur la maison d'habitation seulement.

Lorsqu'un pont est construit sur une rivière servant de limite entre deux communes, la patente est établie dans celle des deux communes où réside le concessionnaire ; s'il demeure dans une autre commune, la cotisation est portée dans le rôle de la commune où réside l'agent préposé à la perception.

Si un pont avec péage aboutit d'un côté à une route impériale et de l'autre à une route départementale, il n'y a pas lieu de prendre le terme moyen des deux droits fixes portés au tarif ; il convient d'imposer le droit le plus élevé : on agit de même pour un pont

DÉSIGNATION des COMMERCES, INDUSTRIES ET PROFESSIONS.	TABLEAUX.	CLASSES ET AUTRES ÉLÉMENS du droit fixe.	TAUX du DROIT proportionnel.
aboutissant d'un côté à une route départementale et de l'autre à un chemin vicinal. Le concessionnaire de plusieurs ponts à péage doit payer, pour chaque pont concédé, le droit porté au tableau B.			
Pontonnier, transportant les voyageurs du rivage aux bateaux naviguant sur les fleuves et rivières, et des bateaux au rivage. Imposable comme Batelier.			
Porcelaine (Manufacture de)............	C	30 fr. par four, jusqu'au maximum de 300 fr.	20e—40e
Porcelaine (Marchand de).			
En gros............................	A	1re	15e
En détail..........................	A	5e	20e
Porses pour les papetiers (Fabricant de).	A	6e	20e
Portefeuilles (Fabricant de).			
Pour son compte....................	A	6e	20e
A façon.	A	8e	40e
Portefeuilles (Marchand de).	A	6e	20e
Porteur d'eau filtrée ou non filtrée avec cheval et voiture.	A	8e	40e
Porteur d'eau à la bretelle ou avec voiture à bras (*Exempt*).			
Potasse (Fabrique de). *Voir* Produits chimiques.			
Poterie (Fabrique de).	F	5 fr., plus 2 fr. par ouvrier, jusqu'au maximum de 200 fr.	20e—25e
Poterie de terre (Marchand de).........	A	7e	40e
Poterie (Marchand forain de), sur bateau.	F	Pour un bateau, 30 fr.	15e
		Pour deux bateaux, 60 fr.	15e
		Pour trois bateaux et au-dessus, 100 fr.	15e
Poteries (Marchand de), en gros.........	D	4e	20e
Potier d'étain......................	A	6e	20e
Poudre d'or, de bronze et autres métaux (Fabricant et marchand de).	D	6e	20e
Poulieur (Fabricant).................	A	6e	20e
Celui qui fait des poulies.			
Presses d'imprimerie (Marchand de).....	D	3e	20e

DÉSIGNATION des COMMERCES, INDUSTRIES ET PROFESSIONS.	TABLEAUX.	CLASSES ET AUTRES ÉLÉMENS du droit fixe.	TAUX du DROIT proportionnel.
Presses pour l'imprimerie, métiers mécaniques pour la filature et pour le tissage, et autres grandes machines (Constructeur de).	F	Employant moins de 25 ouvriers, 100 fr. Employant de 25 à 50 ouvriers, 200 fr. Employant plus de 50 ouvriers, 300 fr.	20e—50e
Presseur d'étoffes pour les teinturiers et les dégraisseurs.	D	7e	40e
Presseur de poissons de mer............	A	4e	20e
Presseur de sardines...................	A	4e	20e
Pressoir (Maître de).			
A manége................... ..	A	6e	20e
A bras............................	A	8e	40e
Pressoir (Maître de). Il n'y a pas lieu d'imposer comme tel un cultivateur dont le pressoir dépendant de son exploitation agricole est spécialement destiné au service de cette exploitation, et qui n'en concède l'usage qu'accidentellement et moyennant une indemnité qui ne peut être considérée comme le produit d'une industrie. On impose, comme pressoirs à bras, ceux où le triturage et le pressurage se font à bras d'homme, et comme pressoirs à manége ceux où la trituration et le pressurage ont lieu au moyen de meules ou cylindres mis en mouvement par un cheval.			
Présurier............................ Celui qui vend des acides propres à faire cailler le lait.	A	7e	40e
Produits chimiques (Manufacture de)....	F	15 fr., plus 3 fr. par ouvrier, jusqu'au maximum de 500 fr.	20e—40e
Professeur de belles-lettres, sciences et arts d'agrément (*Exempt*).			
Propriétaire. *Voir* Cultivateur. Celui qui loue accidentellement en garni une partie de son habitation personnelle n'est pas, pour ce fait, passible des droits de patente; mais celui qui, dans les lieux où il existe des établissemens de bains ou d'eaux thermales, garnit de meubles, pour les louer, soit des maisons entières, soit des appartemens indépendans de son habitation personnelle; celui qui, ailleurs, loue toute l'année, tantôt à une personne, tantôt à une autre, une partie de sa maison garnie; celui qui, dans les villes de garnison, loue habituellement des chambres aux officiers, doit être considéré et imposé comme loueur en garni.			

DÉSIGNATION des COMMERCES, INDUSTRIES ET PROFESSIONS.	TABLEAUX.	CLASSES ET AUTRES ÉLÉMENS du droit fixe.	TAUX du DROIT proportionnel.
Puits (Maître cureur de)..............	A	8e	40e
Puits artésiens (Foreur de)............	C	50 fr.	20e—25e
Puits d'eau salée. *Voir* Sources.			
Q.			
Queues de billard (Fabricant de).			
Pour son compte...	A	6e	20e
A façon.........................	A	7e	40e
Quilles ou mail (Maître de jeu de).......	D	6e	20e
Quincaillerie (Fabrique de).............	F	10 fr. plus 3 fr. par ouvrier, jusqu'au maximum de 300 fr.	20e—40e
Quincaillier (Marchand).			
En gros........................	A	1re	15e
En demi-gros....................	A	2e	20e
En détail.............	A	4e	20e
R.			
Rabats (Fabricant de). *Voir* Cols, collets, etc.			
Racine de buis. *Voir* Buis.			
Radoubeur de navires. *Voir* Calfat.			
Ramonage (Entrepreneur de)...........	A	6e	20e
Rampiste .... Menuisier qui fait spécialement les rampes d'escalier.	A	6e	20e
Raquettes ou volans (Fabricant de).			
Pour son compte..................	D	7e	40e
A façon....	D	8e	40e
Raseur de velours.................	D	7e	40e
Râteliers (Fabricant et marchand de). *Voir* Echelles et râteliers.			

DÉSIGNATION des COMMERCES, INDUSTRIES ET PROFESSIONS.	TABLEAUX.	CLASSES ET AUTRES ÉLÉMENS du droit fixe.	TAUX du DROIT proportionnel.
Râteliers artificiels (Fabricant ou Marchand de). *Voir* Dents.			
Receveur de rentes.................... On impose comme receveur de rentes le receveur de pensions militaires, moyennant rétribution.	A	4e	20e
Receveurs généraux des finances. Ne peuvent être imposés comme banquiers, à moins d'une autorisation spéciale du ministre des finances.			
Recoupes (Marchand de). *Voir* Son, etc.			
Référendaire au sceau..................	G		15e seulement.
Régisseur de maisons. Imposable comme Agent d'affaires.			
Registres (Fabricant de).			
Pour son compte.....................	A	4e	20e
A façon.............................	D	7e	40e
Règles et équerres (Fabricant de). *Voir* Mesures linéaires.			
Régleur de papier.....................	A	8e	40e
Réglisse (Fabrique de)..................	F	15 fr., plus 3 fr. par ouvrier, jusqu'au maximum de 200 fr.	20e—25e
Regrattier. *Voir* Epicier-Regrattier.			
Relais (Entrepreneur de), même lorsqu'il est maître de poste.	A	5e	20e
Relieur de livres.....................	A	7e	40e
Remouleur ou repasseur de couteaux...	A	8e	40e
Remouleur ambulant (*Exempt*).			
Remplacemens militaires. *Voir* Agent d'affaires.			
Rentrayeur ou conservateur de tapis, de couvertures.	D	7e	40e
Repasseur de couteaux. *Voir* Remouleur.			

DÉSIGNATION des COMMERCES, INDUSTRIES ET PROFESSIONS.	TABLEAUX.	CLASSES ET AUTRES ÉLÉMENS du droit fixe.	TAUX du DROIT proportionnel.
Reperceur.......................	A	8e	40e
Celui qui fait des ouvrages à jour pour les bijoutiers, tabletiers, etc.			
Repousseur.			
Voir Estampeur.			
Réseaux et autres ouvrages à mailles (Fabricant de).	D	7e	40e
Réseaux (Fabricant de).			
Voir Bourses.			
Résines et autres matières analogues (Fabrique de).			
Voir Brais, goudrons, etc.			
Il y a lieu d'imposer le fabricant de résine qui a obtenu de l'administration des forêts le droit d'extraire des résines d'une certaine quantité d'arbres faisant partie d'une forêt domaniale, et qui, avec ces résines, fabrique du goudron qu'il livre au commerce.			
Mais il y a lieu d'exempter les propriétaires ou colons qui manipulent les matières extraites des bois qu'ils possèdent ou qu'ils afferment.			
Résines et autres matières analogues (Marchand de).			
En gros.............................	A	1re	15e
En détail...................	A	5e	20e
Ressorts de bandages pour les hernies (Fabricant de).			
Pour son compte.....................	A	6e	20e
A façon....	A	7e	40e
Ressorts de montres et de pendules (Fabricant de).			
Pour son compte.....................	A	6e	20e
A façon.............................	A	7e	40e
Restaurateur à la carte.................	A	3e	20e
Restaurateur à la carte et à prix fixe....	A	4e	20e
Restaurateur à prix fixe seulement......	A	5e	20e
Restaurateur sur coches et bateaux à vapeur.	C	50 fr.	15e sur l'habitation seulement.
Retordeur de fil de coton, chanvre, lin.			
Voir Fil de coton.			

DÉSIGNATION des COMMERCES, INDUSTRIES ET PROFESSIONS.	TABLEAUX.	CLASSES ET AUTRES ÉLÉMENS du droit fixe.	TAUX du DROIT proportionnel.
Retraite (Tenant une maison particulière de).	A	6e	20e—40e
Revendeuse à la toilette, pour son compte.	A	7e	40e
Robinets en cuivre (Fabricant de). *Voir* Cannelles et robinets.			
Rognures de papier (Marchand de).....	D	8e	40e
Rognures de peaux (Marchand de)......	A	8e	40e
Rogues ou œufs de morue (Marchand de).			
En gros...........................	A	1re	15e
En détail........................	A	5e	20e
Rondelles en métaux (Fabricant de). Imposable comme forgeron de petites pièces, pour son compte.			
Roseaux (Marchand de)............ ...	A	7e	40e
Roseaux préparés pour le tissage (Marchand de).	D	7e	40e
Rotier (Fabricant de rots à tisser). *Voir* Lamier-Rotier.			
Rôtisseur............................	A	5e	20e
Rouenneries (Marchand de). *Voir* Tissus.			
Rouettes ou harts pour lier les trains de bois (Marchand de).	A	7e	40e
Rouge à polir (Marchand de). *Voir* Emeri.			
Rouge végétal (Marchand de).			
En gros...........................	D	1re	15e
En détail........................	D	5e	20e
Roulage (Entrepreneur de)............	B	A Paris, 300 fr. Dans les villes de 50,000 âmes et au-dessus, 200 f. — de 30,000 à 50,000 âmes et dans celles de 15,000 à 30,000 âmes qui ont un entrepôt réel, 150 fr. — de 15,000 à 30,000 âmes et dans celles d'une population inférieure à 15,000 âmes qui ont un entrepôt réel, 100 fr. Dans toutes les autres communes, 75 fr.	15e—40e

DÉSIGNATION des COMMERCES, INDUSTRIES ET PROFESSIONS.	TABLEAUX.	CLASSES ET AUTRES ÉLÉMENS du droit fixe.	TAUX du DROIT proportionnel.
Rouleaux (Tourneur de) pour la filature.	A	8e	40e
Roulier.			
Voir Voiturier.			
Routes (Entrepreneur de l'entretien des).			
Voir Chaussées.			
Rubans pour modes (Marchand de).			
En gros......................	A	1re	15e
En demi-gros.	A	2e	20e
En détail......................	A	4e	20e
Ruches pour les abeilles (Fabricant de).			
Pour son compte....................	A	7e	40e
A façon..........................	A	8e	40e

S.

DÉSIGNATION des COMMERCES, INDUSTRIES ET PROFESSIONS.	TABLEAUX.	CLASSES ET AUTRES ÉLÉMENS du droit fixe.	TAUX du DROIT proportionnel.
Sable (Extracteur de).			
Imposable comme exploitant de carrières.			
Sable (Marchand de)....................	A	8e	40e
Sabotier (Fabricant expéditeur).........	D	4e	20e
Sabotier (Fabricant).....................	A	8e	40e
On impose à la 4e classe le fabricant expéditeur et à la 8e classe le sabotier non expéditeur qui occupe chez lui ou au dehors des ouvriers travaillant avec le bois qu'il leur fournit, et payés à la journée ou à la tâche ; mais, si ce sabotier achète à d'autres fabricans des marchandises qu'il revend par douzaines ou par grosses, il devient imposable comme marchand en gros.			
Sabots (Marchand de).			
En gros......................	A	4e	20e
En détail......................	A	8e	40e
Sacs de papier (Fabricant de).			
Voir Étuis.			
Sacs de toile (Fabricant et marchand de).	A	6e	20e
Safran (Marchand de).			
En gros..........................	A	1re	15e
En demi-gros......................	A	4e	20e

DÉSIGNATION des COMMERCES, INDUSTRIES ET PROFESSIONS.	TABLEAUX.	CLASSES ET AUTRES ÉLÉMENS du droit fixe.	TAUX du DROIT proportionnel.
Sage-femme (*Exempte*).			
Saleur d'olives........................	A	5e	20e
Saleur de poissons de mer.			
Voir Presseur de poissons de mer.			
Saleur de viandes.....................	A	5e	20e
Salines (Exploitant de) (*Exempt*).			
Salon de figures en cire (Tenant un).			
Voir Cabinet de figures en cire.			
Salpêtrier.............................	A	6e	20e
Sangsues (Marchand de).			
En gros............................	A	1re	15e
En demi-gros......................	D	4e	20e
En détail..........................	D	7e	40e
Santé (Tenant une maison particulière de).	C	100 fr.	20e—40e
Sardines (Presseur de).			
Voir Presseur de poissons de mer.			
Sarraux ou blouses (Marchand de).			
En gros............................	A	3e	20e
En détail..........................	A	6e	20e
Satineur ou lisseur de papier...........	D	8e	40e
Savetier (*Exempt*).			
Savon (Fabrique de)...................	F	20 fr., plus 50 cent. par hectolitre de capacité des chaudières, jusqu'au maximum de 400 fr.	20e—25e
Scierie mécanique.			
Pour le sciage des bois de construction, bâtisse et menuiserie.	F	2 fr. par lame, jusqu'à 150 fr.	20e—40e
Pour le sciage des bois de marqueterie et placage.	F	1 fr. par lame, jusqu'à 150 fr.	20e—40e
Pour le sciage des pierres et du marbre.	F	30 cent. par lame, jusqu'à 150 fr.	20e—40e

Le droit fixe est réduit de moitié pour les scieries qui, par manque ou par crue d'eau, sont forcées de suspendre leur travail, en tout ou en partie, pendant un temps équivalant au moins à quatre mois.

Les copropriétaires qui exploitent alternati.

DÉSIGNATION des COMMERCES, INDUSTRIES ET PROFESSIONS.	TABLEAUX.	CLASSES ET AUTRES ÉLÉMENS du droit fixe.	TAUX du DROIT proportionnel.
vement et chacun pour son compte une scierie mécanique paient la moitié du droit fixe, comme dans le cas de chômage forcé par crue ou par manque d'eau. Le droit proportionnel est établi pour chacun des exploitans à raison du 20e de la valeur locative de son habitation et du 40e de celle de l'établissement industriel, calculée pour le temps pendant lequel il en a la jouissance.			
Scies (Fabrique de).....................	F	10 fr., plus 3 fr. par ouvrier, jusqu'au maximum de 300 fr.	20e—40^e
Scieur de long.................................	A	7^e	40^e
Sciure de bois (Marchand de)...........	D	8^e	40^e
Sculpteur, artiste ne vendant que le produit de son art (*Exempt*).			
Sculpteur en bois.			
Pour son compte.....................	A	6^e	20^e
A façon.............................	A	7^e	40^e
Seaux à incendie (Fabricant de).........	A	5^e	20^e
Seaux ou baquets en sapin (Fabricant de).			
Pour son compte.....................	A	7^e	40^e
A façon.............................	A	8^e	40^e
Séchage de chaînes pour tissus. *Voir* Collage.			
Sécheur de garance.......................	D	6^e	20^e
Celui qui fait sécher la garance récoltée par les propriétaires qui n'ont pas les appareils nécessaires pour la faire sécher eux-mêmes.			
Sécheur de morue.......................	D	4^e	20^e
Celui qui se charge de laver et de faire sécher en plein air la morue apportée en vert du banc de Terre-Neuve.			
Séchoir à linge (Exploitant un)...........	D	7^e	40^e
Sel (Raffinerie de).......................	F	25 fr., plus 3 fr. par ouvrier, jusqu'au maximum de 100 fr.	20e—25^e
Sel (Marchand de).			
En gros......	A	1re	15^e
En demi-gros.....................	A	2^e	20^e
En détail.........................	A	7^e	40^e

DÉSIGNATION des COMMERCES, INDUSTRIES ET PROFESSIONS.	TABLEAUX.	CLASSES ET AUTRES ÉLÉMENS du droit fixe.	TAUX du DROIT proportionnel.
Sellier carrossier......................	A.	3e	20e
Sellier harnacheur.....................	A	5e	20e
Sellier à façon.......	A	7e	40e
Serrurerie (Fabrique de). *Voir* Ferronnerie, serrurerie, etc.			
Serrurerie (Marchand expéditeur d'objets de).	A	2e	20e
Serrurier entrepreneur.................	A	4e	20e
Serrurier en voitures suspendues.......	A	4e	20e
Serrurier mécanicien....................	A	4e	20e
Serrurier non entrepreneur.............	A	5e	20e
Serrurier à façon, travaillant pour des maîtres qui lui fournissent la matière.	D	7e	40e
Sertisseur ou monteur à façon.......... Celui qui monte des pierres fines ou fausses.	D	7e	40e
Sirop de fécules de pommes de terre (Fabrique de).	F	15 fr., plus 3 fr. par ouvrier, jusqu'au maximum de 200 fr.	20e—25e
Sociétés. *Voir* Cercles.			
Sociétés en commandite. Les gérans et associés solidaires des sociétés en commandite, lorsqu'ils exercent une industrie particulière, sont passibles des droits de patente afférens à cette industrie, nonobstant la patente assignée à la société en commandite.			
Sociétés en liquidation. Doivent la patente si la liquidation des affaires donne lieu à des opérations commerciales.			
Socques en bois (Fabricant et marchand de).	A	7e	40e
Socques (Faiseur de bois de). *Voir* Bois de galoches.			
Soie (Marchand de).			
En gros......................	A	1re	15e
En demi-gros.................	A	2e	20e
En détail....................	A	3e	20e
Soieries (Marchand de). *Voir* Tissus.			

DESIGNATION des COMMERCES, INDUSTRIES ET PROFESSIONS.	TABLEAUX.	CLASSES ET AUTRES ÉLÉMENS du droit fixe.	TAUX du DROIT proportionnel.
Soies de porc ou de sanglier (Marchand de).			
En gros..........................	A	1re	15e
En demi-gros......................	A	2e	20e
En détail.........................	A	5e	20e
Son, recoupe et remoulage (Marchand de).	A	6e	20e
Sondes (Fabricant de grandes)..........	A	4e	20e
Sondeur de puits artésiens. *Voir* Fontainier.			
Soude factice (Fabrique de). *Voir* Produits chimiques.			
Soudes végétales indigènes (Marchand de), en gros.	A	3e	20e
Soufflets pour les forgerons, les bouchers, etc. (Fabricant et marchand de gros).	A	5e	20e
Soufflets ordinaires (Fabricant et marchand de).	A	7e	40e
Soufre (Raffinerie de). *Voir* Produits chimiques.			
Souliers vieux (Marchand de)...........	A	8e	40e
Sources ou puits d'eau salée (Exploitans de) (*Exempts*).			
Souricières (Fabricant de)..............	A	8e	40e
Sparterie pour modes (Fabricant de).....	A	5e	20e
Sparterie (Fabricant et marchand d'objets en).	A	6e	20e
Spectacles (Directeur de)............... Le directeur qui exploite successivement plusieurs théâtres durant l'année doit être imposé d'après un terme moyen calculé sur le montant d'une représentation complète dans chacun des théâtres.	C	1° Le 1/4 d'une représentation complète dans les théâtres où l'on joue tous les jours; 2° Le 1/8 si l'on ne joue pas tous les jours et si la troupe est sédentaire; 3° 50 fr. si la troupe n'est pas sédentaire, c'est-à-dire si elle ne réside pas quatre mois consécutifs dans la même ville.	15e sur l'habitation seulement.
Sphères (Fabricant de).................	A	6e	20e
Strass (Fabricant de). *Voir* Pierres fausses.			

DÉSIGNATION des COMMERCES, INDUSTRIES ET PROFESSIONS.	TABLEAUX	CLASSES ET AUTRES ÉLÉMENS du droit fixe.	TAUX du DROIT proportionnel.
Stucateur..............................	A	6e	20e
Sucre de betterave (Fabrique de)........	C	Pour chaque chaudière à déféquer, contenant moins de dix hectolitres, 40 fr., jusqu'à 400 fr. Pour chaque chaudière à déféquer, contenant dix hectolitres et au-dessus, 60 fr., jusqu'au maximum de 400 fr.	20e—40e
Le contrôleur relève dans les bureaux de la régie des contributions indirectes le nombre des chaudières à déféquer et la contenance de chacune. L'exploitant d'une fabrique de sucre indigène n'a pas droit à l'exemption concernant les propriétaires ou cultivateurs qui manipulent les fruits de leurs récoltes.			
Sucre brut et raffiné (Marchand de).			
En gros..............................	A	1re	15e
En demi-gros.........................	A	2e	20e
En détail............................	A	5e	20e
Sucre candi (Fabrique de).			
Imposable comme raffinerie de sucre.			
Sucre (Raffinerie de)....................	F	Ayant moins de 25 ouvriers, 100 fr. De 25 à 50 ouvriers, 200 f. Plus de 50 ouvriers, 300 f.	20e—40e
Suif (Fondeur de).............	F	10 fr., plus 3 fr. par ouvrier, jusqu'au maximum de 100 fr.	20e—25e
Suif en branches (Marchand de).........	A	4e	20e
Suif fondu (Marchand de).			
En gros..............................	A	1re	15e
En demi-gros.........................	A	2e	20e
En détail............................	A	4e	20e
Sumac (Marchand de)...................	A	6e	20e

T.

Tabac (Marchand de) dans le département de la Corse.			
En gros..............................	A	1re	15e
En détail............................	A	6e	20e
Tabac en feuilles (Marchand de)........	A	1re	15e

DÉSIGNATION des COMMERCES, INDUSTRIES ET PROFESSIONS.	TABLEAUX.	CLASSES ET AUTRES ÉLÉMENS du droit fixe.	TAUX du DROIT proportionnel.
Tabac (Débitant de) (*Exempt*).			
S'il vend des pipes et autres objets, il devient imposable comme marchand de ces objets			
Table d'hôte (Tenant une)...............	A	6e	20e
Tableaux (Marchand de).................	A	5e	20e
Tableaux (Restaurateur de).............	A	7e	40e
Tabletier (Marchand)...................	A	6e	20e
Tabletterie (Fabricant d'objets en).			
Pour son compte...............	A	6e	20e
A façon....................	A	7e	40e
Tabletterie (Marchand de matières premières pour la).	A	3e	20e .
Taffetas gommés ou cirés (Fabricant de).	C	50 fr.	20e-25e
Taffetas gommés ou cirés (Marchand de).	A	5e	20e
Taffetas préparés pour usages médicinaux.			
Voir Papiers ou taffetas.			
Taillandier...........................	A	5e	20e
Tailleur (Marchand), avec magasin d'étoffes.	A	5e	20e
Tailleur (Marchand), sans magasin d'étofes, fournissant sur échantillon.	A	5e	20e
Tailleur (Marchand d'habits neufs)......	A	5e	20e
Tailleur d'habits à façon...............	A	7e	40e
Tailleur de pierres....................	D	7e	40e
Tambours, grosses caisses, tambourins, etc. (Fabricant de).	A	6e	20e
Tamisier (Fabricant et marchand).......	A	6e	20e
Celui qui fait et vend des tamis.			
Tan (Fabricant de).			
Voir Moulin.			
Tan (Marchand de)....................	A	6e	20e
Tannerie de cuirs forts et mous........	F	10 fr., plus 25 cent. par mètre cube de fosses et de cuves, jusqu'au maximum de 300 fr.	20e-40e
Tapis de laine et tapisseries (Marchand de).	A	3e	20e

DÉSIGNATION des COMMERCES, INDUSTRIES ET PROFESSIONS.	TABLEAUX.	CLASSES ET AUTRES ÉLÉMENS du droit fixe.	TAUX du DROIT proportionnel.
Tapis peints ou vernis (Fabricant de)....	C	50 fr.	20c-25c
Tapis peints ou vernis (Marchand de). ..	A	5e	20e
Tapisseries à la main (Fabricant de)....	D	7e	40e
Tapissier (Marchand)......................	A	4e	20e
Tapissier à façon......................	A	6e	20e
On impose comme marchand tapissier celui qui confectionne des fauteuils, canapés et autres meubles, en fournissant les bois et étoffes nécessaires.			
Teinture (Marchand en gros de matières premières pour la).	A	1re	15e
Teinturier pour les fabricans et les marchands.	F	15 fr., plus 3 fr. par ouvrier, jusqu'au maximum de 300 fr.	20e-40e
Teinturier dégraisseur pour les particuliers.	A	6e	29e
On impose comme teinturier celui qui a un atelier de teinturerie garni de tous les instrumens nécessaires pour teindre les étoffes, vêtemens et autres objets des particuliers, et pour lequel le dégraissage ne constitue qu'un accessoire de son industrie. On impose comme simple dégraisseur celui dont le dégraissage constitue la principale occupation.			
Teinturier en péaux......................	A	6e	20e
Terrassier (Maître)......................	D	6e	20e
Têtes en carton servant aux marchandes de modes (Fabricant de).	A	8e	40e
Thé (Marchand de).			
En gros........................	A	1re	15e
En demi-gros........................	A	2e	20e
En détail........................	A	4e	20e
Tir au pistolet (Maître de)............	D	5e	20e
Tireur d'or et d'argent............	A	6e	20e
Tissage mécanique......................	F	2 fr. 50 c. par métier, jusqu'au maximum de 400 f.	20e-40e
Tisserand........................	A	8e	40e
Celui qui fait et vend la toile qu'il fabrique avec le fil qu'il a acheté. Celui qui se borne à faire de la toile avec le fil que lui remettent les marchands ou les particuliers est exempt s'il n'a ni compagnon, ni apprenti, ni enseigne, ni boutique.			

DÉSIGNATION des COMMERCES, INDUSTRIES ET PROFESSIONS.	TABLEAUX.	CLASSES ET AUTRES ÉLÉMENS du droit fixe.	TAUX du DROIT proportionnel.
Tissus de laine, de fil, de coton, de soie ou de crin (Marchand de).			
En gros......................	D	1re	15e
En demi-gros..................	D	2e	20e
En détail.....................	D	3e	20e
Tissus grossiers et communs (Marchand de), sans assortiment.	D	6e	20e
Toiles (Marchand de).			
Voir Tissus de laine, etc.			
Toiles cirées ou vernies (Fabricant de)...	C	50 fr.	20e-25e
Toiles cirées ou vernies (Marchand de)...	A	5e	20e
Toiles grasses pour emballage (Fabricant de).	A	7e	40e
Toiles métalliques (Fabricant de).			
Pour son compte..................	A	5e	20e
A façon.........................	A	7e	40e
Tôle vernie (Fabricant d'ouvrages en)...	A	4e	20e
Tôle vernie (Marchand d'ouvrages en)....	A	5e	20e
Tôlier.			
Celui qui fait en tôle des poêles, cheminées, fourneaux, etc.			
Pour son compte..................	A	6e	20e
A façon.........................	D	8e	40e
Tondeur ou presseur de draps et autres étoffes de laine.	D	7e	40e
Tondeur de tapis, par procédés mécaniques.	F	5 fr. par tondeuse, jusqu'au maximum de 100 f.	20e-40e
Tonneaux, barriques, etc. (Fabrique de) pour expéditions maritimes et commerciales.	D	4e	20e
Tonneaux (Marchand de)................	A	7e	40e
Tonnelier (Maître)...................	D	6e	20e
Tonnelier à façon....................	D	7e	40e
Celui qui ne travaille qu'à la réparation ou à l'entretien chez les marchands, les fabricans ou les particuliers.			
Tontine (Société de).................	C	300 fr.	15e

DÉSIGNATION des COMMERCES, INDUSTRIES ET PROFESSIONS.	TABLEAUX.	CLASSES ET AUTRES ÉLÉMENS du droit fixe.	TAUX du DROIT proportionnel.
Toques (Fabricant ou marchand de).			
Pour son compte....................	D	6e	20e
A façon.........................	D	8e	40e
Torcher..........................	A	7e	40e
Celui qui fait des murs et autres constructions en torchis.			
Tourbe (Marchand de).			
En gros..........................	A	4e	20e
En détail.........................	A	8e	40e
Tourbe carbonisée (Fabrique de)........	C	25 fr.	20e-25e
Tourbières (Exploitant de).............	F	5 fr., plus 3 fr. par ouvrier, jusqu'au maximum de 200 fr.	15e sur la maison d'habitation seulement.
L'exploitant de tourbières est imposable à la patente alors même qu'il travaille sur son propre fonds, si, du reste, il n'extrait pas la tourbe pour sa seule consommation et s'il en vend à tous ceux qui en demandent.			
Tournerie de Saint-Claude (Marchand expéditeur d'articles de).	A	3e	20e
Tournettes (Fabricant de)...............	A	8e	40e
Tourneur de rouleaux pour la filature. Voir Rouleaux.			
Tourneur d'objets en acier, cuivre, fer, par procédés mécaniques. Voir Polisseur d'objets, etc.			
Tourneur en bois (Fabricant et marchand) vendant en boutique.	A	7e	40e
Tourneur (Fabricant) sans boutique.....	A	8e	40e
Tourneur en marbre ou en pierre.......	D	6e	20e
Tourneur sur métaux..................	A	6e	20e
Tours et autres ouvrages en cheveux, en soie, etc., pour la coiffure (Fabricant ou marchand de).	D	6e	20e
Tourteaux (Marchand de).			
En gros..........................	A	3e	20e
En détail.........................	A	6e	20e
Celui qui vend des pains ou gâteaux formés du marc de colza, de pavots ou autres graines dont on a extrait l'huile.			
Traçons (Maître de)....................	A	5e	20e
Celui qui tire le sel des bosses dans les			

DÉSIGNATION des COMMERCES, INDUSTRIES ET PROFESSIONS.	TABLEAUX.	CLASSES ET AUTRES ÉLÉMENS du droit fixe.	TAUX du DROIT proportionnel.
marais salans et qui le transporte à dos de bêtes de somme sur les ports où on l'embarque.			
Trains de bateaux pour le transport des marchandises sur les canaux, fleuves ou rivières (Exploitant de).			
Voir Commissionnaire de transports par terre et par eau.			
Traiteur donnant à manger chez lui, ou portant en ville.	D	5e	20e
Traiteur à la carte et à prix fixe.........	A	4e	20e
Traiteur à prix fixe seulement..........	A	5e	20e
Transport des dépêches (Entrepreneur du).			
Exempt, s'il se borne à transporter les dépêches pour l'administration des postes ; s'il transporte en même temps des voyageurs ou des marchandises, il est imposable, suivant les cas, comme entrepreneur de diligences, comme patachier ou comme voiturier.			
Transport des tabacs (Entreprise générale du).	C	1,000 fr	20e-40e
Transports de la guerre (Entreprise générale des).	C	1,000 fr.	20e-40e
Transports de la guerre (Entreprise des), pour une division militaire.	C	100 fr.	20e-40e
Transports de la guerre (Entreprise des), pour gîtes d'étapes.	F	25 fr.	20e-40e
Transports des condamnés par voitures cellulaires (Entreprise des).	C	300 fr.	20e-40e
Transports militaires (Entreprise générale des).	C	1,000 fr.	20e-40e
Travaux publics (Entrepreneur de).......		50 fr.	15e sur la maison d'habitation seulement.
On doit imposer comme entrepreneur de travaux publics celui qui exécute pour son compte, au moyen d'un matériel à lui appartenant et d'ouvriers payés par lui, une partie des travaux d'un chemin de fer.			
Tréfilerie en fer ou en laiton (Entrepreneur de).	F	25 fr., plus 2 fr. 50 c. par bobine, jusqu'au maximum de 400 fr.	20e-40e
Tréfileur par les procédés ordinaires.....	A	6e	20e
Treillageur..........	A	7e	40e
Celui qui fait des treillages en fil de fer ou de laiton.			
Tresses en fil, soie, laine, coton (Fabricant de).			
Voir Cordons.			

DÉSIGNATION des COMMERCES, INDUSTRIES ET PROFESSIONS.	TABLEAUX.	CLASSES ET AUTRES ÉLÉMENS du droit fixe.	TAUX du DROIT proportionnel.
Voir aussi Lacets et tresses par procédés mécaniques.			
Tricots à l'aiguille (Fabricant ou marchand de).	D	5e	20e
Tripier, cuiseur ou échaudeur d'abats, abatis et issues.	D	7e	40e
Truffes (Marchand de).................	A	4e	20e
Tuiles (Fabrique de)....................	F	5 fr., plus 2 fr. par ouvrier, jusqu'au maximum de 100 fr.	20e-25e
Tuiles (Marchand de).................	A	6e	20e
Tulle (Marchand de), en gros, en demi-gros, en détail. *Voir* Tissus.			
Tuyaux en fil de chanvre pour les pompes à incendie et les arrosemens (Fabricant de).	A	4e	20e

U.

DÉSIGNATION	TABLEAUX.	CLASSES	TAUX
Usine à moudre, battre, triturer, broyer, etc. *Voir* Moulin.			
Ustensiles de bois (fabricant et marchand de). *Voir* Vaisselle.			
Ustensiles de chasse et de pêche (Marchand d').	A	5e	20e
Ustensiles pour l'éclairage au gaz (Fabricant d').	A	5e	20e
Ustensiles en fer battu (Fabrique d') par procédés mécaniques.	F	15 fr., plus 3 fr. par ouvrier, jusqu'au maximum de 300 fr.	20e-40e
Ustensiles d'imprimerie (Marchand d')...	D	3e	20e
Ustensiles de ménage (Marchand de vieux).	A	7e	40e

V.

DÉSIGNATION	TABLEAUX.	CLASSES	TAUX
Vaches ou veaux (Marchand de)........	A	4e	20e
Vaisselle et ustensiles de bois (Fabricant et marchand de).	A	7e	40e

DÉSIGNATION des COMMERCES, INDUSTRIES ET PROFESSIONS.	TABLEAUX.	CLASSES ET AUTRES ÉLÉMENS du droit fixe.	TAUX du DROIT proportionnel.
Vannerie (Marchand expéditeur de).....	A	4e	20e
Vannerie (Marchand en détail de)......	A	6e	20e
Vannier (Fabricant).			
En vannerie fine.....................	A	6e	20e
En vannerie commune..	A	8e	40e
On exempte les petits cultivateurs qui fabriquent eux-mêmes, sans employer d'ouvriers, des objets de vannerie avec les osiers qu'ils ont récoltés; mais on impose ceux qui emploient des ouvriers pour la fabrication de la vannerie.			
Vannier emballeur pour les vins.......	A	5e	20e
Veaux (Marchand de). Voir Vaches ou veaux.			
Veilleuses (Fabricant ou marchand de). Voir Mèches et veilleuses.			
Velours (Marchand de). Voir Tissus.			
Ventes à l'encan (Directeur d'un établissement de).	A	1re	15e
Verdet ou vert-de-gris (Fabricant de).			
Imposable comme manufacturier de produits chimiques. Il convient toutefois d'exempter le cultivateur qui fabrique du verdet avec les marcs provenant exclusivement de ses récoltes.			
Vérificateur de bâtimens..............	A	6e	20e
Vermicellier (Fabricant ou marchand). Voir Pâtes alimentaires.			
Vernis (Fabricant et marchand de). Voir Couleurs et vernis.			
Vernisseur sur cuir, feutre, carton ou métaux.	A	6e	20e
Vernisseur à façon.....................	D	7e	40e
Verrerie (Exploitant une)..............	C	30 fr. pour chaque four de fusion, jusqu'au maximum de 300 fr.	20e-40e
Dans une verrerie, on ne compte que les fours munis de creusets et pour la mise en activité desquels il existe dans l'usine une quantité suffisante de combustible et un nombre suffisant d'ouvriers. Les autres fours sont considérés comme fours de rechange.			
Verres à vitre (Marchand de)...........	A	4e	20e

DÉSIGNATION des COMMERCES, INDUSTRIES ET PROFESSIONS.	TABLEAUX.	CLASSES ET AUTRES ÉLÉMENS du droit fixe.	TAUX du DROIT proportionnel.
Verres blancs et cristaux (Marchand de).			
En gros.....................	A	1re	15e
En demi-gros.................	A	2e	20e
En détail....................	A	5e	20e
Verres bombés (Marchand de)...........	A	6e	20e
Verroterie et gobeleterie (Marchand de).			
En demi-gros.................	A	2e	20e
En détail....................	A	6e	20e
Vert-de-gris (Fabricant de).			
Voir Verdet			
Vétérinaire.....................	G		15e seulement.
La veuve qui continue le commerce de son mari décédé n'a pas droit à la décharge de la patente.			
Vidange (Entrepreneur de).............	A	5e	20e
Vignettes et caractères à jour (Fabricant de).			
Pour son compte...................	A	6e	20e
A façon........................	A	8e	40e
Vignettes et caractères à jour (Marchand de), en boutique.	A	6e	20e
Vinaigre (Fabrique de)...............	F	25 fr.	20e-25e
Vinaigre (Marchand de), en gros.......	A	1re	15e
Vinaigrier en détail.................	A	4e	20e
Vins (Marchand de), en gros...........	A	1re	15e-30e
Celui qui vend habituellement par pièces ou paniers de vins fins, soit aux marchands en détail et aux cabaretiers, soit aux consommateurs.			
Vins (Marchand de), ayant son établissement dans l'entrepôt réel de la ville de Paris.	E	100 fr.	15e
Vins (Marchand de), en détail...........	A	4e	20e
Vendant habituellement, pour être consommés hors de chez lui, des vins au panier ou à la bouteille.			
Vins (Marchand de), en détail, donnant à boire chez lui et tenant billard.	A	5e	20e
Vins (Marchand de), donnant à boire chez lui et ne tenant pas billard.	A	6e	20e

DÉSIGNATION des COMMERCES, INDUSTRIES ET PROFESSIONS.	TABLEAUX.	CLASSES ET AUTRES ÉLÉMENS du droit fixe.	TAUX du DROIT proportionnel.
Vin, bière, cidre (Débitant au petit détail de).	D	7e	40c
Celui qui vend au pot et à la bouteille et ne donne pas à boire chez lui.			
Vins (Voiturier marchand de)..........	A	4e	20e
Vis (Fabricant de), par procédés ordinaires.			
Pour son compte....................	A	6e	20c
A façon............................	A	8e	40c
Vis (Manufacture de), par procédés mécaniques.	F	10 fr., plus 3 fr. par ouvrier, jusqu'au maximum de 300 fr.	20e-40e
Vitraux (Faiseur ou ajusteur de).			
Pour son compte....................	D	6e	20e
A façon............................	D	7e	40e
Vitrier en boutique....................	A	6e	20e
Voilier.			
Pour son compte....................	A	3e	20e
A façon............................	A	6e	20e
Voitures publiques.			
Voir Diligences.			
Voiturier ou roulier.			
Ayant plusieurs équipages...........	D	5e	20e
N'ayant qu'un équipage..............	D	8e	40e
On doit considérer comme n'ayant qu'un seul équipage passible du droit de 8e classe seulement, le voiturier ou roulier n'ayant qu'un seul train de voiture à un cheval, qu'il conduit lui-même ou qu'il fait conduire par un charretier.			
Volailles (Marchand expéditeur de)......	D	1re	15e
Volailles (Marchand de)....	A	6e	20e
Volailles truffées (Marchand de).........	A	4e	20e
Volans (Fabricant de).			
Pour son compte....................	D	7e	40e
A façon............................	D	8e	40e

DÉSIGNATION des COMMERCES, INDUSTRIES ET PROFESSIONS.	TABLEAUX.	CLASSES ET AUTRES ÉLÉMENS du droit fixe.	TAUX du DROIT proportionnel
Y.			
Yeux artificiels (Fabricant d')...........	D	6e	20e
Z.			
Zinc (Marchand de).			
Voir Métaux.			

Les individus exerçant une profession non comprise au tarif ne doivent être imposés qu'après qu'un arrêté d'assimilation a réglé le classement de cette profession. (*Loi du 25 avril* 1844, *art.* 4.)

Les arrêtés d'assimilation ne sont obligatoires que dans les départetemens où ils ont été rendus.

Quand il y a lieu à provoquer un arrêté d'assimilation, le contrôleur explique, dans un rapport spécial, en quoi consiste le commerce, l'industrie ou la profession et désigne l'article des tarifs auquel il lui paraît convenable de l'assimiler, d'après l'analogie des opérations ou des objets de commerce. Le contrôleur communique ce rapport au maire pour avoir son avis sur l'assimilation proposée, et adresse ensuite le tout au directeur. A Paris cette communication est faite à la commission de répartition qui, dans cette ville, connaît des patentes par délégation des maires. (*Circ. du* 14 *août* 1844.)

BANLIEUES.

Dans les communes de 5,000 âmes et au-dessus, les patentables exerçant dans la banlieue des professions imposées eu égard à la population paient le droit fixe d'après le tarif applicable à la population non agglomérée. Ceux qui exercent dans la partie agglomérée paient le droit fixe d'après le tarif applicable à la population totale.

Par le mot *banlieue* employé dans la loi des patentes, il faut entendre la partie du territoire qui, dans le tableau du dénombrement de la population, est en dehors de l'agglomération.

Dans les banlieues dont la population propre est inférieure à 20,000 âmes, les patentables des 7e et 8e classes sont exempts de droit proportionnel. (*Loi du* 25 *avril* 1844, *art.* 6.)

CHOMAGE.

Le droit fixe est réduit de moitié pour les moulins à vent et pour les moulins à eau qui, par manque ou par crue d'eau sont périodiquement forcés de suspendre leur travail en tout ou en partie pendant un temps équivalant au moins à quatre mois. (*Circ. du* 14 *août* 1844.)

Voir dans la nomenclature générale, au mot *moulin*, la manière dont doit s'appliquer la disposition relative au chomage forcé.

La même marche doit être suivie à l'égard des fabriques et usines ci-après :

Acier fondu ou acier de cémentation (Fabrique de);

Bocard, Patouillet ou Lavoir de minerais ;

Cartonnage (Fabrique de);

Forges dites *catalanes*;

Forges à un ou deux marteaux ;

Kaolin (Usine à pulvériser le) ;

Martinets;

Tout moulin à moudre, battre, triturer, broyer, pulvériser ;

Papeterie à la cuve;

Scierie mécanique.

La réduction pour chômage ne s'applique qu'au droit fixe et nullement au droit proportionnel.

Elle n'est due que quand le chômage par crue ou manque d'eau affecte *l'intégralité* de l'usine.

Si un patentable exploite deux usines, dont l'une chôme pendant plus de huit mois et l'autre ne chôme pas, il faut ne compter que la moitié du droit fixe pour la première. (*Circ. du* 26 *juillet* 1845.)

DROIT FIXE.

Lieu où doit être imposé le droit fixe.

Le droit fixé est payé au lieu du domicile; il n'y a d'exception qu'à l'égard des patentables qui ont des établissemens dans plusieurs communes, cas auquel le droit est établi dans la commune où il est le plus élevé; si les patentables paient le droit fixe entier dans une des communes du contrôle, le contrôleur porte sur la matrice de cette commune les indications nécessaires pour que le directeur puisse calculer les demi-droits. Si les patentables paient le droit entier hors du contrôle, le contrôleur fait connaître au directeur leur nom, leur demeure, ainsi que la nature du commerce, de l'industrie ou de la profession. (*Circ. du* 26 *juillet* 1846.)

Si le droit fixe était le même dans plusieurs communes, la patente serait établie dans celle où le droit fixe et le droit proportionnel réunis donneraient, en principal, la cotisation la plus forte. Les différentes taxes dont se compose le droit fixe d'un patentable imposable en vertu de l'article 17 de la loi du 18 mai 1850, en raison d'élémens de cotisation épars dans plusieurs localités, doivent être réunies et portées

dans le rôle de la commune où est le siége de l'établissement principal
de ce patentable. (*Arrêt C. du* 10 *décembre* 1855.)

S'il en était autrement, on serait fréquemment exposé à excéder le
maximum, et, lorsqu'il serait dépassé, on n'aurait aucune règle pour
déterminer les communes et les établissemens dans lesquels les instrumens de production devraient cesser d'être imposés.

DROIT PROPORTIONNEL.

Sur quoi il porte.

Le droit proportionnel est établi sur la valeur locative tant de la
maison d'habitation que des magasins, boutiques, usines, ateliers, hangars, remises, chantiers et autres locaux servant à l'exercice des professions imposables. (*Art. 9 de la loi du 25 avril* 1844.)

Cette règle est applicable :

Lors même que l'habitation est séparée des ateliers, boutiques et
magasins (*Arrêt C. du* 29 *juin* 1837) ;

Que l'habitation n'est pas située dans la même commune que l'usine
exploitée (*Arrêt C. du* 26 *mai* 1837) ;

Que les bâtimens ont été construits par le locataire (*Arrêt C. du* 3 *septembre* 1836) ;

Qu'il s'agit de locaux occupés à titre gratuit.

Lorsque des patentables occupent des locaux, à titre gratuit, dans
des bâtimens appartenant à l'Etat, aux départemens, communes, hospices, etc., le contrôleur estime la valeur locative de ces locaux par
comparaison avec d'autres locaux dont le loyer a été rigoureusement
fixé, en ayant soin de distinguer l'habitation des magasins, boutiques,
ateliers, etc. (*Circ. du* 14 *août* 1844.)

Le droit proportionnel est dû pour les magasins loués à l'année,
lors même qu'on n'y débite ses marchandises que dans le temps des
foires. (*Arrêt C. du* 16 *février* 1835.)

Il est dû également pour les magasins loués au mois. (*Arrêt C. du*
6 *février* 1839.)

Le droit proportionnel des patentables, compris dans les tableaux A,
B, D et E, doit porter sur l'habitation et sur les locaux servant à l'exercice des professions, mais non compris le mobilier industriel, si ce
n'est en ce qui concerne les fabriques de gaz pour l'éclairage. (*Circ. du*
26 *juillet* 1845.)

Le droit proportionnel est payé dans toutes les communes où sont
situés les magasins, boutiques, usines, ateliers, hangars, remises,
chantiers et autres locaux servant à l'exercice des professions imposables. (*Loi du 25 avril* 1844, *art.* 10.)

Lorsque le patentable possède plusieurs maisons d'habitation, il doit
payer le droit proportionnel sur la maison où il fait sa résidence *principale et habituelle;* et s'il possède une maison d'agrément, une maison
de campagne, il ne doit aucun droit proportionnel sur cette seconde
maison ; mais dans le cas où il possède des établissemens industriels

auxquels se trouvent annexés de petits logemens accessoires, destinés à la résidence accidentelle du patentable pour surveiller la gestion de ces établissemens, le droit proportionnel est dû sur ces logemens indépendamment de la maison principale sur la valeur locative de laquelle le droit proportionnel est toujours dû. (*Discussion de la loi, séance du 5 mars 1844, et arrêt C. du 25 janvier* 1839.)

Si l'industrie pour laquelle il est assujéti à la patente ne constitue pas sa profession principale, et s'il ne l'exerce pas par lui-même, il ne paie le droit proportionnel que sur la maison d'habitation de l'agent préposé à l'exploitation.

En un mot, le droit proportionnel n'est point dû pour une maison qui n'est ni l'habitation habituelle du patentable, ni une annexe de son établissement commercial ou industriel. (*Arrêt C. du 15 juillet* 1841.)

Les compagnies d'assurances, les banques, les entreprises de diligences ne doivent pas le droit proportionnel sur l'habitation personnelle de leurs agens dans les différentes villes, cette habitation ne pouvant être considérée comme un établissement dépendant de l'entreprise. (*Circ. du 26 juillet* 1845.)

Dans les établissemens industriels, la valeur locative doit comprendre les bureaux et le logement occupé par le gérant dans l'intérêt de la surveillance et de l'exploitation des établissemens, mais non les locaux dans lesquels sont logés les ouvriers et les autres employés.

Un industriel doit le droit proportionnel pour toutes ses usines, mais seulement quand elles sont en cours d'exploitation.

Comment s'établit la valeur locative réelle.

Le droit proportionnel doit être établi sur la valeur locative réelle : cette valeur est déterminée soit au moyen de baux authentiques, soit par comparaison avec d'autres locaux dont le loyer a été régulièrement constaté ou est notoirement connu et, à défaut de ces bases, par voie d'appréciation. (*Loi du 25 avril* 1844, *art.* 9.)

Lorsque les baux sont dans des conditions normales et régulières, on les applique aux occupans, s'ils sont patentables, et on s'en sert, en outre, comme terme de comparaison à l'égard d'autres patentables pour lesquels il n'existe point de baux ; mais les baux même authentiques qui, par suite de circonstances particulières, présentent des prix exagérés ou atténués, ne doivent être employés d'une manière absolue ni pour établir la valeur locative des locaux affermés ni comme terme de comparaison. (*Circ. du 14 août* 1844.)

Dans les établissemens industriels, la valeur locative comprend les bâtimens, le moteur et l'outillage. Le contrôleur n'estime pas l'outillage pièce à pièce ; il considère les établissemens dans leur ensemble et tels qu'ils se comportent au moment de fonctionner, puis il estime le prix total de location qu'on pourrait en obtenir s'ils étaient à louer ; il n'y a lieu de faire une estimation plus détaillée qu'en cas de réclamations et sur la demande des parties intéressées. (*Circ. du 24 décembre* 1845.)

Si l'établissement industriel est loué et que le bail comprenne tous les élémens de production, tels que la cage, le moteur et l'outillage, le contrôleur le prend pour régulateur et le chiffre de location qu'il indique doit servir de base au droit proportionnel, sans subir d'augmentation lors même que, par une clause spéciale, le preneur ne serait pas tenu seulement de rendre le mobilier industriel en bon état d'entretien à la fin de son bail, mais encore de rétablir ce mobilier tel qu'il l'a reçu, c'est-à-dire sans qu'il soit tenu compte de la détérioration, de l'usure qui est la conséquence inévitable d'un long service.

Lorsqu'il n'existe pas de bail, l'estimation des établissemens industriels doit être faite d'après *leur état et valeur au moment* où se confectionne la matrice de rôle.

A défaut de bail et de terme de comparaison, on établit le droit proportionnel sur des sommes représentant 5 p. 0/0 du prix de construction des bâtimens, et 10 p. 0/0 du prix d'achat de l'outillage.

Moteurs hydrauliques.

La valeur locative des moteurs hydrauliques doit être déterminée non en raison de leur puissance absolue, mais en raison de la puissance habituellement utilisée.

Machines à vapeur.

Les machines à vapeur sont évaluées à l'état de repos, c'est-à-dire non compris le combustible.

Outillage de rechange.

L'outillage de rechange n'entre pas dans le calcul de la valeur locative.

D'après la jurisprudence du conseil d'Etat on ne doit pas regarder comme outillage de rechange cette partie d'outillage qui est disposée de manière à fonctionner à volonté ; ainsi un fabricant de papiers peints, imposé pour toutes les tables montées dans son établissement, a été maintenu au droit fixe et au droit proportionnel, quoique plusieurs de ces tables n'aient pas été constamment employées. (*Arrêt C. du 25 avril* 1855.)

Patentable exerçant deux professions dont l'une est sujette au droit proportionnel et l'autre ne l'est pas.

Quand un patentable exerce deux professions dont l'une est passible du droit proportionnel et l'autre ne l'est pas, il doit payer ce droit pour la valeur locative totale des locaux, si les professions sont exercées dans un même local ou dans des locaux non distincts. Si la profession non assujétie au droit proportionnel est exercée dans un local séparé et indépendant de celui où s'exerce la profession assujétie à ce droit, le patentable ne doit y être soumis que sur la valeur locative du dernier local.

Patentable exerçant une profession imposable d'après le tableau G, et une seconde profession imposable d'après les autres tableaux.

Lorsqu'un patentable exerce une profession du tableau G et une autre profession donnant lieu au droit fixe et au droit proportionnel, il doit être imposé 1° pour la profession du tableau G au droit proportionnel calculé sur le pied du 15° de la valeur locative de l'habitation et des pièces consacrées à l'exercice de la profession, si les locaux sont distincts ; 2° pour la seconde profession, au droit fixe déterminé par la loi et au droit proportionnel pour les locaux servant à l'exercice de cette profession. (*Circ. du 4 novembre* 1850, § 6.)

Ainsi le médecin fabricant de produits chimiques sera imposé aux droits fixes du tableau F, puis au 15° sur la valeur locative de son habitation personnelle, et au 40° sur la valeur locative de sa fabrique distincte de son habitation. (*Arrêt C. du 28 décembre* 1853.)

L'avocat loueur en garni paiera le droit fixe de 6° classe, le droit proportionnel au 15° sur la valeur locative de son habitation et de son cabinet de consultation, et le 40° sur la valeur locative des locaux loués en garni. (*Arrêt C. du 23 mars* 1853.)

Si les locaux n'étaient pas distincts le droit proportionnel devrait être établi à raison du 15° de la valeur locative totale.

Patentables exerçant plusieurs professions assujéties à différens taux de droit proportionnel.

Si les industries ou professions sont exercées dans un même local ou dans des locaux non distincts, le droit proportionnel est calculé d'après le taux applicable à la profession pour laquelle le patentable est assujéti au droit fixe.

Si les industries ou professions sont exercées dans des locaux distincts, ce droit proportionnel est établi pour chaque local d'après le taux relatif à l'industrie ou à la profession qui y est spécialement exercée. Dans ce dernier cas, le droit proportionnel sur la maison d'habitation est calculé d'après le taux applicable à la profession pour laquelle le droit fixe est exigé.

Patentables soumis à un taux différent pour l'habitation et pour les locaux industriels.

Pour les patentables qui ne paient pas le droit proportionel pour leur habitation au même taux que pour les autres locaux, le contrôleur doit nécessairement indiquer séparément :

La valeur locative de l'établissement industriel ;

La valeur locative de la maison d'habitation ;

Et, quand il y a lieu, la valeur locative des magasins de vente, c'est-à-dire des magasins qui ne font pas corps avec l'établissement industriel et dans lesquels il s'opère des ventes, indépendamment de celles qui se font à la fabrique.

Patentables des 7e et 8e classes.

Les patentables des 7e et 8e classes sont exempts de droit proportionnel dans les communes d'une population inférieure à 20,000 âmes.

Si, par suite d'un nouveau dénombrement de la population, une de ces communes passe dans la catégorie des communes de 20,000 âmes et au-dessus, les patentables des 7e et 8e classes de cette commune continuent d'être exempts du droit proportionnel jusqu'à ce qu'un nouveau dénombrement maintienne ladite commune dans la même catégorie.

L'exemption de droit proportionnel accordée aux patentables des 7e et 8e classes, résidant dans les communes de moins de 20,000 âmes, est applicable aux patentables de ces deux classes dans les banlieues dont la population propre est inférieure à 20,000 âmes.

ENTREPÔT RÉEL.

Villes ayant un entrepôt réel.

Dans les villes ayant un entrepôt réel le droit fixe étant réglé, non d'après leur population, mais d'après la population des villes placées dans la catégorie immédiatement supérieure, il importe d'indiquer cette circonstance exceptionnelle en inscrivant sur la matrice les mots *entrepôt réel*, au-dessous du chiffre énonciatif de la population. (*Circ. du 14 août 1844.*)

Les villes au-dessous de 30,000 âmes, dans lesquelles il existe un entrepôt réel sont :

Abbeville (Somme) ;	La Rochelle (Charente-Inférieure) ;
Agde (Hérault) ;	Le Havre (Seine-Inférieure) ;
Arles (Bouches-du-Rhône);	Le Légué (Pléris) (Côtes-du-Nord) ;
Bayonne (Basses-Pyrénées) ;	Lorient (Morbihan) ;
Boulogne (Pas-de-Calais) ;	Morlaix (Finistère) ;
Cette (Hérault) ;	Mulhouse (Haut-Rhin) ;
Cherbourg (Manche);	Port-Vendre (Pyrénées-Orientales) ;
Dieppe (Seine-Inférieure) ;	Saint-Malo (Ille-et-Vilaine);
Dunkerque (Nord) ;	Saint-Martin-de-Ré (Charente-Infre);
Granville (Manche) ;	Saint-Servan (Ille-et-Vilaine);
Honfleur (Calvados) ;	Saint-Valery-sur-Somme (Somme).

INDIGENS.

Les patentables dont l'indigence est notoire ne doivent pas être inscrits dans la matrice.

Lorsque le maire ou le sous-préfet réclame le bénéfice de cette décision en faveur de patentables que le contrôleur a cru devoir inscrire, le directeur suit la marche tracée par la circulaire du 14 août 1844, c'est-à-dire qu'il soumet la question au préfet, et, s'il y a lieu, au ministre des finances.

Le contrôleur n'inscrit point dans le corps de la matrice les paten tables qui seraient dans un état d'indigence notoire, et dont les cotisations devraient nécessairement être portées sur les états de cotes irrecouvrables (*Circulaire ministérielle du* 15 *novembre* 1841). Néanmoins, il a dû établir pour eux, comme pour les autres patentables, des bulletins sur lesquels il énonce les circonstances qui s'opposent à ce qu'ils soient imposés.

Il dresse, à l'aide de ces bulletins, la liste nominative des individus non inscrits (*modèle n°* 14), en donnant, pour chacun d'eux, les indications nécessaires pour que l'importance des exemptions, à titre d'indigence, puisse être établie avec exactitude.

Cette liste est transmise au directeur, qui l'annexe à la matrice lorsque cette dernière pièce lui parvient.

MARI ET FEMME.

Les mari et femme, même séparés de biens, ne doivent qu'une patente, à moins qu'ils n'aient des établissemens distincts. (*Circ. du* 14 *août* 1844.)

SOCIÉTÉS OU COMPAGNIES ANONYMES.

Les sociétés ou compagnies anonymes ayant pour but une entreprise industrielle ou commerciale sont imposables sous la désignation de l'objet de l'entreprise. (*Circ. du* 14 *août* 1844.)

Il n'est dû qu'une seule patente par toute société ou compagnie anonyme : mais les sociétaires ou actionnaires sont personnellement imposables s'ils exercent une industrie particulière indépendante des opérations de la compagnie. Une société anonyme dont la patente est réglée sans égard à la population est imposable au droit fixe dans la commune où est le siége légal, et non dans celle où sont situés ses établissemens. (*Arrêt C. du* 18 *août* 1855.)

DISPOSITIONS PARTICULIÈRES AUX DIFFÉRENTES CATÉGORIES DE PATENTABLES.

Patentables ayant plusieurs établissemens, boutiques ou magasins.

Les patentables ayant plusieurs établissemens, boutiques ou magasins de même espèce ou d'espèces différentes paient un droit fixe entier pour l'établissement donnant lieu au droit le plus élevé et, en outre, pour chacun des autres établissemens, boutiques ou magasins, un demi-droit fixe en raison de la profession exercée dans l'établissement, sans que la somme des demi-droits additionnels puisse excéder le double du droit fixe principal. (*Loi du* 18 *mai* 1850, *art.* 19.)

Ces demi-droits de nouvelle création doivent être imposés en raison de la *pluralité* des établissemens, boutiques ou magasins, et non en raison de la pluralité des professions Il n'est point dû par conséquent de demi-droit fixe additionnel pour les différens commerces ou industries qui sont exercés dans une même pièce ou dans plusieurs pièces d'une même maison, ayant entre elles des communications intérieures de nature à les faire considérer comme ne formant qu'un seul établissement. L'affectation d'un préposé spécial au service des pièces, boutiques ou magasins, peut être considérée comme un signe de la pluralité des établissemens.

D'après l'instruction du 10 juillet 1850, cet article devait être appliqué à un patentable qui, imposé au droit fixe pour des industries des tableaux C et F, exerce aussi une ou plusieurs professions des tableaux A, B, D et E. Le conseil d'Etat n'a pas admis cette interprétation et a décidé que la disposition ne concernait pas les patentables des tableaux C et F.

On considère comme ayant plusieurs établissemens :

1° Un *aubergiste* qui est en même temps *boulanger*, lorsque la boulangerie et la boutique servant à la vente du pain sont distinctes de l'auberge (*Inst. du 4 novembre* 1850) ;

2° Un *cabaretier* exerçant la profession de *boucher*, lorsque la boutique de boucherie est distincte du cabaret ;

3° Un *armurier* tenant un *tir au pistolet* dans un jardin attenant à la maison ;

4° Un patentable exerçant dans la même maison, mais dans des locaux distincts, les professions de cabaretier et de maréchal-ferrant ;

5° Un charpentier dont la femme tient un cabaret ;

6° Un cafetier qui est entrepreneur de relais, la profession de relayeur ne pouvant s'exercer qu'en dehors du café et exigeant nécessairement un local distinct pour les chevaux ;

7° Un marchand de mercerie qui est arpenteur ;

8° Un adjudicataire des droits d'octroi qui est en même temps fermier des droits de places sur les halles et marchés, vu que ces diverses industries s'exercent sur des emplacemens et en des lieux différens.

9° Un marchand de tissus qui possède dans une commune deux magasins distincts, dont l'un est affecté à la vente en gros et l'autre à la vente en détail, est passible d'un droit entier comme marchand en gros et d'un demi-droit fixe additionnel pour son magasin de détail. (*Arrêt C. du 20 juillet* 1853.)

10° Un marchand de bois à brûler ayant ses chantiers sur l'emplacement même des coupes dont il est adjudicataire, et qui est en même temps marchand de vins en gros, est passible du demi-droit fixe additionnel comme marchand de vins en gros. (*Arrêt C. du 19 juillet* 1854.)

11° Le patentable qui, indépendamment d'une boutique constamment ouverte au lieu de son habitation, a, sur le marché, une place fixe, louée à l'année, où il va vendre régulièrement à certains jours de la semaine, doit être considéré comme ayant deux établissemens dans le sens de la loi du 18 mai 1850. (*Arrêt C. du 21 juin* 1854.)

12° Un patentable qui exerce les professions d'épicier en détail et de menuisier dans deux maisons distinctes n'ayant entre elles aucune communication, doit le droit fixe entier et un demi-droit fixe additionnel. (*Arrêt C. du 31 janvier* 1856.)

13° Celui qui exerçant en même temps la profession de maître maçon et celle de cabaretier, possède dans la cour de sa maison, dont le rez-de-chaussée est affecté au débit de boissons, un hangar, où sont mis à couvert les matériaux, échafaudages et outils servant à la maçonnerie, a deux établissemens distincts, dans le sens de la loi, et doit un droit fixe entier et un demi-droit. (*Arrêt C. du* 13 *mai* 1852.)

14° Un patentable qui tient une maison de banque et un établissement de marchand de vins en gros, est imposable à un droit fixe entier comme banquier, et, en outre, à un demi-droit fixe additionnel comme marchand de vins. (*Arrêt C. du* 28 *novembre* 1855.)

15° Le patentable qui vend au stère des bois déposés en magasin sur le sol d'un jardin dépendant de sa maison et qui exerce en même temps, dans cette maison, la profession de brocanteur en boutique, est passible d'un droit fixe entier de première classe, et d'un demi-droit fixe additionnel de cinquième classe. (*Arrêt C. du* 19 *décembre* 1855.)

On considère comme n'ayant qu'un seul établissement :

1° Un patentable qui exerce dans la même pièce les professions de *cabaretier* et de *charcutier ;*

2° Un *marchand de meubles* qui occupe un *atelier de menuiserie* ne servant que pour la confection des objets vendus dans la boutique de marchand de meubles ;

3° Un *blatier* ayant dans plusieurs communes des greniers où il dépose ses grains avant l'ouverture du marché ou après sa clôture ;

4° Un *marchand de vin* ou un *cabaretier* qui occupe, hors de sa maison, soit dans la commune, soit dans une commune voisine, des *caves* dans lesquelles il ne fait aucune vente directe, mais d'où il tire le vin qui est vendu ou débité chez lui ;

5° Un manufacturier qui, hors de sa fabrique, occupe des magasins servant uniquement aux ventes nécessaires et habituelles pour l'écoulement des produits de sa fabrication ;

6° Un patentable qui n'occupe qu'un seul magasin pour l'exercice des professions de cordonnier et de marchand de poteries de terre, bien qu'il fasse, les jours de foire et marché, des ventes de poterie sur la place publique. (*Arrêt C. du* 27 *décembre* 1854.)

7° Le mesureur juré qui exerce sur les marchés et dans les chantiers et magasins des particuliers, et qui a, en outre, au lieu de son habitation, une boutique où il tient en vente des ustensiles de pêche, n'a pas deux établissemens dans le sens de l'article 19 de la loi du 18 mai 1850. (*Arrêt C. du* 28 *novembre* 1855.)

Ce dernier arrêt du conseil d'Etat semblerait, jusqu'à un certain point, infirmer l'instruction du 4 novembre 1850, en ce qui concerne le marchand de mercerie qui est arpenteur et l'adjudicataire des droits d'octroi qui est en même temps fermier des droits de places sur les halles et marchés, donnés comme exemples sous les n°s 7 et 8.

A l'égard des patentables non passibles de droits entiers, tels que les associés, les marchands en ambulance ou sous échoppe, on impose le droit le plus élevé et on y ajoute la moitié des autres droits, jusqu'à concurrence du double du droit fixe principal.

Il est bien entendu, d'après les explications ci-dessus, que dans tous les cas, la réunion des demi-droits fixes additionnels, en y ajoutant le droit fixe principal, ne doit pas excéder un maximum qui est de trois droits fixes principaux.

Ainsi le droit fixe principal étant de...................... 40 fr.

La réunion des demi-droits ne pourra dépasser........... 80

Ce qui fournira le maximum de .... 120 fr

Patentables exerçant plusieurs commerces, industries ou professions.

Les patentables qui exercent plusieurs commerces, industries ou professions et auxquels la disposition qui précède n'est pas applicable, ne sont soumis qu'à un seul droit fixe, et ce droit est toujours le plus élevé de ceux qu'ils auraient à payer s'ils étaient assujétis à autant de droits fixes qu'ils exercent de professions. (*Loi du* 25 *avril* 1844.)

Etablissemens industriels, fabriques et manufactures.

Les patentables exerçant plusieurs des industries tarifiées aux tableaux C et F, en raison du nombre d'ouvriers, de machines ou instrumens, sont imposés d'après tous ces moyens de production, sans toutefois que le droit fixe puisse dépasser le maximum établi pour celle des industries exercées qui est passible du droit fixe le plus élevé. (*Inst. du* 10 *juillet* 1850.)

Soit, par exemple, un industriel exploitant en même temps :

1° Une brasserie renfermant des chaudières d'une capacité totale de 405 hectolitres ;

2° Un établissement de forges composé d'un haut-fourneau au bois et de trois feux ou fours ;

3° Des moulins à farines ne chômant pas ;

Cet industriel sera imposé comme il suit :

Brasserie pour 400 hectolitres de capacité brute de toutes les chaudières, à 70 centimes par hectolitre. .... 280 fr.

Forges pour un haut-fourneau au bois........... 100 fr.⎫
Pour trois feux ou fours à 25 fr. par feu......... 75 ⎬ 175

Moulins, pour cinq paires de meules à 5 fr. par paire..... 25

Total............. 480 fr.

Chiffre qui ne dépasse pas le maximum de 500 fr. réglé pour les maîtres de forges.

Pour les industries dont le droit fixe consiste en une seule somme portée au tarif sans addition d'un second droit variable par *ouvrier*, *machine* ou *instrument*, il n'y a pas lieu à cumul. L'exploitant est imposé pour celle des différentes industries qu'il exerce, qui donne lieu au droit le plus élevé.

Pour les industries auxquelles la loi assigne un premier droit invariable, plus un droit par ouvrier, il n'est compté qu'un droit fixe invariable, le plus élevé; on ne cumule que les ouvriers.

Soit l'exploitant d'une blanchisserie de cire à dix ouvriers (15 fr., plus 3 fr. par ouvrier), et d'une fabrique de chandelles aussi à dix ouvriers (10 fr., plus 3 fr. par ouvrier), on aura :

Droit fixe invariable de la blanchisserie..................... 15 fr.
Plus pour les 20 ouvriers des deux établissemens, à 3 fr. par
ouvrier... 60
                                                      ____
                              Total............... 75 fr.

Soit encore l'exploitant d'une briqueterie à quinze ouvriers (15 fr.,
plus 2 fr. par ouvrier), et d'une tuilerie à cinq ouvriers (5 fr., plus
2 fr. par ouvrier), on aura :

Droit fixe invariable de l'une ou l'autre des deux industries. 5 fr.
Plus pour les 20 ouvriers des deux établissemens.......... 40
                                                      ____
                              Total............... 45 fr.

Industriels ayant des établissemens dans différentes communes.

Pour les établissemens dont le droit fixe est réglé d'après le nombre
d'ouvriers, de broches, fours, chaudières, cuves, forges, hauts-four-
neaux, cylindres, meules, tavelles, bobines, etc., le nombre total de ces
élémens sert à l'établissement du droit fixe jusqu'à concurrence du
maximum déterminé par la loi. Le droit fixe est imposé au lieu du
domicile. (*Inst. du* 10 *juillet* 1850.)

Ouvriers des établissemens industriels.

Le contrôleur ne doit tenir compte que des ouvriers employés soit
à la préparation des matières, soit à leur mise en œuvre, et nullement des journaliers occupés à des travaux indépendans de la fa
brication. (*Circ. du* 14 *août* 1844.)

Il ne doit également indiquer que le nombre des ouvriers employés en moyenne, et sans égard aux variations en plus ou en moins
qui peuvent avoir lieu à certaines époques de l'année.

On ne doit pas compter comme ouvrier le chef de l'établissement
déjà atteint par la partie invariable du droit fixe. Il y a lieu de comprendre les femmes dans le nombre des ouvriers. A l'égard des enfans,
on ne doit les compter qu'après l'âge de douze ans, conformément aux
règles établies par la loi du 22 mars 1841, sur le travail des enfans
dans les manufactures.

Lorsque les ouvriers ne sont pas complétement occupés toute l'année, le contrôleur ne doit pas compter tous les ouvriers, mais
porter dans la matrice un chiffre moyen exprimant la quantité d'ouvriers nécessaires pour produire, en les supposant complétement occupés, le travail de tous les ouvriers partiellement occupés. (*Circ. du*
10 *juillet* 1850.)

La disposition qui prescrit de calculer le droit fixe de patente par
série d'ouvriers momentanément employés, équivalente à un ouvrier
employé complétement, ne peut être étendue à une industrie autre que
celles pour lesquelles cette disposition a été établie au tarif. (*Arrêt C.
du* 31 *juillet* 1856.)

Ainsi, l'exploitant de Tourbières devra payer le droit fixe en raison
du nombre des ouvriers employés pendant la durée de l'extraction de

la tourbe, et non en raison d'un nombre d'ouvriers réduit proportion
nellement au temps de chômage de l'exploitation.

Le fabricant de briques, au contraire, verra son droit fixe calculé
par série d'ouvriers momentanément employés, équivalent à un ouvrier employé complétement.

Les fabricans et manufacturiers, dûment patentés en cette qualité,
ont le droit de vendre les produits de leurs fabriques; on ne peut pas
les imposer comme marchands, sur le motif qu'en cette dernière qualité ils seraient passibles d'un droit fixe plus élevé. Il n'y aurait lieu
de les imposer comme marchands, que s'ils ne vendaient pas exclusivement les produits de leurs fabriques. Un fabricant qui ne fait qu'interrompre ses travaux, sans renoncer à sa profession, ne cesse pas d'être
imposable.

Patentables du tableau G.

Les patentables du tableau G qui exercent une seconde profession
imposable d'après les autres tableaux, doivent payer :

1º Le droit proportionnel au 15º de la valeur locative de l'habitation
et des pièces consacrées à l'exercice de la profession du tableau G, sauf
déduction pour les chefs d'institution et les maîtres de pension des
locaux affectés au logement et à l'instruction des élèves (*Arrêts C.
des* 23 *mars et* 28 *décembre* 1853) ;

2º Le droit fixe afférent à la seconde profession, et le droit proportionnel, s'il y a lieu, d'après le taux applicable aux locaux servant à
l'exercice de cette seconde profession, s'ils sont distincts, et sur le pied
du 15º s'ils sont confondus avec ceux de la première profession.

Les patentables du tableau G sont, comme ceux des autres tableaux,
assujétis au paiement du timbre de la formule.

Professions exercées à façon.

Les charpentiers, charrons, couvreurs, maçons, menuisiers, plafon-
neurs, plâtriers et serruriers, ne sont passibles que du droit de 7º
classe lorsqu'ils travaillent à façon, c'est-à-dire *à la journée*, pour des
maîtres qui fournissent la matière. Ils doivent être renvoyés dans la
6º classe, s'ils exécutent des travaux par entreprise, soit à forfait, soit
à la tâche. (*Inst. du* 10 *juillet* 1850.)

Patentables des quatre dernières classes exerçant, sans compagnon ni apprenti, des professions consistant en un travail de fabrication, de confection ou de main-d'œuvre.

Les patentables des quatre dernières classes des tableaux A et D, qui
exercent pour leur compte des professions consistant en un travail de
fabrication, de confection ou de main-d'œuvre, ne sont imposés qu'à la
moitié des droits lorsqu'ils travaillent sans compagnon ni apprenti.
(*Inst. du* 10 *juillet* 1850.)

Cette disposition a pour objet de tenir compte de la position de certains artisans qui exercent leur profession dans des conditions d'infé-

riorité au commencement ou à la fin de leur carrière. Elle n'est applicable qu'à des patentables :

Appartenant aux quatre dernières classes des tableaux A et D;
Qui travaillent *pour leur compte ;*
Seuls, sans compagnon ni apprenti,
Et dont la profession consiste en un travail de *confection, fabrication*
où *main-d'œuvre.*

Ainsi un charron, un bourrelier, un vannier, travaillant seul pour
son compte n'est imposable qu'à la moitié des droits. La réduction
n'est pas due, au contraire, à un libraire, à un boulanger, à un loueur
de chevaux, à un barbier, à un pédicure, etc., dont les professions
consistent principalement en des actes de vente ou de location, ou en
une opération qui ne saurait être appelée travail de main-d'œuvre.

Elle n'est pas due non plus aux patentables exerçant *à façon*, vu que
leur position a été prise en considération dans le classement de leurs
professions, et que d'ailleurs ils ne remplissent pas la condition principale, celle de travailler pour leur compte.

A partir de quelle époque la patente est due?

Les individus Français ou étrangers exerçant au mois de janvier
une profession imposable doivent être cotisés pour l'année entière.
(*Art.* 1er *et* 23 *de la loi du* 25 *avril* 1844.)

Sont également cotisables pour l'année entière les fileurs de cocons,
les fabricans d'huile, les exploitans d'eaux thermales, de bains de mer,
d'écoles de natation et autres patentables dont la profession ne peut
être exercée qu'une partie de l'année. (*Inst. du* 14 *août* 1844.)

Ceux qui, après le 1er janvier, entreprennent une profession sujette
à patente, doivent être imposés à partir du 1er du mois dans lequel ils
ont commencé d'exercer. (*Art.* 23 *de la loi du* 25 *avril* 1844.)

Les patentés qui, dans le cours de l'année, entreprennent une profession d'une classe supérieure à celle qu'ils exerçaient d'abord ou
qui transportent leur établissement dans une commune d'une plus
forte population, doivent un supplément de droit fixe à partir du 1er
du mois dans lequel les changemens ont été opérés.

Il est également dû, au *prorata*, un supplément de droit proportionnel par les patentables qui prennent des maisons ou locaux d'une
valeur locative supérieure à celle des maisons ou locaux pour lesquels
ils ont été primitivement imposés et par ceux qui entreprennent une
profession passible d'un droit proportionnel plus élevé.

Un patentable omis dans le rôle primitif, quoique exerçant au 1er janvier, peut être repris pour l'année entière, même dans le rôle supplémentaire du 4e trimestre.

Mais on ne doit pas imposer supplémentairement un patenté compris
dans le rôle primitif, lors même que sa cotisation ne serait pas aussi
élevée qu'elle aurait dû l'être. (*Circ. du* 26 *juillet* 1845.)

Les individus déjà patentés ne peuvent être compris dans un rôle
supplémentaire qu'autant qu'il est survenu des faits nouveaux postérieurement à l'établissement de la cotisation primitive.

ASSIETTE DES DROITS DE PATENTE.

Recherches pour l'amélioration de l'assiette des patentes.

Le contrôleur relève, à des époques périodiques, dans les bureaux des douanes, de la marine, de la navigation, des préfectures et des sous-préfectures, dans les greffes des tribunaux de commerce etc., tous les faits et renseignemens propres à améliorer l'assiette des droits de pa-tentes. (*Inst. du* 10 *juillet* 1850.)

Il examine avec le plus grand soin les déclarations de commencer et de cesser fournis par les receveurs des contributions indirectes, les compare avec les matrices de patentes et en fait usage pour la rectifi-cation des matrices primitives ou la formation des matrices supplémen-taires.

Il recherche dans les bureaux de la même administration le nom des brasseurs, la capacité brute de leurs chaudières, l'indication des bras-series qui, habituellement ne brassent que quatre fois au plus par an et de celles qui ne brassent que huit fois au plus. Il prend des renseigne-mens analogues en ce qui concerne les fabrique de sucre de betterave.

Il dresse un relevé des baux de maisons et usines pour chaque com-mune de sa division ; lorsque ces baux sont dans des conditions nor-males et régulières, il les applique aux occupans s'ils sont patentables ; il les prend, en outre, comme termes de comparaison pour évaluer les locaux non affermés par bail.

Il comprend, dans les relevés qu'il fait annuellement pour l'amélio-ration de l'assiette des patentes, tous les faits de commerce ressortant de l'enregistrement des actes en tête desquels l'ancienne législation prescrivait aux officiers ministériels de mentionnner la patente.

Il recueille non-seulement les renseignemens relatifs à des communes de sa division, mais encore tous ceux qui se rapportent à d'autres com-munes. Il consigne ces derniers renseignemens sur des cadres confor-mes au modèle n° 1 joint à l'instruction du 10 juillet 1850 et les trans-met suivant la marche tracée par les circulaires n°s 29 et 46.

C'est au directeur qu'est réservé le soin de fixer l'époque des recher-ches et de désigner à chaque contrôleur les bureaux où il devra faire ses relevés.

Le recensement des patentables est fait dans la tournée ordinaire, à l'exception des communes ayant plus de cent patentés, ou un principal de patentes de 1,000 francs et au-dessus. Dans ces communes le recen-sement ne s'exécute qu'à partir du 15 octobre. (*Inst. du* 18 *décembre* 1853, *art.* 6.)

Le contrôleur a le droit de visiter, avec l'assistance du maire ou de son délégué, tous les établissemens patentables ; mais il peut se dispen-ser de procéder à une vérification approfondie, lorsqu'il se trouve suffisamment renseigné sur le nombre des ouvriers, métiers, fours et autres élémens de production. S'il n'obtenait pas, de la part des industriels, les facilités nécessaires, il procéderait par voie d'appréciation, sauf aux patentables à se pourvoir s'ils se croyaient mal imposés. (*Inst. du 14 août* 1844.)

L'obligation de faire le recensement des patentables n'implique point, pour le contrôleur, celle de s'introduire, chaque année, dans l'intérieur des maisons et des établissemens occupés par des contribuables dont la position n'aurait point changé ; il suffit, dans cette circonstance, de reconnaître à l'extérieur, et au vu des bulletins, que les bases de cotisation de ces contribuables doivent être maintenues. Mais le recensement à domicile est nécessaire pour les patentables nouveaux et pour ceux dont la patente aurait été l'objet de réclamations, ou dont le commerce, l'industrie, la profession ou les locaux auraient subi quelque changement.

Dans tous les cas le contrôleur doit se conduire avec tact et avec prudence. Il doit surtout éviter de laisser prendre à ses investigations un caractère ou des formes de rigueur contraires aux intentions de l'administration, et qui pourraient blesser les populations et provoquer des plaintes. (*Inst. du* 18 *décembre* 1853, *art.* 96.)

Recensement des patentables.

Huit jours au moins à l'avance, le contrôleur annonce au maire ainsi qu'au percepteur, l'époque à laquelle il se rendra dans chaque commune. A son arrivée il se présente au maire, et, après avoir réclamé l'assistance de ce magistrat ou de son délégué, il parcourt la commune à l'effet de reconnaître quels sont les habitans passibles des droits de patentes, et de constater leur véritable commerce industriel ou profession, ainsi que la valeur locative de leur habitation et des établissemens sur lesquels doit porter le droit proportionnel.

Le contrôleur doit toujours être muni du tarif général, afin de pouvoir le communiquer aux patentables et aux maires qui voudraient le consulter. (*Circ. du* 14 *août* 1844.)

Le percepteur doit se trouver dans la commune aux jour et heure fixés pour le travail, afin de fournir les renseignemens qui lui seraient demandés, mais il n'est pas tenu d'accompagner le contrôleur dans le parcours de la commune. (*Inst. du* 18 *décembre* 1853, *art.* 5.)

Le contrôleur en faisant le recensement des patentables s'attache particulièrement à constater si un marchand vend habituellement

     en gros,
     en demi-gros,
     ou en détail ;

Si un fabricant travaille pour son compte ou à façon ;

Si un artisan est entrepreneur, maître ou seulement façonnier ;

Si un patentable n'a pas plusieurs établissemens qui le mettent dans le cas de payer, indépendamment du droit fixe entier pour l'établissement principal, des demi-droits fixes additionnels pour chacun des autres établissemens ;

Si parmi les laboureurs et cultivateurs, il ne s'en trouve pas quelques-uns d'imposables à la patente,

Comme transformant en eau-de-vie des vins autres que ceux provenant de leurs récoltes ;

Comme achetant des cocons pour en vendre la soie après les avoir filés ;

Comme employant des ouvriers pour la fabrication de la vannerie ;

Si parmi les patentables des 5e, 6e, 7e et 8e classes, il y en a qui ne doivent être assujétis qu'à la moitié des droits, comme exerçant pour leur compte, sans compagnon ni apprenti, une profession consistant en un travail de fabrication, confection ou main-d'œuvre.

Il procède au recensement des patentables à l'aide des bulletins de patente de l'année précédente (modèle n° 2 de l'instruction du 10 juillet 1850), rangés dans l'ordre topographique. (*Instr. du* 18 *décembre* 1853, *art.* 91.)

Il retire de la liasse de ces bulletins ceux qui se rapportent à des patentables décédés, ou ayant cessé d'exercer, ou partis de la commune.

Il complète les bulletins qui ne présenteraient pas toutes les indications nécessaires pour bien expliquer ou justifier les bases de l'assiette du droit de patente.

Il modifie les bulletins des patentés dont le commerce, l'industrie, la profession ou les locaux ont subi quelque changement.

Il établit, et place à leur ordre topographique, des bulletins pour les patentables nouveaux.

Il recueille tous les faits susceptibles d'être inscrits sur le carnet des établissemens industriels (modèle n° 3 de l'instruction du 10 juillet 1850), et il met ce document à jour.

Il a dû vérifier antérieurement les déclarations de cessation que le maire a pu transmettre au directeur des contributions directes après le dépôt de la matrice de l'année précédente. Il s'assure si, depuis sa vérification, l'état des choses ne s'est pas modifié, et il prend note des patentables qui auraient été indûment affranchis de l'impôt.

Il rapproche les documens qui lui ont été transmis pour l'amélioration de l'assiette des patentes, ainsi que les renseignemens qu'il a recueillis lui-même avant d'entreprendre la tournée, et ceux que peuvent contenir les extraits ou feuilles de mutation; la liste des nouveaux propriétaires, les états de changemens, les registres des états civils, le recensement de la population, etc., des résultat qu'il vient de constater en parcourant la commune, et il les complète s'il y a lieu.

Il forme des bulletins même pour les patentables qui, en raison de leur état d'indigence notoire, ne sont pas susceptibles d'être imposés et dont les cotisations devraient nécessairement être portées sur l'état des cotes irrecouvrables. (*Inst. du* 18 *décembre* 1853, *art.* 92.)

Il dresse à l'aide de ces bulletins la liste nominative des indigens (modèle n° 14), en donnant, pour chacun d'eux, les indications nécessaires pour que l'importance des exemptions, à titre d'indigence, puisse être établie avec exactitude.

Cette liste est transmise au directeur, qui l'annexe à la matrice lorsque cette dernière pièce lui parvient.

Il rédige un bulletin séparé pour chaque établissement, usine, maison, boutique, magasin, atelier, etc., occupés par un même patentable.

Les bulletins concernant des établissemens, usines, maisons, boutiques, magasins, ateliers, etc., susceptibles d'être imposés dans une autre commune restent compris dans la série des bulletins de la commune de la situation ; mais le contrôleur en rédige des extraits dans la forme du modèle n° 1 annexé à l'instruction précitée pour être transmis au contrôleur de la commune du lieu de l'imposition. (*Circ. du* 10 *juillet* 1850.)

Lorsque le contrôleur rencontre des patentables à imposer au droit entier hors de sa division, il doit faire connaître particulièrement au directeur leur nom, leur demeure, ainsi que la nature du commerce, de l'industrie ou de la profession. (*Circ. du* 10 *juillet* 1850.)

Il rédige en double expédition les extraits de cette nature lorsqu'il a intérêt à connaître la suite ou la vérification dont les renseignemens recueillis par lui auront été l'objet. (*Inst. du* 18 *décembre* 1853, *art.* 97.)

L'envoi dont il s'agit doit être fait avant que le contrôleur quitte la commune et indépendamment des autres pièces du travail, si celles-ci ne peuvent être transmises immédiatement.

DROIT FIXE.

FORMATION DES MATRICES PRIMITIVES.

Le contrôleur se conforme, pour la rédaction des matrices de patentes, au modèle annexé à la circulaire du 10 juillet 1850.

Il dresse la matrice par ordre alphabétique, à moins qu'il ne s'agisse de villes importantes où l'on est dans l'usage de rédiger les rôles par ordre de rues et de numéros de maisons.

Le contrôleur porte le droit fixe au domicile du patentable, lorsque ce domicile est dans une commune où il existe un des établissemens ; dans le cas contraire, il inscrit le droit fixe dans la commune renfermant l'établisssement ou les établissemens qui donnent lieu au droit le plus élevé. Si le droit fixe était le même dans les diffétentes communes, la patente serait établie dans celle où l'ensemble des droits fixe et proportionnel donnerait en principal la cotisation la plus forte. Dans tous les cas, le contrôleur inscrit le droit fixe en un seul chiffre et dans une seule commune, afin qu'on ne soit pas exposé à dépasser le maximum.

Patentables exerçant dans les banlieues des communes de 5,000 âmes et au-dessus.

Pour les communes dont il s'agit, le contrôleur divise la matrice des patentes en deux parties, l'une comprenant les patentables de la ville proprement dite, l'autre ceux de la banlieue. Pour distinguer les habitations comprises dans la banlieue, le contrôleur consulte les documens qui doivent lui être transmis à cet effet par le directeur. (*Circ. du* 14 *août* 1844.)

DÉPOT DES MATRICES.

Le contrôleur dépose au secrétariat de la mairie la matrice des patentes, aussitôt qu'elle est rédigée, en rappelant au maire, 1° que, pendant dix jours les parties intéressées peuvent en prendre connaissance et lui remettre leurs observations ; 2° qu'à l'expiration d'un second délai de dix jours, il est tenu d'adresser la matrice au sous-préfet, après y avoir, s'il y a lieu, consigné ses propres observations. (*Inst. du* 18 *décembre* 1853, *art.* 93.)

Le contrôleur demande au maire un certificat du dépôt de la matrice et transmet ce certificat au directeur des contributions directes avec tout le travail des mutations. (*Idem.*)

Les dispositions relatives. à la rédaction et au dépôt des matrices de patentes primitives s'appliquent également aux matrices supplémentaires. (*Inst. du* 18 *décembre* 1853, *art.* 94.)

Dans les villes importantes, la matrice des différens quartiers est déposée à mesure qu'elle est terminée dans chaque quartier.

A Paris le dépôt des matrices de. tous les quartiers a lieu le même jour ; de sorte que chaque patentable peut en se rendant à la mairie de son arrondissement y prendre connaissance des bases de sa cotisation: un délégué du maire est chargé de recevoir et de consigner, s'il y a lieu, sur la matrice les observations du contribuable.

Après le délai fixé par la loi pour le dépôt des matrices, ces pièces, revêtues des observations du maire de chaque arrondissement, sont centralisées à la commission des contributions qui, après y avoir consigné aussi ses observations, les transmet au directeur des contributions.

MINUTE DES MATRICES DE PATENTES.

Le contrôleur enliasse, séparément et par commune, les bulletins de patente concernant les individus qui ont cessé d'être imposés et ceux qui concernent les patentables actuels ; ces derniers forment la matrice-minute des patentes. Il conserve les uns et les autres avec soin. (*Inst. du* 18 *décembre* 1853, *art.* 95.)

COMMUNES NON RÉSERVÉES.

CHANGEMENS POSTÉRIEURS AU PASSAGE DU CONTRÔLEUR.

Le contrôleur auquel le directeur a renvoyé des cadres indiquant les retranchemens ou additions à faire à la matrice des patentes, par suite de changemens survenus depuis son passage dans les communes, doit vérifier sur les lieux mêmes, l'exactitude des faits ou renseignemens consignés sur ces cadres et reprendre dans des matrices supplémentaires les patentables nouvellement établis et ceux dont la radiation aurait été mal à propos effectuée. (*Circ. du* 16 *avril* 1847.)

Il justifiera de ses recherches à cet égard, en renvoyant les cadres au directeur, après avoir consigné, dans la colonne d'observations, et en regard de chaque article, le résultat de sa vérification.

CARNET DES ÉTABLISSEMENS INDUSTRIELS.

D'après l'instruction du 14 août 1844, le contrôleur doit ouvrir un carnet portatif dans lequel il inscrira pour chacun des établissemens industriels situés dans sa division, tous les renseignemens recueillis, tant sur le nombre des ouvriers, broches, métiers, fours, caves, fosses, etc., que sur la valeur locative des maisons d'habitation, des bâtimens et moteurs, ainsi que de l'outillage.

Ce carnet sera rédigé dans la forme du modèle annexé à l'instruction du 10 juillet 1850.

Cette pièce fait partie des documens dont le contrôleur doit être muni lorsqu'il se rend dans les communes pour la tournée des mutations. Il tient le carnet au courant en y consignant les établissemens nouveaux ou en modifiant les établissemens anciens qui ont éprouvé quelque changement,

Le contrôleur rédige des extraits pour les établissemens de nouvelle création ou pour ceux qui ont subi des changemens dans leurs bases. Ces extraits sont envoyés au directeur, qui les transmet à l'inspecteur pour servir à mettre au courant le double du carnet que cet employé supérieur a entre les mains.

COPIE DES MATRICES DE PATENTES.

Les bulletins individuels qui servent au recensement des patentables étant classés par commune et conservés au contrôle, les copies de matrices devenaient inutiles ; elles ont été supprimées. (*Circ. du 12 octobre 1853.*)

MATRICES SUPPLÉMENTAIRES.

Le contrôleur rédige, tous les trois mois, une matrice supplémentaire pour chacune des communes où il se trouve des individus placés dans un des cas prévus par les instructions. A cet effet, il se transporte dans les principales communes de son contrôle et au moins dans les chefs-lieux de perception, pour y recueillir des renseignemens et relever les notes consignées sur les cahiers des percepteurs. Lorsqu'il y a lieu de dresser une matrice supplémentaire, le contrôleur assisté du maire ou de son délégué, va reconnaître sur les lieux mêmes la véritable profession des patentables, ainsi que la valeur locative de leurs maisons d'habitation, bâtimens, etc. Il indique exactement sur la matrice le mois dans lequel les patentables se sont établis ou ont changé de position, et suit, en ce qui concerne le dépôt de la matrice et l'avis à donner au directeur, la même marche que pour les matrices primitives. (*Circ. du 14 août 1844.*)

Le contrôleur doit fournir les matrices supplémentaires assez tôt pour que les rôles des trois premiers trimestres soient publiés dans la première quinzaine des mois de mai, d'août et de novembre, et ceux du quatrième trimestre dans la première quinzaine de janvier. Pour ce dernier trimestre, le contrôleur dépose les matrices supplémentaires dans les mairies, le 1er décembre au plus tard. (*Circ. du 18 septembre 1850.*)

Les matrices supplémentaires des patentes doivent être conformes au modèle annexé à la circulaire du 11 mars 1845. En donnant avis au directeur du dépôt des matrices supplémentaires qu'il a rédigées, le contrôleur certifie qu'il n'a point à en établir pour les autres communes de sa division. (*Circ. du 11 mars 1845.*)

PATENTE A DÉLIVRER AVANT L'ÉMISSION DU RÔLE.

Lorsque le contrôleur est requis, en vertu de l'article 30 de la loi du 25 avril 1844, de délivrer une patente avant l'émission du rôle, il inscrit le patentable sur la matrice supplémentaire, calcule les droits à payer et en remet la note au requérant, en l'invitant à aller verser à la caisse du percepteur les douzièmes échus, s'il s'agit d'individus domiciliés dans le ressort de la perception, ou la totalité des droits, s'il s'agit de patentables désignés dans l'article 24, ou d'individus étrangers à la perception. Sur la représentation de la quittance du percepteur, le contrôleur délivre la formule de patente et en fait mention sur la matrice. (*Circ. du 14 août 1844.*)

REGISTRE A TENIR.

Le contrôleur tient un registre des patentes ainsi délivrées **avant** l'émission du rôle. (*Circ. du 28 octobre 1828.*)

BIENS DE MAINMORTE.

Le contrôleur dresse pour chaque commune, sur des cadres fournis par le directeur, un relevé sommaire des biens immeubles passibles de la contribution foncière, appartenant aux départemens, communes, hospices, séminaires, fabriques, congrégations religieuses, consistoires, établissemens de charité, bureaux de bienfaisance, sociétés anonymes et tous établissemens publics légalement autorisés. (*Circ. du 10 mars 1849.*)

Ce relevé est dressé à l'aide de la matrice cadastrale sur des cadres conformes au modèle.

Le contrôleur vérifie si, dans les articles concernant les établissemens désignés ci-dessus, il n'existe pas des maisons et autres propriétés qu'on aurait à tort considérées comme exemptes de la contribution foncière. Ces propriétés, s'il en rencontre, seront évaluées dans la même proportion que les autres propriétés de la commune, et leur revenu sera compris dans le relevé.

Dans certaines localités, des propriétés sont imposées sous le nom d'habitans qui en jouissent temporairement ou à vie, quoique le fonds ne cesse pas d'appartenir aux communautés. Dans d'autres, des biens possédés depuis longtemps par des établissemens de mainmorte sont demeurés inscrits à la matrice sous le nom des anciens propriétaires, ou sont imposés sous le nom d'un membre des établissemens ou sous celui d'un fidéicommissaire. Lorsqu'un fait de cette nature a été constaté par le contrôleur, à l'aide des renseignemens qu'il s'est procurés près des maires, des percepteurs ou des receveurs des établissemens, il porte les propriétés qu'il a découvertes au nom des établissemens qui en sont véritablement propriétaires.

Dans le cas où les communes ne renferment aucun bien de mainmorte le contrôleur fournit un certificat négatif.

Lors de la tournée annuelle des mutations le contrôleur fait, sur les feuilles de mutation, le relevé des changemens qui peuvent affecter des lieux appartenant à des établissemens de mainmorte. (*Inst. du* 18 *décembre* 1853, *art.* 74.)

Il s'assure, en consultant les notifications qui ont dû lui être faites à ce sujet par le directeur, si tous les changemens qui ont pu survenir, dans la consistance des biens dont il s'agit, par suite de donations, acquisitions, aliénations, échanges, etc., sont compris dans les mutations constatées, et, au cas contraire, il en complète les mutations.

Il recherche également s'il n'y a pas eu des omissions dans les relevés précédemment établis, ou si des établissemens qui n'auraient pas été imposés, faute d'être légalement reconnus, ne seraient pas devenus imposables depuis la formation des relevés.

A la suite de ces différentes investigations, il dresse, s'il y a lieu, un état (modèle nº 10) des changemens à opérer au relevé de biens de mainmorte, et, s'il n'y a point de changement, il rédige un certificat négatif.

Si, après la transmission du travail, le contrôleur découvre des biens de mainmorte qui ont été omis, il en forme *un relevé* supplémentaire qu'il adresse au directeur. (*Circ. du* 10 *mars* 1849.)

La taxe des biens de mainmorte ayant été assimilée à la contribution foncière, on doit suivre pour l'établissement et la perception de cette taxe les formes prescrites pour l'assiette et le recouvrement de l'impôt foncier. (*Circ. du* 10 *mars* 1849.)

Les demandes en décharge ou réduction doivent être présentées dans le délai de trois mois à dater de la mise en recouvrement du rôle. (*Arrêt C. du* 13 *décembre* 1854.)

La taxe des biens de mainmorte légalement établie au 1er janvier est due pour l'année entière ; et la vente, dans le cours de l'année, des propriétés soumises à cette taxe ne peut donner lieu à la réduction. (*Arrêt C. du* 13 *avril* 1853.)

CHEMINS DE FER.

Les chemins de fer et celles de leurs dépendances qui font avec eux partie du domaine public ne sont point passibles de la taxe des biens de mainmorte ; ainsi l'exemption est due pour la voie et les terrains compris dans les clôtures et pour les bâtimens nécessaires à l'exploitation. (*Circ. du* 14 *avril* 1851.)

Elle est également due pour le buffet établi dans la gare du chemin de fer qui est considéré comme une dépendance du chemin. (*Arrêt C. du 22 août* 1853.)

Mais cette exemption n'est pas applicable aux terrains et bâtimens qui ne doivent pas faire retour à l'Etat, et que les compagnies peuvent hypothéquer et aliéner sans autorisation de l'administration des travaux publics : ces propriétés sont passibles de la taxe. (*Circ. du 16 avril* 1851.)

CANAUX DE NAVIGATION.

Les canaux de navigation, étant généralement affectés à un service public et perpétuel, sont considérés comme biens dépendant du domaine public et sont exemptés de la taxe des biens de mainmorte. (*Circ. du 14 avril* 1851.)

Les canaux appartenant à l'Etat et concédés temporairement à des compagnies jouissent de la même immunité. (*Arrêt C. du 22 mars* 1851.)

Il en est de même d'un canal de navigation appartenant à des particuliers, mais considéré, à raison de sa destination, comme dépendant du domaine public. (*Arrêt C. du 22 mars* 1851.)

IMMEUBLES LÉGUÉS SOUS RÉSERVE D'USUFRUIT.

L'immeuble légué à une commune sous réserve d'usufruit est passible de l'impôt des biens de mainmorte; mais il ne doit être imposé qu'à la moitié de la taxe qu'il paierait s'il n'était pas grevé de cette réserve (*Arrêt C. du 13 août* 1851).

IMMEUBLES AFFERMÉS PAR BAIL EMPHYTÉOTIQUE.

Les établissemens, propriétaires d'immeubles affermés par bail emphytéotique, ne peuvent être, en raison de cette circonstance, exemptés de la taxe des biens de mainmorte. (*Arrêt C. du 3 février* 1853.)

Dans ce cas la taxe est due par les propriétaires et non par l'emphytéote.

SALLES DE SPECTACLE ET ÉDIFICES AFFECTÉS AUX HALLES ET MARCHÉS.

Les salles de spectacle et édifices affectés aux halles et marchés appartenant aux communes, et passibles de la contribution foncière, sont imposables à la taxe des biens de mainmorte. (*Arrêt C. du 10 mai* 1851.)

SOCIÉTÉ ANONYME EN LIQUIDATION.

Les sociétés anonymes en liquidation sont passibles de la taxe des biens de mainmorte tant que les immeubles n'ont pas cessé de leur appartenir. (*Arrêt C. du 28 décembre* 1850.)

PRESTATION EN NATURE.

PAR QUI LA PRESTATION EST DUE.

La prestation en nature est due par tout habitant, chef de famille ou d'établissement, à titre de propriétaire, de régisseur, de fermier ou de colon partiaire, s'il est porté, au rôle des contributions directes, mâle, valide et âgé de 18 ans au moins et de 60 ans au plus.

Tout habitant réunissant ces conditions est imposable :

1° Pour sa personne et pour chaque individu mâle, valide, âgé de 18 ans au moins et de 60 ans au plus, membre ou serviteur de la famille, et résidant dans la commune ;

2° Pour chacune des charrettes ou voitures attelées et, en outre, pour chacune des bêtes de somme, de trait, de selle au service de la famille ou de l'établissement dans la commune. (*Loi du* 21 *mai* 1836.)

Un habitant qui a plusieurs résidences doit être imposé pour sa personne dans celle où il a son principal établissement, et qu'il habite le plus longtemps.

Celui qui exploite plusieurs établissemens agricoles ou industriels dans des communes différentes doit être imposé dans chacune de ces communes, si chacun des établissemens est garni d'un matériel permanent d'exploitation ; mais s'il transfère successivement ses moyens d'exploitation d'un établissement dans un autre, il ne doit être imposé qu'au lieu de son principal établissement et de sa résidence habituelle.

La prestation en nature est due par tout individu, même non porté nominativement au rôle des contributions directes de la commune, même âgé de moins de 18 ans et de plus de 60 ans, même invalide, même du sexe féminin, même enfin n'habitant pas la commune, si cet individu est chef d'une famille, ou d'une exploitation agricole, ou d'un établissement industriel, situé dans la commune : seulement, dans ce cas, il ne doit pas la prestation pour sa personne, puisqu'il n'est pas dans les conditions voulues, mais il la doit pour tout ce qui, personnes ou choses, dépend de la famille, de l'exploitation agricole ou de l'établissement industriel. (*Inst. du* 24 *juin* 1836.)

On ne doit pas considérer comme *habitans* pouvant donner lieu à une taxe de prestation :

Les jeunes gens qui ne passent pas immédiatement sous les drapeaux et attendent leur mise en activité ;

Ni les militaires en congé illimité, rentrés dans leurs foyers en attendant leur retraite ou leur congé de réforme. (*Déc. min. du* 27 *mars* 1838.)

Un chef de famille ne doit pas la prestation pour son fils suivant à Paris les cours d'une faculté (*Arrêt C. du* 26 *novembre* 1839) ;

Ni pour un fils parcourant la France en qualité de compagnon.

Un berger attaché à un établissement agricole ne doit pas être imposé pour son propre compte, s'il est déjà compris au nombre des serviteurs pour lesquels le chef de l'établissement est lui-même imposé.

Il en est de même d'un individu qui, porté au rôle de la contribution personnelle et mobilière dans une commune, serait domestique de ferme dans une autre.

Par *serviteurs*, il faut entendre les individus qui résident avec le chef de la famille ou de l'établissement et qui en reçoivent un salaire annuel et permanent.

Les bêtes de somme, de trait et de selle ne sont également imposables que si elles servent au possesseur pour son usage personnel, ou pour celui de sa famille, ou pour l'exploitation de son établissement, soit agricole, soit industriel.

Il n'y a pas lieu d'assujétir à la prestation ceux de ces animaux qui sont un objet de commerce, ou destinés à la consommation ou à la production, ou enfin trop jeunes pour être employés aux travaux de l'exploitation. (*Inst. du* 24 *juin* 1836.)

Les officiers de gendarmerie, les receveurs des contributions indirectes ne doivent pas la prestation pour le cheval qu'ils sont obligés d'entretenir pour l'exercice de leur emploi. (*Arrêt C. du* 6 *novembre* 1839.)

Par voitures et charrettes *attelées*, il faut entendre celles qui sont réellement et habituellement employées au service de la famille ou de l'établissement.

Les voitures de luxe doivent être comprises au nombre des voitures imposables.

Il en est de même des voitures attelées d'ânes.

Les curés, desservans et autres ecclésiastiques sont imposables en principe; mais les répartiteurs peuvent ne pas les porter au rôle, s'ils le jugent convenable.

Les entrepreneurs de diligences, les entrepreneurs de roulage, les loueurs de chevaux de selle ou de trait ;

Les loueurs de voitures publiques partant à volonté ; les voiturins doivent la prestation pour les chevaux et voitures servant pour leur usage personnel, pour celui de leur famille, ou pour l'exploitation de leur industrie.

Les maîtres de poste ne sont pas imposables pour les postillons et pour les chevaux compris dans le service des relais.

Les malles-postes appartenant au gouvernement ne sont pas imposables; mais on doit imposer les malles appartenant à des entrepreneurs qui desservent certaines lignes par suite d'un marché.

Un maréchal-ferrant doit la prestation pour le compagnon qu'il a chez lui à son service, si ce compagnon reçoit de son maître un salaire annuel et permanent. (*Déc. min. du* 9 *novembre* 1837.)

Les postillons et conducteurs sont imposés pour leur propre compte, s'ils remplissent les conditions voulues par la loi : dans le cas contraire, ils figurent au nombre des personnes imposables à l'article du chef de l'établissement dont ils dépendent.

Un relayeur doit la prestation pour les chevaux au moyen desquels il exerce son industrie. (*Arrêt C. du* 16 *juillet* 1840.)

RÉDACTION DE L'ÉTAT-MATRICE DES IMPOSABLES.

Le contrôleur est chargé de rédiger les états-matrices des contribuables, conformément au modèle annexé à la circulaire du 15 septembre 1836, et moyennant un centime et demi par article.

Il n'est pas nécessaire d'inscrire nominativement tous les serviteurs sur l'état-matrice ; il suffit d'en indiquer le nombre à l'article du chef de la famille ou de l'établissement dont ils dépendent.

Pour les communes où l'ordre topographique est adopté, le contrôleur prend, auprès des maires et répartiteurs, les notes nécessaires à l'établissement de cet ordre, et les transmet à la direction. (*Circ.* 16 *mai* 1845.)

Il saisit toutes les circonstances qui, dans le cours de son travail, peuvent lui faire connaître l'âge des prestataires, pour annoter, dans la marge de l'état-matrice, l'année de leur naissance. Ce renseignement, lorsqu'il aura été complété par des soins successifs, permettra de veiller à la suppression des cotisations qui cesseront d'être dues, et de réduire ainsi le nombre des réclamations. (*Inst. du* 18 *décembre* 1853.)

RÉVISION ANNUELLE DES ÉTATS-MATRICES.

Le contrôleur profite de sa tournée générale pour opérer, de concert avec les répartiteurs, les radiations et additions nécessitées par les mutations survenues, tant parmi les redevables que dans le nombre et la nature des objets à imposer. Il consigne, dans la colonne d'observations, les motifs des changemens ainsi effectués, et mentionne, en outre, les numéros des articles modifiés dans l'arrêté final de révision. A mesure que les états des différentes communes d'une même perception sont régularisés, le contrôleur les renvoie à la direction qui les fait additionner et récapituler. Le contrôleur doit se munir d'un relevé des réclamations présentées soit par les redevables, soit par les percepteurs, et veiller à ce que les taxes dont la décharge a été prononcée ne se reproduisent pas.

Lorsque le contrôleur remarque dans le travail des répartiteurs des omissions ou exemptions contraires à la loi, il en rend compte au directeur, qui soumet la difficulté au préfet et arrête l'état-matrice, conformément à la décision intervenue. (*Circ.* 7 *avril* 1837, 11 et 12 *mars* 1840.)

RENOUVELLEMENT DES ÉTATS-MATRICES.

Lorsqu'il y a lieu de renouveler les états-matrices de la prestation en nature, le contrôleur profite, comme à l'ordinaire, de la tournée générale, pour constater, avec les répartiteurs, les changemens survenus, tant parmi les prestataires que dans la nature et le nombre des objets imposables, et, à mesure qu'il a rectifié les états actuels, il les envoie à la direction chargée de les faire retranscrire, additionner et récapituler, moyennant un demi-centime par article, que le contrôleur abandonne sur son indemnité. (*Circ.* 2 *avril* 1842.)

REGISTRE DES RÉCLAMATIONS.

Le contrôleur inscrit les réclamations en matière de prestations sur un registre spécial, semblable à celui qui est prescrit pour les contributions directes.

INSTRUCTION.

Il vérifie ces réclamations dans la même forme que les réclamations pour contributions directes.

Il n'a point à intervenir dans l'instruction des états de cotes irrecouvrables.

La prestation en nature étant assimilée aux contributions directes, la taxe, bien établie au commencement de l'année, est due pour l'année entière et les faits, susceptibles de modifier les bases, qui surviennent postérieurement au 1er janvier, ne peuvent motiver ni décharge, ni réduction. (*Arrêt du* 20 *novembre* 1856.)

Les réclamations ayant pour objet cette nature de taxe ne sont pas sujettes au timbre quel que soit le montant de la cote contre laquelle on réclame. (*Circ. du* 22 *août* 1856.)

TOURNÉES DES MUTATIONS.

AGEENS APPELÉS A CONCOURIR AU TRAVAIL.

Le travail des mutations, dans les communes, est fait par le contrôleur des contributions ou par le percepteur, dans les cas et les conditions ci-après déterminés.

Des tournées spéciales et une tournée générale ont lieu chaque année pour l'exécution du travail des mutations.

Il est donné avis au maire du jour et de l'heure où l'agent chargé du travail doit se rendre dans la commune.

Pour les tournées spéciales, l'avis est donné par l'agent lui-même.

Pour la tournée générale, l'avis est donné par le directeur des contributions directes.

Le maire porte les avis qu'il a reçus à la connaissance des habitans par les voies ordinaires de publication, et il convoque les répartiteurs pour prendre part au travail, dans les cas où leur concours est nécessaire.

Les tournées spéciales ont pour objet les mutations foncières et l'établissement des matrices de patentés. Les époques de ces tournées sont fixées par le directeur des contributions, sur la proposition du contrôleur, lorsqu'il s'agit d'un travail que ce dernier doit faire personnellement : elles sont réglées de concert par le receveur généra des finances et le directeur des contributions directes, pour les communes où les percepteurs doivent opérer.

Les contrôleurs et les percepteurs recoivent, de leurs chefs directs, l'avis des jours et des heures fixés pour les tournées spéciales auxquelles ils doivent concourir.

Les tournées spéciales relatives aux mutations foncières sont faites, tant par le contrôleur que par le percepteur.

Celles qui sont relatives aux patentes sont faites par le contrôleur.

En ce qui concerne l'établissement des matrices primitives, ces tournées sont obligatoires pour les communes ayant plus de cent patentés ou un principal de patentes de 1,000 fr. et au-dessus ; elles commencent après la tournée générale, sans pouvoir toutefois être entreprises avant le 1ᵉʳ octobre, à moins d'une autorisation spéciale de l'administration.

En ce qui concerne les matrices supplémentaires, les tournées doivent avoir lieu tous les trois mois dans les principales communes, et au moins dans les chefs-lieux de perception.

La tournée spéciale pour l'établissement des matrices primitives a lieu d'après un itinéraire arrêté par le directeur et dont une copie est transmise au receveur général, pour qu'il soit notifié aux percepteurs. Le percepteur doit se trouver dans la commune aux jour et heure fixés pour le travail, afin de fournir les renseignemens qui lui seraient demandés, mais sans être tenu d'accompagner le contrôleur dans le parcours de la commune.

Le contrôleur procède au recensement des patentables, dans les communes que comprend la tournée spéciale, suivant la marche qui sera tracée plus loin pour les autres communes.

A défaut d'ordres contraires, la tournée générale s'ouvre le 1ᵉʳ mai de chaque année. Néanmoins, si, dans quelques départemens, les directeurs jugeaient qu'il fût utile d'avancer ou de reculer cette ouverture, ils soumettraient leurs propositions à l'administration.

L'ordre de la tournée est réglé par un itinéraire (*modèle nᵒ* 1) dont le projet est soumis par le contrôleur au directeur, en double expédition, avant le 1ᵉʳ avril. (*Inst. du* 18 *décembre* 1853.)

ITINÉRAIRE.

Pour établir le projet d'itinéraire de la tournée générale, le contrôleur consulte le registre statistique, afin de ne pas affecter au travail des mutations des jours de foire ou de marché qui rendraient plus difficile la réunion des propriétaires et des répartiteurs.

Il tient compte des circonstances susceptibles d'influer sur les époques des grands travaux agricoles, tels que la fenaison, la moisson, les vendanges, etc., de manière à consacrer aux mutations de chaque commune le moment où les habitans peuvent être le plus libres de s'en occúper.

Il s'efforce de ne pas laisser coïncider le travail des mutations avec les jours consacrés au recouvrement, et, à cet effet, il peut scinder une perception de telle sorte qu'en y opérant à plusieurs reprises, le comptable soit distrait de ses autres obligations pendant un moins grand nombre de jours consécutifs.

Il a égard à la population des communes, à l'étendue des territoires, au nombre des actes relevés à l'enregistrement, aux notes des percepteurs, afin de bien apprécier l'importance du travail à exécuter dans chaque commune, et de pouvoir calculer avec exactitude la durée du séjour qu'il doit y faire.

Il ne peut consacrer moins d'un jour à une commune dont la matrice générale renferme plus de cent articles ou dans laquelle il existe plus de trente patentables ; ni, dans aucun cas, opérer dans trois communes le même jour.

L'itinéraire indique l'heure à laquelle le contrôleur arrivera dans chaque commune.

La tournée est divisée en plusieurs parties, entre chacune desquelles sont ménagés quelques jours d'intervalle pour la mise au courant des affaires urgentes et notamment pour la constatation des pertes.

Le directeur examine et modifie, s'il y a lieu, le projet d'itinéraire, en veillant surtout à ce qu'il soit consacré à chaque commune le temps nécessaire pour que le travail puisse être complet et régulier. Il le communique au receveur général pour recevoir ses observations, et il l'arrête, aussitôt qu'il lui est renvoyé, en tenant compte, autant qu'il est possible, des observations qui auraient été faites.

Le contrôleur est tenu de suivre exactement l'itinéraire arrêté ; le directeur seul peut y apporter des modifications, et il ne doit le faire que pour des motifs graves.

Dans le cas où la tournée se trouverait forcément interrompue, soit par la maladie du contrôleur, soit par une autre cause imprévue, le travail des communes dans lesquelles on devait opérer pendant l'interruption serait renvoyé à la fin de l'itinéraire, ou à l'un des intervalles réservés entre ses diverses parties, de sorte que l'ordre établi pour les autres localités ne soit pas dérangé.

La même marche serait suivie à l'égard des communes où le temps fixé par l'itinéraire n'aurait pas suffi pour l'exécution régulière de tout le travail des mutations.

Le directeur doit être averti, sans retard, des circonstances qui peuvent nécessiter la modification de l'itinéraire. Si l'avis de l'arrivée du contrôleur a déjà été envoyé dans les communes sur lesquelles doivent porter les changemens, il prévient immédiatement de l'interruption les maires de ces communes ainsi que ceux des communes limitrophes. Il arrête l'itinéraire modifié, le notifie au contrôleur et en donne connaissance au receveur général et aux maires, en suivant la même marche que pour la communication primitivement faite à ces fonctionnaires. (*Inst. du* 18 *décembre* 1853.)

Le contrôleur procède à la réception des mutations foncières et à la rédaction des extraits de matrice indiquant les parcelles objet des mutations : 1º dans la commune de sa résidence ; 2º dans les communes où il aurait été reconnu par le directeur et le receveur général que, pour une cause quelconque, le travail ne peut être exécuté par le percepteur ; 3º dans les communes où, en raison du grand nombre de mutations arriérées, le directeur jugerait qu'il y a nécessité de confier le travail au contrôleur.

Il est tenu de faire, dans toutes ces communes, au moins une tournée spéciale avant la tournée générale.

Cette prescription est obligatoire, et le contrôleur, chargé de recevoir personnellement les mutations d'une commune, qui aurait négligé de s'y transporter, une fois au moins, pour cet objet, avant la tournée générale, pourrait être privé de tout ou partie de l'indemnité afférente à cette commune.

Le contrôleur est également tenu d'opérer lui-même les mutations foncières que le percepteur n'aurait pu effectuer par des difficultés particulières.

Avant d'entreprendre cette tournée spéciale, il recherche, en consultant les extraits non utilisés, ainsi que les notes et avis du percepteur, et tous autres documens à sa disposition, les noms des propriétaires intéressés dans les mutations qui auraient été ajournées lors des tournées précédentes, faute de renseignemens suffisans ; il informe ces propriétaires, par des lettres individuelles (*modèle nº 7*), du jour et de l'heure où il se rendra dans les communes et les invite à venir lui donner les indications nécessaires pour effectuer les mutations qui les concernent. Si, à son arrivée dans la commune, ils ne répondaient pas à cet appel, il prierait le maire de les faire avertir de nouveau et ne négligerait aucun moyen pour obtenir leur présence et leur concours.

Le contrôleur, avant toute autre opération, appose sur le cahier de notes du percepteur, un visa énonçant |le nombre d'articles qui y ont été inscrits depuis la précédente tournée générale.

Il est procédé ensuite aux diverses parties du travail, dans [l'ordre suivant, avec l'assistance du maire et des répartiteurs, en ce qui concerne les contributions foncière, personnelle-mobilière et des portes et fenêtres ; et avec l'assistance du maire seul, en ce qui concerne la contribution des patentes.

Le contrôleur vérifie, au vu des pièces cadastrales et en présence des répartiteurs et du percepteur, les extraits de matrice rédigés par ce dernier.

Il rectifie immédiatement les erreurs matérielles.

Il demande des explications sur les points qui ont besoin d'éclaircissemens et il prend note des vérifications à faire sur le terrain, ou pour lesquelles il serait nécessaire d'inviter le maire à faire appeler les parties intéressées.

Il compare les feuilles de mutation avec les extraits de partages, ventes et autres actes translatifs de propriété. Il reconnaît les mutations effectuées et celles restant à opérer, et il examine s'il y a lieu, pour ces dernières, de faire appeler aussi les parties intéressées. A l'arrivée des personnes appelées, ou de celles qui se présentent spontanément, le contrôleur régularise les mutations incomplètes, il refait les mutations défectueuses, et il opère les mutations non effectuées.

Le contrôleur se transporte sur le terrain pour constater les mutations qui ne peuvent être faites qu'au moyen de mesurage, ou au moins de l'inspection des lieux.

Il fait le parcours de la commune :

1° Pour rechercher les propriétés non bâties devenues imposables ou ayant cessé de l'être (*circulaire du 6 mars* 1857, *n°* 146) ;

2° Pour constater les démolitions ;

3° Pour reconnaître et évaluer les nouvelles constructions (*circulaire du 24 avril* 1846, *n°* 119) ;

4° Pour prendre note des bâtimens en construction ou reconstruction (*circulaire du* 12 *mai* 1843.)

Il consigne les résultats de ses opérations et de ses recherches, en ce qui concerne les trois premiers points, sur des extraits de matrice établis dans les formes prescrites aux chapitres III et IV de l'*instruction du* 18 *décembre* 1853.

Il annote, en outre, sur le registre n° 2, annexé à la matrice de la commune, et sur le double qui en est tenu pour le contrôle, tous les faits relatifs aux constructions et aux reconstructions.

Dans les contrées à populations éparses et où, à cause du grand nombre de villages, hameaux, maisons isolées, etc., que renferment les territoires communaux, il serait impossible de faire, tous les ans, le parcours entier de toutes les communes, le directeur est autorisé à désigner celles où le contrôleur pourra ne remplir cette obligation que partiellement chaque année, de telle sorte, cependant, que toutes les parties d'une commune soient visitées, au moins une fois, dans un espace de trois années. Le contrôleur indique alors, à chaque tournée, sur la feuille de tête de l'état des constructions nouvelles, les parties de la commune qu'il a visitées, et il en conserve la note sur le double du registre n° 2.

Dans tous les cas, l'agglomération principale de la commune doit être, chaque année, parcourue en entier.

Le contrôleur vérifie les additions des extraits de matrice.

Il réunit les extraits qu'il a rédigés à ceux qui lui ont été remis par le percepteur.

Il groupe ensemble tous les extraits concernant un même *vendeur*, en plaçant en première ligne, et après les avoir classés dans l'ordre des folios des acquéreurs, ceux qui concernent les acquéreurs déjà imposés; en seconde ligne, et après les avoir classés dans l'ordre alphabétique des noms, ceux qui concernent des acquéreurs non imposés; en troisième ligne, et après les avoir classés entre eux dans l'ordre des sections et des numéros du plan des premières parcelles qui y sont inscrites, ceux qui concernent des propriétés supprimées.

Il range les groupes d'extraits ainsi disposés dans l'ordre des folios des vendeurs. Il place, à la suite du dernier groupe, les extraits sans nom de *vendeur* (ceux qui ont pour objet l'imposition de propriétés nouvelles), classés entre eux dans l'ordre qui vient d'être indiqué pour les extraits concernant des suppressions de propriété. Il applique ensuite aux extraits ainsi rangés une série continue de numéros d'ordre. Ces numéros sont placés en tête et à gauche des extraits.

Si, en raison du grand nombre de parcelles tirées du même article de matrice, l'extrait d'un acquéreur se composait de plusieurs feuilles, ces feuilles seront attachées, dans l'ordre de l'inscription des parcelles à la matrice, et ne recevraient qu'un numéro d'ordre qui serait répété sur chaque feuille avec les indications, 1re feuille, 2e feuille, 3e feuille, etc., écrites de cette manière : 60 (1re feuille), 60 (2e feuille), etc.

Lorsque les extraits ont été vérifiés, classés et numérotés, le contrôleur dresse une liste alphabétique des acquéreurs non encore inscrits sur la matrice cadastrale.

Il indique, à droite des noms des nouveaux propriétaires, le numéro d'ordre des feuilles qui les concernent et le nombre de parcelles qui y sont inscrites, en faisant une mention spéciale des substitutions de noms; il indique à gauche des mêmes noms l'article de la matrice générale, si les nouveaux propriétaires figurent déjà sur ce document.

Cette liste, destinée à être transmise au directeur avec les extraits de matrice, peut être établie au moyen de bulletins, ou être formée immédiatement d'après le procédé suivant :

Le contrôleur prend une feuille de papier, qu'il suppose divisée en cases correspondant aux lettres de l'alphabet ; il y inscrit chaque nom, à mesure qu'il se présente, à la place qu'il est présumé devoir occuper dans l'ordre alphabétique ; après un certain nombre d'inscriptions, les noms écrits forment en quelque sorte des jalons dans l'intervalle desquels les autres noms viennent très-facilement se ranger.

La liste ainsi établie n'étant qu'un simple renseignement destiné à faciliter le travail n'a pas besoin d'être retranscrite.

Le contrôleur recueille, pendant la tournée générale des mutations, les documens dont il peut avoir besoin pour former, compléter ou tenir au courant le registre statistique (*circulaires du 28 mars* 1846, *n*° 114, *et du* 15 *septembre* 1853, *n*° 307).

L'état des constructions et démolitions et les divers états de changemens sont rédigés dans la commune et ne doivent être soumis à la signature des répartiteurs que quand ils sont entièrement remplis. (*Inst. du* 18 *décembre* 1853.)

FEUILLES INCOMPLÈTES OU INEXACTES.

Lorsqu'il aura transmis à la direction des feuilles entachées d'irrégularités de nature à motiver le renvoi des pièces, le contrôleur pourra avoir à subir la retenue intégrale, ou partielle, de la portion d'indemnité afférente au travail exécuté ou à exécuter par lui dans la commune à laquelle appartiendront les feuilles irrégulières.

L'application de ces retenues et la fixation de leur quotité sont laissées à l'appréciation du directeur, qui, dans tous les cas, exposera les faits à l'administration, en lui adressant l'état sommaire des mutations, et si ce chef de service avait cru pouvoir se dispenser d'appliquer les retenues ndiquées, il en expliquerait les motifs.

Si l'ensemble du travail d'un contrôleur présentait des irrégularités assez graves ou assez nombreuses pour être attribuées à un oubli coupable de ses devoirs, le directeur en rendrait compte à l'administration, qui prescrirait ou prendrait les mesures convenables. (*Inst. du* 18 *décembre* 1853.)

VENTILATION DES EXTRAITS DE BAUX ET VENTES.

Le contrôleur indique sur les extraits de partages, échanges, ventes et autres actes translatifs de propriété, les numéros des feuilles de mutations correspondantes.

Il dresse le relevé des extraits non utilisés (*modèle n°* 15) et indique les causes de l'ajournement des mutations. Il remet immédiatement les extraits non utilisés au percepteur, afin qu'il fasse, aussitôt que possible, les démarches nécessaires pour opérer les mutations, ou il les conserve entre ses mains, s'il s'agit de communes dont il ait à faire lui-même le travail.

Il procède à la ventilation des divers actes translatifs de propriété ainsi que des baux et adjudications de coupes de bois conformément aux règles résumées dans les articles 13 et 14 de l'instruction du 30 mai 1851 sur l'évaluation des revenus territoriaux. Les résultats de la ventilation sont inscrits sur les extraits eux-mêmes.

Hormis le cas d'impossibilité absolue, tous les actes, baux, ventes, adjudications de coupes de bois et partages reposant sur des estimations d'experts, quels qu'en soient l'importance et le prix, doivent être ventilés.

Le contrôleur, en adressant au directeur les extraits utilisés, annotés et complétés par le travail des ventilations, ainsi qu'il vient d'être expliqué, y joint les extraits qu'il aurait reconnus n'être susceptibles d'aucune suite, après y avoir consigné les motifs qui ne permettent pas d'en faire usage. (*Inst. du* 18 *décembre* 1853.)

ENVOI DES PIÈCES AU DIRECTEUR.

L'envoi des pièces au directeur doit suivre immédiatement l'achèvement du travail, soit de la commune, soit au plus, de la perception, ou de la portion de perception dont les communes se suivent sans interruption sur l'itinéraire.

Cet envoi comprend, pour chaque commune, les pièces suivantes :

1° La feuille de notes établie au moment de la réception des mutations ;

2° Les feuilles de mutation, ou extraits de matrice, avec la liste des nouveaux propriétaires, et, s'il y a lieu, les croquis figuratifs des parcelles à imposer ;

3° L'état des changemens à opérer aux relevés des biens de mainmorte, ou le certificat négatif qui en tient lieu ;

4° L'état des constructions et démolitions ;

5° L'état des changemens à opérer dans les bases de la contribution des portes et fenêtres ;

6° L'état des changemens à opérer dans les bases de la contribution personnelle-mobilière ;

7° Les extraits de baux et d'adjudications de coupes de bois ventilés ;

8° Les extraits d'actes translatifs de propriété utilisés et ceux qui ne sont pas susceptibles de l'être ;

9° Le relevé des extraits non utilisés ;

10° Le certificat constatant le dépôt de la matrice des patentes ;

11° La liste des patentables indigens ;

12° Les bulletins de renseignemens concernant des patentables à imposer dans d'autres contrôles, si la transmission de ces bulletins n'a pas été faite antérieurement ;

13° Les extraits du carnet des établissemens industriels constatant les modifications opérées ;

14° L'état-matrice des prestations pour l'entretien et la réparation des chemins vicinaux ;

15° Les extraits du cahier de notes du percepteur, sur lesquels le contrôleur a dû annoter la suite donnée aux divers renseignemens qu'ils contiennent ;

16° Les réclamations, états de cotes indûment imposées et états de cotes irrecouvrables qui n'avaient pas été instruits avant la tournée générale.

Le bordereau d'envoi du travail des mutations relate le nombre des extraits rédigés, le nombre des parcelles inscrites en détail sur les extraits et le nombre de substitutions de nom à opérer, avec distinction, pour chaque cas, du nombre afférent au travail du percepteur et de celui qui est relatif au travail du contrôleur.

Avant de quitter la commune, le contrôleur met le percepteur à même de relever les noms des individus qui seront imposés, pour la première fois, dans le rôle de l'année suivante, à la contribution personnelle-mobilière et à la patente, afin que ce comptable ait le temps de se procurer, sur les nouveaux contribuables, les renseignemens nécessaires pour bien apprécier leur position, avant le terme fixé pour la présentation des états de cotes indûment imposées. (*Inst. du* 18 *décembre* 1853.)

RAPPORT SUR LA TOURNÉE DES MUTATIONS.

Dans la quinzaine qui suit l'achèvement de la tournée, le contrôleur adresse au directeur, en double expédition, un rapport (*modèle n° 16*) dans lequel il traite les points suivans :

« Publication de l'époque de l'arrivée du contrôleur, et apposition des affiches dans les communes. — Concours des maires, adjoints et répartiteurs.

« Concours prêté par les percepteurs pendant le cours de l'année, pendant la tournée générale. — Nombre des extraits d'actes translatifs de propriété utilisés par eux et de ceux dont ils n'ont pas fait usage. — Distribution des avertissemens et mention y relatée de la date de la publication des rôles.

« Etat de conservation des pièces cadastrales, répartitions dont elles auraient besoin.

« Observations générales. »

Le contrôleur joint à son rapport un état présentant, par commune, le compte des extraits de baux ou de ventes reçus et rédigés, et de ceux utilisés (*modèle n° 17*). Les colonnes 3, 6, 10 et 13 de ce compte devront reproduire les chiffres qui auront figuré au compte précédent, dans les colonnes 5, 8, 12 et 15 ; ceux portés dans la colonne 16 devront concorder avec le nombre des extraits non utilisés compris dans les relevés communaux.

Les extraits qui auront été reconnus n'être susceptibles d'aucune suite seront considérés comme ayant été *utilisés*, lorsqu'ils auront été renvoyés au directeur avec les explications propres à justifier leur non-emploi.

Ce compte n'est envoyé qu'en simple expédition, mais le contrôleur en consigne les résultats sur la dernière page de son rapport dans le cadre disposé à cet effet. (*Inst du* 18 *décembre* 1853.)

APPLICATION DES MUTATIONS SUR LES MATRICES DES COMMUNES.

Le contrôleur procède à l'application des mutations sur les matrices des communes aussitôt après qu'il a reçu du directeur les pièces nécessaires pour entreprendre ce travail, qui doit être terminé avant le 1er mars de l'année suivante.

Le contrôleur est autorisé à faire l'application à son bureau, et, à cet effet, à y faire venir les matrices cadastrales et les matrices générales déposées aux secrétariats des mairies, où il est obligé de les réintégrer, dans un délai de quinze jours au plus, sous peine de se voir retirer cette faculté.

Les frais de transport des matrices sont à la charge du contrôleur, et il est responsable des détériorations que le déplacement pourrait leur faire éprouver.

Le contrôleur est tenu d'inscrire sur son registre d'ordre la date de l'arrivée des matrices à son bureau et celle de leur renvoi dans les communes.

Le défaut d'accomplissement de cette prescription entraîne, de même que le retard apporté à la réintégration des matrices, le retrait de la faculté de faire venir ces pièces à sa résidence. (*Inst. du* 18 *décembre* 1853.)

CONTRÔLEUR AYANT BEAUCOUP DE PARCELLES A TRANSCRIRE.

Le directeur peut, eu égard au nombre de parcelles à transcrire, aux travaux du contrôleur, à l'état de sa santé, à son aptitude et à la qualité de son écriture, l'autoriser ou même l'obliger à s'adjoindre un aide, pour l'application des mutations.

L'aide choisi par le contrôleur doit être agréé par le directeur, qui détermine les limites dans lesquelles il peut prendre part à la transcription. Le contrôleur est tenu de surveiller son travail et il en demeure entièrement responsable.

Le directeur rend compte à l'administration des décisions qu'il prend à ce sujet et de leurs motifs, en envoyant l'état mensuel de situation du travail. (*Inst. du* 18 *décembre* 1853.)

RETRANSCRIPTION ET RADIATION DES ARTICLES.

Le contrôleur procède ainsi qu'il suit :

Les extraits de matrice ou feuilles de mutation lui parvenant classés par ordre des *acquéreurs*, il doit commencer son travail par où la direction a fini le sien ; par conséquent, il transcrit d'abord sur la matrice cadastrale, à la suite des articles auxquels elles doivent être ajoutées, toutes les parcelles acquises. Il suit rigoureusement, pour cette opération, l'ordre des numéros donnés aux extraits de matrice par la direction, et, pour la transcription des parcelles de chaque extrait, l'ordre dans lequel elles y sont inscrites. Cette marche assure la conformité des deux matrices.

Après la transcription, aux noms des *acquéreurs*, des parcelles acquises, il détache les extraits de la liasse qu'avait formée le directeur, et les reclasse par *vendeur*, en suivant exactement le numérotage qu'il leur avait donné avant de les envoyer au directeur.

Les extraits ayant été ainsi reclassés, il cherche sur la matrice l'article de chaque vendeur, et procède à la radiation des parcelles vendues ou supprimées. Il indique, pour chacune d'elles, l'année de la mutation et les folios des acquéreurs auxquels elles sont passées, ou, s'il y a lieu, les causes de suppression.

L'année de la mutation à inscrire sur la matrice est celle où le changement doit recevoir son effet au rôle, et non l'année dans laquelle la déclaration a été reçue.

Le contrôleur se reporte, en suivant l'état de situation ancienne et nouvelle, à tous les articles de la matrice qui ont éprouvé des changemens.

Si l'article doit disparaître, et si toutes les parcelles dont il se composait sont en effet rayées sur la matrice, il efface, par des raies tracées à la règle, comme pour la radiation des parcelles, le nom du propriétaire et les totaux de la contenance et du revenu.

Si l'article n'a éprouvé qu'une simple modification en plus ou en moins, il raie les anciens totaux et écrit au-dessous les totaux nouveaux.

S'il s'agit d'un nouveau propriétaire, il inscrit le total de sa contenance et de son revenu.

Dans les deux derniers cas, il s'assure, par la réaddition des articles, de l'exactitude des nouveaux totaux. (*Inst. du* 18 *décembre* 1853.)

DIFFÉRENCES ENTRE LE TRAVAIL DU CONTRÔLEUR ET CELUI DE LA DIRECTION.

Si l'addition de la matrice ne donnait pas des résultats en concordance parfaite avec l'état de situation ancienne et nouvelle, le contrôleur reviserait son travail. Dans le cas où il le trouverait exact, il rechercherait les causes de la différence en vérifiant, à l'aide des renvois, les mutations antérieurement opérées, et, au besoin, en se reportant aux états de section et à l'article primitif de la matrice.

Si le contrôleur découvrait des erreurs dont la rectification fût susceptible de rétablir la concordance entre la matrice et l'état de situation, il les corrigerait immédiatement en en faisant toutefois mention dans la dernière colonne de l'état.

S'il ne pouvait reconnaître la cause des différences, il écrirait les totaux donnés par l'addition de la matrice dans les colonnes 20 et 21 de l'état de situation ; il mentionnerait dans la colonne 22 le résultat infructueux de ses recherches, en joignant à l'état une copie de l'article de la matrice, et il renverrait le tout au directeur, à qui il est recommandé de répondre dans le plus bref délai aux communications de l'espèce.

Dans le cas où le contrôleur retrouverait une erreur susceptible de modifier la situation nouvelle donnée par le travail du directeur, il se bornerait à indiquer cette erreur dans la colonne 22, sans toucher aux totaux défectueux, attendu que ces totaux, ayant servi de base à la confection du rôle, ne peuvent être rectifiés que par mutation ultérieure. Le directeur prendrait les mesures nécessaires pour faire opérer la rectification en temps utile. (*Inst. du* 18 *décembre* 1853.)

TRAVAIL DU CONTRÔLEUR SUR LES MATRICES CADASTRALES.

Le contrôleur est tenu de se conformer, pour l'exécution des différentes parties du travail de l'application, aux prescriptions suivantes, en ce qui ce qui concerne les radiations, les transcriptions, et l'indication des changemens dans le nombre des portes et fenêtres.

Les radiations doivent être faites à la règle et ne porter que sur les colonnes intitulées : *Numéro du plan, cantons, triages ou lieux dits, nature de la propriété, contenance par parcelle, classes, revenu par parcelle.*

Les colonnes intitulées : *contenance imposable totale* et *revenu total* doivent rester intactes. Les radiations sont faites, sur chaque parcelle, par des traits horizontaux ; elles ne peuvent avoir lieu au moyen de deux diagonales qu'à l'égard des articles supprimés en entier par une seule mutation.

Dans quelques communes, où les matrices, très-anciennes, ne présentent qu'une colonne pour l'inscription des années de la mutation et qu'une colonne également pour les renvois, on efface, au cas de radiation d'une parcelle inscrite depuis la formation de la matrice, le millésime de l'entrée, et l'on écrit au-dessus ou au-dessous celui de la sortie ; on efface de même le numéro du folio d'où la parcelle a été tirée, et l'on écrit au-dessus le folio ou les folios auxquels elle passe, en les faisant précéder du mot *à*, exemple :

1847   à   85,115

~~1840~~. S. A. N° 150, etc. . . . .   ~~60~~

ce qui indique que la parcelle entrée en 1840, tirée du folio 60, sort en 1847, et qu'elle passe aux folios 85 et 115.

On transcrit sur la matrice cadastrale, à la suite de l'article de chaque acquéreur, les parcelles inscrites sur les feuilles de mutation.

On indique, pour chaque parcelle, dans les colonnes à ce destinées :

1° L'année de la mutation ;

2° Le folio de la matrice d'où la parcelle est tirée.

Pour les parcelles nouvellement imposées, et pour celles retranscrites par suite de changemens survenus dans leur état antérieur, on indique l'origine des parcelles ou les causes de la retranscription, en se conformant aux exemples fictifs du tableau déjà cité. Dans ces deux cas, on inscrit les parcelles nouvelles sur le *registre des augmentations et des diminutions* ; on les inscrit également au cadre intitulé : *Développement des différences*, qui termine l'état de situation ancienne et nouvelle.

Dans le cas où la mutation a pour objet l'article entier d'un propriétaire, on ne transcrit pas le détail des parcelles qui doivent être attribuées à l'acquéreur, mais on écrit son nom en tête de l'article, après avoir rayé celui de l'ancien propriétaire, et en indiquant, au-dessous, l'année de la mutation.

Les acquéreurs d'articles susceptibles de donner lieu à substitution de nom sont inscrits sur l'état de situation ancienne et nouvelle, immédiatement après les propriétaires qu'ils doivent remplacer sur la liste cadastrale. Ils conservent leur inscription à la matrice générale, s'ils y sont déjà compris.

La transcription des parcelles sur la matrice doit être faite sans interruption : elle ne peut avoir lieu par interligne, ni au-dessus, ni au-dessous des lignes tracées.

Lorsque l'espace en blanc réservé à la suite d'un article est épuisé, l'article est continué à la suite des articles nouveaux ; dans ce cas, on porte au bas de la dernière page de l'article : *Continué au folio*. . . . .

et l'on écrit en tête de la page où l'article est continué : *Suite du folio*.....

L'indication du folio où l'article est continué est annotée sur la feuille de mutation, en regard de la parcelle à laquelle elle doit commencer, ainsi que dans la colonne à ce destinée de l'état de situation ancienne et nouvelle.

Les signes inscrits sur les feuilles de mutation, à l'effet d'indiquer que des parcelles ou portions de parcelles portant des numéros différens sont maintenant réunies, de même que les désignations annonçant que des fractions de parcelles portant le même numéro forment actuellement des parcelles distinctes, doivent être reproduits avec soin sur les matrices, pour faciliter les recherches auxquelles pourront donner lieu les mutations ultérieures.

Lorsqu'une parcelle nouvellement *acquise* est indiquée comme réunie à une parcelle déjà inscrite à l'article de l'*acquéreur*, on se reporte à cette dernière parcelle, afin de l'affecter du signe indicatif de la réunion (— n°   ).

Les changemens relatifs aux portes et fenêtres sont opérés sur les matrices cadastrales de la manière suivante :

Lorsque ces changemens sont la conséquence d'une mutation de propriété, le nombre des ouvertures est rayé à l'article du *vendeur* et suit la parcelle mutée à l'article de l'*acquéreur*.

Lorsque les changemens résultent d'une rectification ou d'une modification quelconque ne donnant pas lieu à retranscription du revenu de la propriété bâtie, on efface par un trait le nombre ancien des ouvertures, et l'on écrit au-dessus ou au-dessous le nouveau nombre, en indiquant à côté, ou à la marge de la matrice, au moyen d'un renvoi, l'année du changement (*exemple fictif n° I*, A 325). L'application de ces dernières mutations est faite au moyen de l'état des changémens de la contribution des portes et fenêtres.

Les articles susceptibles d'être retranscrits en entier, pour cause de confusion et d'inscription à plusieurs folios non consécutifs, dans les cas où la transcription n'a pas dû en être faite à la direction, sont établis d'après la copie fournie par le directeur.

Le contrôleur ne doit pas négliger, même lorsque la transcription a été opérée par le directeur, d'indiquer, à chacun des anciens folios, le folio de l'article nouveau dans lequel ils sont refondus.

Il est tenu, en outre, de vérifier soigneusement l'exactitude des nombres inscrits, par l'employé de la direction, dans les colonnes 15 à 18 de l'état de situation ancienne et nouvelle, et qui doivent servir de base au calcul des indemnités. Les erreurs que cette vérification lui ferait reconnaître seraient signalées par lui dans la colonne 22 du même état.

Il est particulièrement recommandé au contrôleur d'employer, pour l'application des mutations, l'encre de la meilleure qualité, d'opérer avec beaucoup de netteté et d'écrire d'une manière très-lisible. (*Inst. du 18 décembre* 1853.)

RÉINTÉGRATION DES MATRICES DANS LES MAIRIES.

Le contrôleur renvoie les matrices dans les communes immédiatement après l'application, à l'exception de celles pour lesquelles il aurait été reconnu des différences dont les causes n'auraient pu être découvertes.

Il retient ces dernières matrices jusqu'à ce que le directeur lui ait renvoyé les copies des articles fautifs avec les explications nécessaires pour qu'ils soient régularisés ; ce n'est qu'après qu'ils l'ont été qu'il renvoie les matrices, à moins cependant que la recherche des erreurs exigeant trop de temps, le directeur n'ait jugé convenable de prescrire la réintégration immédiate. Dans ce dernier cas, le contrôleur tiendrait note des articles défectueux, pour les régulariser à son prochain passage dans la commune, après la réception des renseignemens nécessaires.

La réintégration des matrices aux mairies doit être justifiée par des certificats des maires, énonçant la date du retrait et celle de la restitution des pièces déplacées. (*Inst. du* 18 *décembre* 1853.)

REGISTRE DES AUGMENTATIONS ET DIMINUTIONS.

Le contrôleur met au courant le registre des augmentations et diminutions en s'aidant du développement des différences qui termine l'état de situation ancienne et nouvelle, et il établit la balance du registre, conformément aux indications portées sur cet état, et dans la forme suivie par le directeur.

Il opère, tant dans le corps de la matrice que sur sa table alphabétique, les rectifications de noms qui sont applicables à ces pièces. (*Inst. du* 18 *décembre* 1853.)

TABLE ALPHABÉTIQUE.

Il raie sur la table alphabétique les noms des propriétaires sortans, il y inscrit les noms des propriétaires nouveaux avec la mention du premier folio de l'article qui leur a été ouvert ; enfin, il applique les mutations sur la matrice générale. (*Idem.*)

CENTIME LE FRANC.

Si, au moment de l'application des mutations, il est nanti du relevé des *centimes le franc* que le directeur doit lui fournir immédiatement après la confection des rôles, il inscrit les différens *centimes le franc* sur la matrice générale, et, en outre, le *centime le franc* de la contribution foncière sur l'état annexé à la matrice cadastrale pour recevoir cette inscription. Si le relevé des *centimes le franc* ne lui était pas encore parvenu, les inscriptions seraient ajournées jusqu'au moment de son plus prochain passage dans la commune. (*Idem.*)

SITUATION DE L'APPLICATION DES MUTATIONS.

Au fur et à mesure qu'il a procédé à l'application des mutations dans une ou dans quelques communes, et sans que le nombre de celles-ci puisse jamais excéder le nombre des communes d'une perception, le contrôleur renvoie au directeur :

1º Les feuilles de mutation ;

2º L'état des constructions et démolitions ;

3º L'état de situation ancienne et nouvelle ;

4º Les états de changemens ;

5º Les certificats constatant la réintégration des matrices aux mairies.

Il conserve la feuille de notes qu'il avait jointe aux pièces de mutations, ainsi que les extraits relevés aux bureaux de l'enregistement ; il classe ces extraits dans ses archives après en avoir mentionné la réception sur le registre spécial.

A l'arrivée des pièces renvoyées par le contrôleur, le directeur doit procéder à l'examen des observations consignées dans la colonne 22 de l'état de situation ancienne et nouvelle, et prendre les mesures nécessaires pour qu'elles reçoivent la suite convenable.

Le contrôleur conserve également, pour en faire usage lorsqu'il se rendra dans les communes, les croquis, les extraits d'inscription et les feuilles d'états de section qui lui ont été renvoyés par le directeur, pour l'addition, sur les plans et sur les états de section, des parcelles nouvellement établies.

Il opère ces additions en se conformant exactement aux règles tracées pour le travail du directeur.

Il renvoie les croquis à la direction, après y avoir attesté l'inscription des parcelles sur les documens communaux.

Les dates de la réception et du renvoi des pièces de cette nature doivent être consignées sur un carnet spécial tenu au contrôle. (*Inst. du* 18 *décembre* 1853.)

MESURES DISCIPLINAIRES.

Lorsqu'un contrôleur aura mis de la négligence dans l'application des mutations, l'administration pourra, selon la gravité des cas, ordonner la révision du travail par cet agent lui-même, ou en prescrire l'entière vérification, à ses frais, par un autre agent.

Lorsqu'il aura été établi que le contrôleur s'est abstenu d'additionner les articles affectés de mutations, il sera, en outre, privé de toute l'indemnité afférente à l'application, sans préjudice des mesures plus sévères qui pourraient être prises à son égard. (*Inst. du* 18 *décembre* 1853.)

ACHÈVEMENT DU TRAVAIL.

L'application doit être terminée le 1ᵉʳ mars.

RAPPORT DE L'INSPECTEUR.

Lorsque l'inspecteur communique au contrôleur ses rapports sur la tournée ou sur l'application des mutations, le contrôleur doit consigner ses observations et les renvoyer à l'inspecteur dans le plus bref délai possible.

RÉCLAMATIONS.

ENREGISTREMENT DES RÉCLAMATIONS.

Le contrôleur tient un registre des réclamations conforme au modèle annexé à la circulaire du 2 juillet 1851.

Dès qu'il reçoit les réclamations, le contrôleur les inscrit sur son registre en suivant exactement l'ordre des numéros de la direction.

Il analyse la demande sur la feuille d'instruction.

Son registre doit présenter l'analyse claire et suffisamment développée de chaque demande et recevoir successivement et sans retard, dans les colonnes à ce destinées, l'indication de la marche et des résultats de l'instruction.

INSTRUCTION DES RÉCLAMATIONS.

Le contrôleur ne doit pas attendre, pour commencer l'instruction des réclamations, que les délais généraux de présentation soient expirés : il est tenu de s'y livrer dès le second mois de la publication des rôles, et de la terminer, dans le plus grand nombre possible de communes, avant d'entreprendre la tournée des mutations. Les demandes qui n'ont pu être instruites sont vérifiées pendant la tournée au plus tard avant le 1er août.

En règle générale, le contrôleur doit vérifier et instruire, avant la tournée, les demandes concernant des communes où les mutations ne doivent être opérées qu'après le mois de juillet. (*Résumé des lois*, etc., *du 10 mai* 1849, *art.* 44.)

Hors les cas où le fait allégué est établi d'une manière certaine, le contrôleur ne peut se dispenser de vérifier les réclamations par lui-même dans la commune.

Si la réclamation soulève une question de principe, lorsqu'il s'agit, par exemple, d'une exemption légale d'impôt s'appliquant à une personne ou à une propriété, le contrôleur doit faire connaître les conditions dans lesquelles se trouve soit la personne, soit la propriété, et indiquer les dispositions législatives d'après lesquelles la demande doit être admise ou rejetée. (*Idem, art.* 41.)

En règle générale, le contrôleur ne doit pas perdre de vue qu'instruire une affaire c'est étudier, constater et expliquer les faits ; c'est les mettre en comparaison avec les termes et l'esprit de la loi, pour tirer ensuite de ces rapprochemens les déductions qui forment l'opinion du contrôleur et dictent ses conclusions. (*Circ. du 7 avril* 1852.)

D'après un règlement particulier au service des contributions directes à Paris, les réclamations doivent être renvoyées dans les bureaux de la direction, revêtues de l'avis de la commission de répartition et du rapport du contrôleur, dans le délai *d'un mois au plus* après qu'elles ont été reçues par ce dernier. (*Arrêté du* 14 *février* 1850.)

DEMANDES INDIVIDUELLES.

Décharge ou réduction.

Le contrôleur prend l'avis des répartiteurs sur toutes les demandes en décharge et réduction relatives aux contributions foncière, personnelle-mobilière et des portes et fenêtres ; sur les demandes en dégrèvement de contribution foncière pour cause de vacances de maisons ou usines dans les villes de 20,000 âmes et au-dessus, où ces dégrèvemens donnent lieu à réimposition ; sur les demandes en exemption temporaire d'impôt ; enfin sur les états de cotes indûment imposées et de cotes irrecouvrables. (*Résumé des lois,* etc., *du* 10 *mai* 1849, *art.* 36.)

Remise et modération.

Il prend l'avis du maire seul sur les demandes en décharge ou réduction relatives à la contribution des patentes ; il constate avec ce magistrat les faits qui ont donné lieu à des demandes individuelles en remise ou modération pour toutes les natures de contributions. (*Idem, art.* 36.)

Foncière ou mobilière.

Si la réclamation ne repose que sur des faits, le contrôleur doit constater avec précision l'état des choses ; par exemple, lorsqu'une surtaxe est alléguée, soit dans la contribution foncière d'une maison, soit dans une cote mobilière, il doit établir par des comparaisons et des calculs que le revenu foncier ou le loyer d'habitation est ou n'est pas proportionnel aux autres revenus ou loyers de la commune. (*Idem, art.* 41.)

Patentes.

Si le réclamant prétend avoir été imposé pour une profession, une industrie ou un commerce autre que celui qu'il exerce, le contrôleur doit indiquer la nature et l'importance des opérations ou des travaux exécutés, la nature des marchandises trouvées en magasin, la nature des objets fabriqués et le mode de fabrication ; il doit, au besoin, mettre le réclamant en mesure de représenter ses livres de commerce, et, s'il obtient cette communication, relever toutes les opérations faites pendant le cours d'une année au moins, et en indiquer le nombre, la nature et l'importance. Dans le cas où le droit fixe contesté s'applique à un établissement industriel imposé en raison des moyens matériels de production, le contrôleur doit faire connaître, suivant l'espèce, le nombre des ouvriers, le nombre et la nature des métiers, machines, fours, fourneaux, et la capacité des cuves, fosses, chaudières, etc., etc.

Pour les réclamations relatives au droit proportionnel, le contrôleur doit décrire les maisons, magasins et établissemens ; indiquer la puissance des moteurs, et établir la valeur locative soit directement, soit par comparaison, d'après des baux ou des prix de vente réguliers qui peuvent être pris en dehors comme dans l'intérieur de la commune, soit, enfin, d'après le prix de construction des bâtimens et le prix d'achat de l'outillage. *(Résumé des lois*, etc., *du 10 mai 1849, art. 41.)*

MUTATIONS DE COTE.

Pour les demandes en mutation de cote foncière ou de cote des portes et fenêtres, le contrôleur procède, avec les répartiteurs, comme pour les demandes en décharge et réduction ; mais il doit entendre les tiers intéressés. (*Résumé des lois*, etc., *du 10 mai* 1849, et *Circ. du* 1er *avril* 1853.)

RÉCLAMATIONS EN RÉPARATION D'OMISSIONS.

En cas de demande en réparation d'omission de la contribution personnelle-mobilière, le contrôleur constate, de concert avec le maire, si le réclamant n'est pas déjà imposé à la taxe personnelle dans une autre commune. A l'égard de la contribution mobilière, le contrôleur relève sur la matrice ou fait établir par les répartiteurs le loyer d'habitation du réclamant.

En cas de demande en réparation d'omission des portes et fenêtres, le contrôleur forme une matrice particulière qui est signée par les maire et répartiteurs.

Dans l'un et l'autre cas, le contrôleur remet toutes les pièces à la direction avec son rapport. (*Loi du 21 avril 1832.)*

Lorsqu'un contribuable réclame l'inscription, soit sur le rôle des prestations en nature, soit sur le rôle de la contribution personnelle-mobilière et des patentes, d'individus qu'il prétend avoir été omis par le maire et les répartiteurs, quoique passibles de ces différentes taxes, la réclamation ne doit être considérée que comme un simple renseignement. Si l'autorité supérieure juge à propos d'y donner suite, le contrôleur des contributions directes prend l'avis des maire et répartiteurs sur les motifs qui les ont déterminés à ne pas comprendre dans les rôles les individus signalés comme indûment omis.

Il vérifie ensuite par lui-même la position de ces mêmes individus, s'assure s'ils sont ou non dans les cas d'exemption prévus par les lois, et rend compte au directeur ; celui-ci fait son rapport, et le préfet décide, s'il y a lieu, que tel individu soit repris dans un rôle supplémentaire s'il s'agit de patente, ou imposé dans les rôles de l'année suivante, s'il s'agit des autres taxes. (*Déc. min. du 12 novembre 1839.)*

DEMANDES EN RÉDUCTION POUR TERRAINS DÉTÉRIORÉS PAR LES INONDATIONS OU AUTRES ÉVÉNEMENS DE FORCE MAJEURE.

Lorsqu'un propriétaire demande une réduction pour des terrains détériorés par des inondations ou autres événemens de force majeure, le contrôleur, conformément aux articles 85 et suivans du réglement du 15 mars 1827, rédige un état présentant la situation primitive des parcelles ; puis il constate, avec les répartiteurs, le dommage qu'elles ont éprouvé dans leur essence et dans leur valeur productive ; il fait déterminer par ses commissaires la nouvelle classe dans laquelle les terrains détériorés doivent être rangés et la corrige sur l'état qu'il envoie avec son avis au directeur.

Le contrôleur ne doit pas perdre de vue qu'il ne suffit pas que l'immeuble éprouve une diminution quelconque par des causes étrangères et postérieures au classement et indépendantes de la volonté du propriétaire ; il faut que la diminution affecte le fonds même de la propriété ; si elle n'était que passagère, il n'y aurait pas lieu à réduction, mais seulement à remise ou modération tant que durerait le dommage.

Lorsque le conseil de préfecture a statué, le contrôleur opère les changemens de revenu qui ont été prononcés sur les matrices de la commune, comme en cas de mutation. (*Déc.* 7 *mai* 1828.)

DEMANDES PAR SUITE DE DÉCÈS OU FAILLITE D'UN PATENTÉ.

La fermeture des magasins, boutiques et ateliers, par suite de décès ou de faillite déclarée, donne le droit de demander que la cote ne soit exigée que pour le passé et le mois courant.

Lorsque le bénéfice de cette disposition est réclamé, le contrôleur doit vérifier si la femme ou les enfans du décédé ne continuent pas son commerce et si la vente ou la fabrication a réellement cessé dans les magasins, boutiques et ateliers du failli. (*Circ. du* 14 *août* 1844.)

DEMANDE EN TRANSFERT DE PATENTE.

En cas de cession d'établissement dans le cours de l'année, le cédant peut demander que sa patente soit transférée à son successeur ; mais le droit du cédant à être dégrevé n'est qu'un droit conditionnel qui devient nul si la cote ne peut pas être utilement inscrite au nom de son cessionnaire. (*Idem.*)

Les demandes en dégrèvement de patente pour cause du décès des patentables en cours d'exercice, ou celles qui ont pour objet le transfert des droits de patente par suite de cession d'établissement sont des demandes en décharge, qui doivent être présentées dans le délai de trois mois à partir du décès ou de la cession. (*Arrêts des* 17 *mars et* 13 *avril* 1853.)

RÉCLAMATIONS POUR DÉMOLITIONS DE PROPRIÉTÉS BATIES.

Les demandes doivent être présentées dans un délai de trois mois à partir du jour où s'est produit le fait qui donne lieu à la réclamation ; le dégrèvement pouvant être demandé à partir de l'époque où la démolition a été terminée, le contrôleur doit constater cette époque avec précision.

Lorsque la démolition n'est que partielle, le contrôleur s'attache à faire déterminer le plus exactement possible la portion de revenu qui doit être retranchée de la matrice.

REDEVANCE SUR LES MINES.

Lorsque les avis sont contraires à une demande en réduction, deux experts sont nommés, l'un par le préfet, l'autre par le réclamant. A l'époque fixée par le préfet, les experts se rendent sur les lieux avec le contrôleur des contributions, et, en présence de l'ingénieur des mines et du réclamant ou de son fondé de pouvoirs, ils vérifient les faits exposés dans la réclamation, et rectifient, s'il y a lieu, l'appréciation du revenu net de l'exploitation.

Le contrôleur des contributions rédige un procès-verbal des dires des experts et des parties intéressées ; il y joint son avis, ainsi que celui de l'ingénieur des mines et adresse le tout au sous-préfet qui le transmet au préfet. Il a soin de consulter préalablement le chapitre du registre statistique concernant l'exploitation des mines.

EXPERTISE DEMANDÉE PAR LES RÉCLAMANS.

Dès que le contrôleur a reçu le dossier de l'affaire pour laquelle l'expertise est demandée, il s'assure que le réclamant a désigné son expert, et il invite le sous-préfet à nommer celui qui doit représenter l'administration. Le contrôleur fournit au sous-préfet des renseignemens propres à faire tomber son choix, autant que possible, sur un homme domicilié dans l'arrondissement et réunissant les conditions de capacité et d'indépendance qui garantissent la justice distributive et les intérêts légitimes du trésor.

Le contrôleur fixe le jour où il se rendra sur les lieux pour procéder à la vérification demandée.

Il en prévient, au moins dix jours à l'avance, les deux experts, le réclamant et le maire de la commune.

Il fait connaître au réclamant qu'il a la faculté d'assister aux opérations des experts ou de s'y faire représenter par un fondé de pouvoirs, et il invite le maire à faire désigner, par les répartiteurs, deux d'entre eux pour être aussi présens aux mêmes opérations, dans le cas où il s'agit des contributions foncière, personnelle-mobilière ou des portes et fenêtres. Le maire ou l'adjoint seul assiste pour la contribution des patentes.

L'expertise a lieu aux jour et heure indiqués.

Si le maire ou les répartiteurs, le réclamant ou son fondé de pouvoirs ne se présentent pas, il est fait mention, dans le procès-verbal, de leur convocation et de leur absence, et il est passé outre.

Les experts doivent s'attacher à vérifier exactement les bases des cotisations contestées ; ils ne rempliraient pas leur mission s'ils se bornaient à émettre une simple opinion sur le mérite de la réclamation ; cette opinion doit être appuyée sur la constatation des faits.

Dans aucun cas, les experts ne peuvent, quels que soient les documens et les notions qu'ils possèdent, se dispenser d'aller sur les lieux et de visiter les objets soumis à leur appréciation.

S'il arrivait que les termes de comparaison cités par le réclamant ne fussent pas imposés dans la proportion générale, les répartiteurs pour raient en proposer d'autres que les experts seraient tenus de visiter et d'estimer sans pouvoir, dans aucun cas, se dispenser de visiter et d'estimer aussi les termes de comparaison désignés par le réclamant.

Le contrôleur doit, de son côté, provoquer toutes les vérifications et explications nécessaires pour rendre l'instruction complète et faire apprécier sur tous les points le mérite de la demande. Il consigne exactement au procès-verbal les dires des experts, les observations du maire ou des répartiteurs et du réclamant, et, en général, tous les incidens de l'expertise.

Il ne peut être nommé de tiers expert. Le contrôleur joint son avis personnel motivé au procès-verbal de l'expertise, il n'est pas tenu de se ranger à l'avis des experts ou de l'un d'entre eux.

L'avis des répartiteurs peut être sur papier libre, parce que les répartiteurs sont dans l'espèce des administrateurs publics dont les actes sont dispensés de la formalité du timbre par l'article 16 de la loi du 13 brumaire an 7.

Les procès-verbaux des experts, au contraire, rentrent dans la classe des actes qui doivent faire titre ou être produits pour décharge, justification, demande ou défense, et ils doivent, conformément à l'article 12 de la loi du 13 brumaire, être sur papier timbré.

Les experts ne sont pas tenus de prêter le serment prescrit par le Code de procédure civile. (*Arrêt C. du* 25 *novembre* 1831.)

COTES INDUMENT IMPOSÉES.

Le contrôleur en vérifiant les états des cotes indûment imposées ne doit pas perdre de vue que ces états ne concernent généralement que des individus qui sont décédés, ou qui ont quitté la commune, ou qui sont tombés dans une indigence notoire, ou qui ont cessé d'exercer leur profession entre le moment où l'on arrête les bases de cotisation et le 1er janvier.

Il s'assure de l'exactitude des faits et motifs allégués par les percepteurs.

Il prend l'avis du maire ou celui des répartiteurs, selon qu'il s'agit d'impôts de répartition ou d'impôt de quotité, et donne lui-même, sur chaque article, un avis motivé.

COTES IRRÉCOUVRABLES.

Le contrôleur doit, dans le cours de la tournée des mutations, vérifier soigneusement les états des cotes irrecouvrables en présence du percepteur, du maire et des répartiteurs et les renvoyer assez tôt pour qu'ils soient tous jugés avant le 15 octobre. (*Circ. du* 12 *décembre* 1850.)

Il doit s'assurer que le percepteur a fait, en temps utile, toutes les diligences nécessaires pour le recouvrement. A l'égard des cotes foncières, il constate la nature des propriétés imposées et vérifie si elles ont produit des fruits ou loyers pouvant servir de gage à l'impôt ; il s'assure, en outre, que les frais de poursuites dont la remise est demandée n'ont pas été faits abusivement. (*Résumé des lois*, etc., *du* 10 *mai* 1849.)

RÉCLAMATIONS POUR VACANCES DE MAISONS OU D'USINES.

Le contrôleur ne doit pas perdre de vue que les propriétaires n'ont droit à remise ou à modération qu'autant que la vacance a été indépendante de leur volonté et qu'il s'agit de propriétés dont ils ne sont pas dans l'usage de se réserver la jouissance.

Il doit constater si la vacance a été trimestrielle ou annuelle ; si l'inhabitation a été partielle ou totale ; à quelle époque elle a commencé et à quelle époque elle a cessé.

RÉCLAMATIONS COLLECTIVES POUR PERTES.

Le contrôleur et les commissaires répartiteurs se font assister par le maire, et, au besoin, par quelques habitans non intéressés, choisis, autant que possible, parmi les répartiteurs ; ils visitent les lieux de manière à acquérir des notions exactes sur la nature, l'étendue et l'intensité des sinistres ; ils entendent les perdans et reçoivent leurs déclarations, auxquelles ils apportent les modifications qui leur paraissent justes.

Ils suppléent aux déclarations qui n'auraient point été faites.

Enfin, ils dressent, dans les formes prescrites par les instructions, le procès-verbal qui présente pour chaque perdant :

1º Le montant de ses diverses contributions ;

2º La nature des pertes qu'il a éprouvées ;

3º La contenance atteinte, et, en cas d'incendie ou de destruction, la description des propriétés ;

4º L'évaluation distincte des pertes en capital et des pertes en récolte et en mobilier ;

5º Le revenu matriciel des propriétés atteintes ;

6º Le revenu net perdu (1) ;

---

(1) Lorsque les pertes portent sur un grand nombre de parcelles, les revenus matriciels qui doivent être constatés au procès-verbal peuvent être déterminés en appliquant aux contenances des propriétés atteintes de chaque perdant des revenus moyens par hectare, que l'on obtient en consultant la matrice et en ayant égard aux natures de cultures et aux classes qui ont le plus particulièrement souffert.

Les revenus nets perdus sont réglés d'après les revenus matriciels des propriétés atteintes, auxquels on applique le rapport existant entre la perte de chaque contribuable et la valeur des récoltes ou de la propriété. Exemple :

Valeur totale de la récolte atteinte	4,000 fr.
Perte éprouvée sur cette récolte	2,400
Rapport, 3/5 ou 60 p. 0/0	»
Revenu matriciel de la propriété atteinte	800
Revenu net perdu (3/5 de 800, ou 800 × 0,60)	480

7° La contribution afférente à ce dernier revenu ;

8° Des renseignemens sur la position et les facultés des perdans et sur le montant des indemnités qu'ils auraient à recevoir des compagnies d'assurances ou autres institutions semblables. Ces renseignemens, destinés à éclairer le préfet sur la distribution des secours alloués par le ministre de l'agriculture et du commerce, doivent être recueillis avec le plus grand soin et présentés avec tous les détails nécessaires.

Les pertes doivent être estimées avec modération et sincérité : il n'y a pas lieu de constater les pertes minimes qui ne dépassent point celles que l'ordre ordinaire des choses peut amener dans les récoltes ou occasionner dans la valeur des propriétés.

Avant de se séparer, le contrôleur et les commissaires comparent les résultats de leur opération avec les données générales qu'ils ont pu recueillir sur l'étendue et l'intensité des sinistres, tant par la visite des lieux que par l'examen du plan et des autres pièces cadastrales, et par le rapprochement des divers documens statistiques ; ils n'arrêtent définitivement le procès-verbal qu'après avoir acquis l'assurance qu'il ne présente aucune espèce d'exagération.

Aussitôt que la vérification d'une demande est terminée, le contrôleur en renvoie le dossier au directeur avec son rapport. (*Résumé des lois*, etc., *du* 10 *mai* 1849.)

Lorsque l'inondation, la grêle, l'épizootie ou d'autres sinistres frappent à la fois toute une contrée, le service se trouverait compromis si chaque contrôleur était obligé de pourvoir seul au travail extraordinaire qui incombe à sa circonscription ; dans ce cas, les contrôleurs surchargés peuvent être aidés, soit par l'inspecteur, soit par des surnuméraires, soit par des contrôleurs tirés de divisions voisines ou même d'autres départemens ;

Pour couvrir les agens des frais que leur occasionneraient les constatations dont il s'agit, il leur est alloué les indemnités ci-après :

1° Deux francs par myriamètre de parcours pour les agens déplacés de leur circonscription ;

2° Quinze centimes par perdant ou par article de procès-verbal pour tous les agens chargés de la constatation des pertes.

Les frais de déplacement, lorsqu'il y aura lieu d'en allouer, seront calculés, pour l'aller, à raison de la distance de la résidence de l'agent chargé de la constatation à la commune dans laquelle il aura commencé à opérer, et, pour le retour, à raison de la distance de la même résidence à la commune dans laquelle il aura fini son travail. Il ne sera rien accordé pour le transport d'une commune à une autre pendant l'opération.

Les agens tirés d'une autre direction verront leur indemnité calculée comme ci-dessus et en les supposant en résidence au chef-lieu du département où ils auront opéré ; on y ajoutera ensuite la somme fixée par l'administration pour le transport d'un département à l'autre. (*Circ. du* 27 *novembre* 1857.)

PERTES DE BESTIAUX.

Le contrôleur des contributions directes ne concourt plus à la vérification des pertes d'animaux domestiques, lorsque ces pertes ne peuvent donner lieu qu'à l'obtention d'un secours sur le fonds mis à la disposition du ministère de l'agriculture et du commerce ; mais il continue d'instruire dans la forme ordinaire toutes les demandes pour pertes pouvant motiver une remise ou modération d'impôt, conformément à l'arrêté du gouvernement du 24 floréal an 8. (*Circ. 7 septembre* 1850.)

ÉTATS MENSUELS DE SITUATION.

Le contrôleur envoie tous les mois à la direction :

L'état nominatif des contribuables dont les réclamations ont été reçues pendant le mois;

L'état présentant les progrès de l'instruction des réclamations de toute nature et la situation actuelle. (*Circ. du* 18 *septembre* 1851.)

ENREGISTREMENT ET ENVOI DES DÉCISIONS.

Aussitôt que le contrôleur a reçu les lettres d'avis, il porte sur son registre les décisions qu'elles notifient, et il les transmet sans aucun retard dans les communes avec la liste des réclamans dont les demandes ont été rejetées.

Le contrôleur inscrit de même sur son registre les décisions rendues sur les états des percepteurs, et il conserve les états dont il s'agit pour les consulter, lors du travail des mutations. (*Résumé des lois*, etc., du 10 *mai* 1849.)

ORDONNANCES DE DÉGRÈVEMENT (ÉMARGEMENT DES).

Le contrôleur doit s'assurer que les dégrèvemens accordés aux contribuables ont été régulièrement émargés, et adresser au directeur avec son rapport sur la tournée des mutations, des états indiquant, par ordonnance et par contribuable, le montant des dégrèvemens ainsi que leur emploi, soit au paiement des cotes mentionnées dans l'ordonnance, soit au paiement d'autres cotes dues par le même contribuable, et, en cas d'excédant, la date de la quittance des contribuables auxquel il a été fait des remboursemens. (*Circ.* 19 *mai* 1843.)

RÉCLAMATIONS DES COMMUNES CONTRE LEUR CONTINGENT.

Lorsque le directeur a besoin de nouveaux renseignemens pour l'instruction des réclamations de l'espèce, le contrôleur peut être appelé à recueillir ces renseignemens. Dans ce cas, il doit vérifier soigneusement les faits et motifs allégués par les communes réclamantes ; consulter le registre statistique et les autres élémens propres à faire apprécier les forces contributives, prendre au besoin des informations sur les lieux mêmes, et donner un avis motivé.

TRAVAUX ACCIDENTELS.

CERTIFICAT DESTINÉ A TENIR LIEU DE DUPLICATA DE PATENTE.

Le contrôleur, à qui la demande en est faite, s'assure que le requérant est inscrit dans la matrice des patentes et délivre gratuitement le certificat dans la forme ci-après, sur une feuille de papier timbré au prix de 35 centimes, fournie par le requérant.

Le contrôleur des contributions directes du département de......... certifie que le sieur............ est imposé à la contribution des patentes de la commune de.......... pour l'année..... en qualité de..........

Le présent certificat, délivré en exécution de l'article 31 de la loi des patentes, sur la réquisition du sieur..... qui a déclaré (avoir égaré sa patente ou avoir besoin d'en justifier pour tel motif).

A..........., le............ 185....

COMMISSIONS DE STATISTIQUE.

Le contrôleur appelé à prêter son concours aux commissions de statistique instituées au chef-lieu de chaque canton doit prendre une part active aux travaux de ces commissions, pourvu, toutefois, que le service dont il est chargé n'en puisse point souffrir. (*Circ.* 28 *septembre* 1852.)

CONTIBUTION DES BIENS COMMUNAUX.

Lorsque la contribution, assise sur des biens communaux, doit être payée au moyen d'une imposition extraordinaire, et que les biens appartiennent privativement à une section de commune, le contrôleur peut être appelé à constater les bases de cotisation des habitans et propriétaires de cette section qui doivent seuls acquitter l'imposition extraordinaire. (*Circ. min. du* 16 *mai* 1845.)

DOTATION DE LA COURONNE (MATRICES A RÉDIGER POUR L'IMPOSITION DES PROPRIÉTÉS COMPOSANT LA).

Les propriétés de la couronne ne sont point soumises à l'impôt, mais elles supportent les charges communales et départementales.

Ces charges comprennent non-seulement les centimes votés par les conseils municipaux et les conseils généraux, ou établis par des lois spéciales, mais encore la portion des centimes additionnels généraux affectés aux dépenses variables des départemens.

Le contrôleur établit, quand il y a lieu, pour chacune des communes où il existe des propriétés faisant partie de la dotation, une matrice particulière dans laquelle ces mêmes propriétés sont évaluées dans la même proportion que les autres propriétés de la commune et comme si elles devaient être imposées à la contribution foncière : les châteaux, maisons et autres bâtimens sont inscrits dans la même matrice pour leurs portes et fenêtres. (*Circ. du* 5 *mai* 1832.)

FERMIERS (DIVISION DE LA CONTRIBUTION FONCIÈRE ENTRE LES).

Lorsque les déclarations des propriétaires ne contiennent pas au delà de trois divisions, le percepteur fait le partage de la contribution, proportionnément au revenu de chaque division ; dans ce cas, le contrôleur est chargé de vérifier l'exactitude des calculs faits par les percepteurs. (*Circ.* 17 *septembre* 1844.)

POPULATION (CONCOURS AU DÉNOMBREMENT DE LA).

Le contrôleur peut être appelé à concourir au dénombrement quinquennal de la population. Dans ce cas, il doit seconder les maires dans l'exécution des instructions données par le ministère de l'intérieur, et ne rien négliger pour prévenir les inconvéniens d'un second dénombrement. (*Circ. du* 31 *mars* 1851.)

PROPRIÉTÉS PARTICULIÈRES ACQUISES PAR L'ÉTAT (ESTIMATION DES).

Le contrôleur peut être appelé à donner son avis sur l'estimation des propriétés particulières à acquérir par l'État pour des objets d'utilité publique. (*Loi du* 16 *septembre* 1807.)

Dans ce cas, le contrôleur consulte les extraits de baux et d'actes translatifs ; les renseignemens consignés sur le registre statistique concernant la valeur locative et la valeur vénale; les travaux exécutés pour l'estimation des revenus territoriaux ; il prend, au besoin, de nouveaux renseignemens dans la commune et déclare, dans un rapport motivé, quelle est, suivant lui, la somme à payer aux propriétaires.

RÉVISION DÉCENNALE DES ESTIMATIONS DES MAISONS ET USINES.

Lorsque le préfet autorise la révision du revenu imposable des maisons et usines, il y est procédé par les répartiteurs assistés du contrôleur qui demeure chargé de la rédaction d'un état présentant le folio des propriétaires, la section, le numéro des maisons avec l'ancien et le nouveau revenu des propriétaires.

Le travail est soumis au conseil municipal composé et réuni dans les formes prescrites pour les opérations cadastrales.

Lorsqu'il a été approuvé et appliqué sur la matrice cadastrale de la direction, le contrôleur l'applique à son tour sur la matrice de la commune, en rayant l'ancien revenu et en inscrivant à la suite de l'article le revenu résultant du nouveau travail, comme en cas de mutation. Il est alloué au contrôleur la même indemnité que pour les mutations ordinaires.

DÉPENTES ET INDEMNITÉS.

FRAIS A LA CHARGE DU CONTRÔLEUR.

Les imprimés pour extraits de matrice ou feuilles de mutation, les bulletins de recensement des patentables, les cadres pour l'inscription des renseignemens relatifs à l'assiette de la contribution des patentes et pour la transmission de ceux de ces renseignemens qui concernent les communes étrangères au contrôle, les imprimés pour la rédaction des carnets des établissemens industriels et, pour les extraits à en faire, sont à la charge du contrôleur.

Tous les autres imprimés non mentionnés ci-dessus sont à la charge de l'agent qui les emploie. (*Inst. du* 18 *décembre* 1853.)

INDEMNITÉS.

Il est alloué, pour le travail des mutations, les indemnités ci-après relatées, savoir :

Au percepteur ou au contrôleur, 2 centimes 1/2 par parcelle transcrite et par nom substitué, pour la rédaction des feuilles de mutation ;

Au contrôleur, 2 centimes par parcelle transcrite et par nom subtitué, pour la fourniture et la vérification des mêmes feuilles ;

Au même agent, 2 centimes par parcelle transcrite et par nom substitué, pour l'application des mutations sur les matrices communales et pour les frais de transport des matrices ;

Au même agent, 1 centime par parcelle des articles retranscrits par lui sur les matrices communales. (*Inst. du* 18 *décembre* 1853.)

Le contrôleur doit fournir au percepteur tous les imprimés pour mutations dont il a besoin pour ce service.

TABLE DES MATIÈRES.

PERSONNEL.

ORGANISATION.

CONGÉS.

PENSIONS DE RETRAITE.

AVANCEMENT.

ATTRIBUTIONS, TRAVAUX ET MESURES D'ORDRE.

Registres à tenir. — Relevés à faire.

FORMATION, RÉUNION OU DISTRACTION DE COMMUNES.

ACCROISSEMENS ET PERTES DE MATIÈRE IMPOSABLE.

CONSTRUCTIONS ET DÉMOLITIONS.

CONTRIBUTION FONCIÈRE.

MUTATIONS CADASTRALES.

EXPLICATIONS SUR LA MARCHE A SUIVRE DANS DIVERS CAS PARTICULIERS
DU TRAVAIL DES MUTATIONS FONCIÈRES.

CONTRIBUTION PERSONNELLE-MOBILIÈRE.

CONTRIBUTION DES PORTES ET FENÊTRES.

CONTRIBUTION DES PATENTES.

DISPOSITIONS PARTICULIÈRES AUX DIFFÉRENTES CATÉGORIES
DES PATENTABLES.

ASSIETTE DES DROITS DE PATENTE.

DROIT FIXE.

BIENS DE MAINMORTE, ... 207

PRESTATION EN NATURE.

TOURNÉES DES MUTATIONS.

RÉCLAMATIONS

TRAVAUX ACCIDENTELS.

DÉPENSES ET INDEMNITÉS.

ERRATA.

Page 198, ligne 5, *au lieu de* 15 fr., *lisez* : 5 fr.

Page 204, ligne 7, *au lieu de* précitée, *lisez* : du 10 juilllet 1850.

Page 206, ligne 8, *au lieu de* caves, *lisez* : cuves.

Page 208, ligne 12, *au lieu de* lieux, *lisez* : biens.

Paris, imprimerie de Paul Dupont,
rue de Grenelle-St-Honoré, 45.

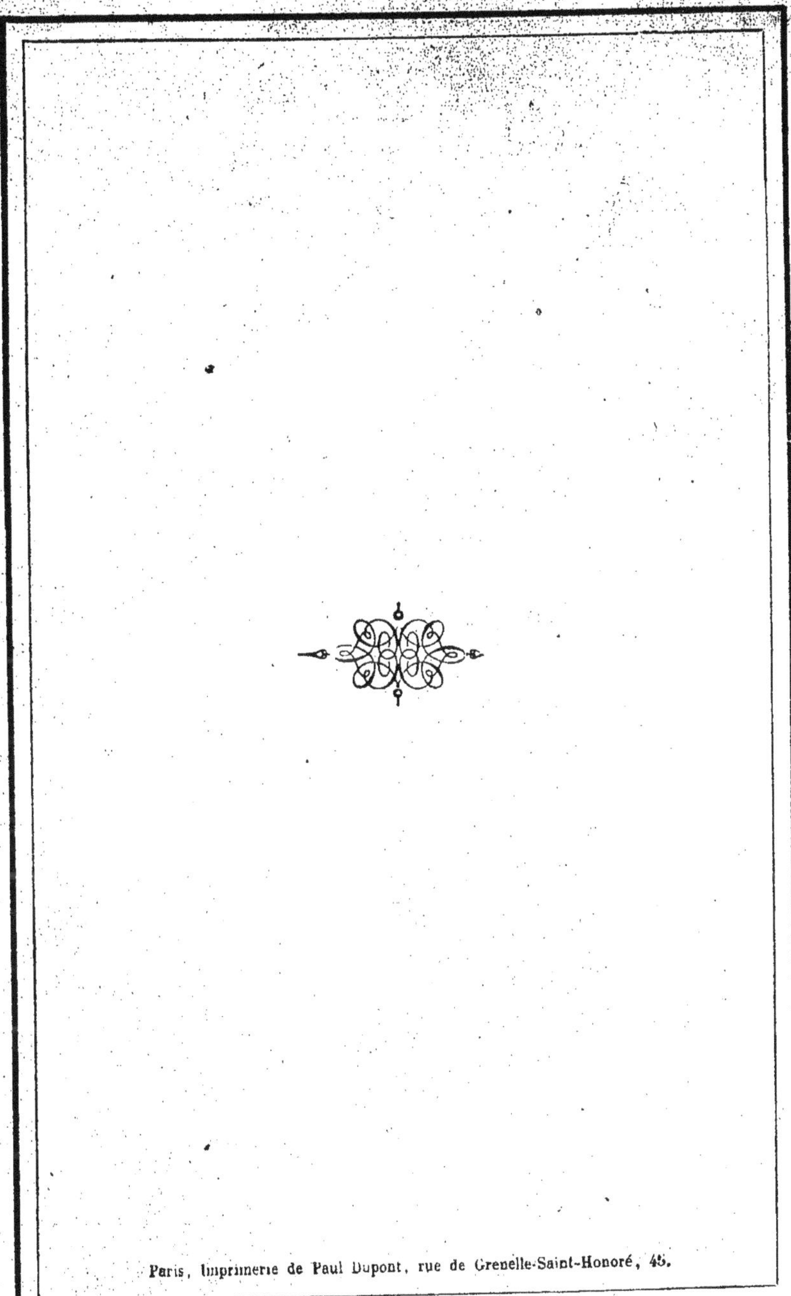

Paris, Imprimerie de Paul Dupont, rue de Grenelle-Saint-Honoré, 45.

www.ingramcontent.com/pod-product-compliance
Ingram Content Group UK Ltd.
Pitfield, Milton Keynes, MK11 3LW, UK
UKHW021017140726
13695UKWH00001B/306